会計ディスクロージャーの経済分析

著 椎葉 淳　高尾裕二　上枝正幸
　　A. Shiiba　H. Takao　M. Ueeda

同文舘出版

まえがき

　本書は，今後ますます重要となるであろう会計分野で展開されている会計ディスクロージャーに関連する分析モデル（本書では「情報開示モデル」とよぶ）について，会計学に関心をもつ人々が，その内容を効率的に理解し体得することを目的に上梓されたものである。
　21世紀に入り，会計分野においても，海外のジャーナルを中心に，会計ディスクロージャーをテーマとする分析的研究が増加する傾向が顕著である。わが国の会計研究においても，グローバルな研究レベルを維持し向上させるためには，このような傾向を無視することはできず，分析的研究に主たる関心をもつ場合はもとより，アーカイバル研究（または実証研究）・実験研究を本業とする場合であれ，分析的研究の成果を理解し把握しておくことが不可避な研究環境にある。
　とはいえ，われわれ自身もそうであるように，まずは簿記の仕組みを学び，順次，「概念フレームワーク」なり個々の会計基準を解釈し理解するといった学習プロセスをふむことの多い（財務）会計の専門家なり，将来の専門家を目指す人々にとって，一般的に，分析的研究の成果を自分なりにある程度納得したうえで理解することはさほど容易なことではない。さらにわれわれ自身の経験からいえば，多くの分析的研究論文では暗黙の共通事項とされていたり紙幅の制約もあって，各論文の末尾に付される数学付録(Appendix)がはしょられ省略されることも少なくなく，数学付録を丹念に追って理解してやろうと意気込む場合ですら，論文に取り組むやいなやその意味が全く不明で理解の手掛かりすら得られず，また数学付録の行間を自分なりに埋めることができず，断念してしまうケースも少なくない。
　「情報開示モデルを，さほど苦労せずまた時間もとらず，ある程度自分なりに納得したかたちで理解するための手助けとなるような，たとえば，これ

らのモデルにおいて多用される正規分布のもとでの条件付き期待値の求め方などにまでさかのぼって解説したテキストがあれば‥‥」という思いは，共著者のうちの年長者である高尾にとりわけ強かった．共著者で，かつて本書第3章に関連する「経営者の戦略的情報開示－基本モデルのレヴュー－」（『大阪大学経済学』第51巻第4号，2002年3月）を執筆した経験を幸いに，この論文を大きく膨らまし展開するかたちで，また会計分野における情報開示モデルを構成する他の主要なタイプのモデルも守備範囲におさめ，かつ数学的な展開の解説にも十分配慮したテキスト作成のご無理を，科学研究費補助金「基盤研究（一般）(B)」（課題番号19330096）を得たことを契機に，自身の研究を一層進展させたい時期に相違ない若いお二人にお願いすることにした．

本書の分担については，若干の試行錯誤の後，第2章から第5章を椎葉が，第1章と第6章を高尾が，また各章に配置されている実験研究については上枝が担当し，椎葉が展開した数式を高尾と上枝が計算チェックするという手順をふんだ．この意味で，本書は椎葉の単著ともいっていいほどに椎葉の負担が非対称的に大きい．本書の基本的な構成についてのアイデアならびに本書の特徴の一つである数学付録の作成も椎葉の努力によるものである．ただ，上枝は本書が取り上げた情報開示モデルに関連した実験論文を本書のために改めて検索・渉猟し，また本書で取り上げた分析的文献の大半は共著者が共に私的な勉強会や大学院の授業において読了したものであることを付け加えておきたい．一般的な文章表現なり用語の統一は最終的に高尾が調整したことも含め，本書は共著者全員が責任を負うものである．

中條良美先生（阪南大学）ならびに奥田真也先生（大阪学院大学）には同様に計算チェックの労をとっていただき，また本文にも一部目を通していただいた．高尾に限ったことであるが情報開示モデルに多少なりとも自力で取り組むことが可能な知識を授けてくださったのは田畑吉雄先生（前大阪大学，現南山大学）である．太田康広先生（慶應義塾大学）には，本書で利用したLATEXについて貴重なご助言をいただき，編集作業に向けた時間を大幅に節約することができた．本書上梓の逃れられない強力な契機となった平成19年度から平成21年度までの3カ年にわたる科学研究費補助金「基盤研究（一般）

(B)」(課題番号19330096)の資金援助を含め，記してお礼を申し上げたい。

　本書は，ささやかな企画の芽生えから数えて，かなりの年月が経過し，ようやく出版にこぎつけたものである。その間，同文舘出版株式会社取締役編集局長の市川良之氏には，完成原稿提出の度々の延期を申し出，大変なご心労をおかけしてしまった。厳しい出版事情もふまえ，市川良之氏には，改めてお詫びとともに心より感謝申し上げる次第である。

2010年5月

　　　本書が思わず多くの方々に利用していただけることを願って

椎葉　淳・高尾裕二・上枝正幸

目　　次

第1章　本書の目的と構成・位置づけ ─────── 3

1.1　はじめに………………………………………………… 3
1.2　会計情報開示の分析的研究の展開と本書の構成………… 4
1.3　本書の位置づけ………………………………………… 9
1.4　実験研究の概観………………………………………… 12
1.5　おわりに………………………………………………… 14

第2章　情報の非対称性 ─────────────── 15

2.1　はじめに………………………………………………… 15
2.2　情報の非対称性とアドバース・セレクション………… 18
　　2.2.1　モデルの設定と均衡の定義……………………… 18
　　2.2.2　対称情報下での資源配分………………………… 20
　　2.2.3　非対称性情報下での資源配分…………………… 23
　　2.2.4　ゲーム理論によるアプローチ…………………… 29
　　2.2.5　非効率性への対処………………………………… 31
2.3　おわりに………………………………………………… 32

第3章　情報開示の基本モデル ──────────── 35

3.1　はじめに………………………………………………… 35
3.2　完全開示モデル………………………………………… 37
　　3.2.1　数　値　例……………………………………… 38
　　3.2.2　完全開示モデルの分析…………………………… 39

vi　目　次

- 3.3　開示コストモデル……………………………………… 44
  - 3.3.1　数　値　例……………………………………… 45
  - 3.3.2　開示コストモデル：一般的なケース……………… 46
  - 3.3.3　開示コストモデル：正規分布のケース…………… 50
- 3.4　情報偏在モデル………………………………………… 57
  - 3.4.1　数　値　例……………………………………… 58
  - 3.4.2　情報偏在モデル：一般的なケース………………… 59
  - 3.4.3　情報偏在モデル：正規分布のケース……………… 64
- 3.5　実　験　研　究………………………………………… 70
  - 3.5.1　完全開示モデルの実験…………………………… 72
  - 3.5.2　開示コストモデルの実験………………………… 73
  - 3.5.3　情報偏在モデルの実験…………………………… 74
  - 3.5.4　実験研究のまとめと関連実験文献………………… 75
- 3.6　要約と文献案内………………………………………… 76

第4章　資本市場における情報開示モデル ─── 81

- 4.1　は じ め に……………………………………………… 81
- 4.2　Kyle (1985) モデル……………………………………… 83
  - 4.2.1　位置づけと特徴…………………………………… 83
  - 4.2.2　モデルの設定と均衡の導出……………………… 85
  - 4.2.3　均衡の特徴………………………………………… 95
- 4.3　McNichols and Trueman (1994) の研究……………… 104
  - 4.3.1　位置づけと特徴…………………………………… 104
  - 4.3.2　モデルの設定と均衡の導出……………………… 106
  - 4.3.3　三つの単純なケース……………………………… 117
  - 4.3.4　均衡の特徴………………………………………… 120
  - 4.3.5　情報トレーダーによる私的情報獲得……………… 131
- 4.4　実　験　研　究………………………………………… 136
  - 4.4.1　Schnitzlein (1996) の研究……………………… 137
  - 4.4.2　Schnitzlein(1996) 以降の実験研究の展開………… 141

4.5	要約と文献案内		142

第5章　製品市場における情報開示モデル ―― 145

5.1	はじめに		145
5.2	需要不確実のもとでの数量競争モデルにおける情報開示		150
	5.2.1	設　定	150
	5.2.2	製品市場における企業の情報開示行動	152
5.3	Arya and Mittendorf (2007) の研究		166
	5.3.1	アナリストが必ず情報を収集するときの企業の情報開示行動	167
	5.3.2	アナリストの意思決定と企業の情報開示行動との関係	170
5.4	実 験 研 究		174
	5.4.1	Ackert, Church and Sankar (2000) の研究	174
	5.4.2	関連実験研究および将来展望	180
5.5	要約と文献案内		181

第6章　会計分野における情報開示モデルのこれから ―― 183

6.1	今後の展開についての手掛かり		183
6.2	会計「情報」から「会計」情報に向けた開示モデルの展開		186
	6.2.1	固有の情報属性をもつ会計情報	187
	6.2.2	固有の開示環境にある会計情報	189
6.3	会計分野における情報開示モデルの将来		191

数学付録 ―― 193

A	全般的な数学の基礎事項		193
	A.1	ギリシャ文字	193
	A.2	表現，記号など	194
	A.3	集　合	194

viii 目次

- A.4 写像と関数 ……………………………………… 195
- A.5 指数関数 ………………………………………… 195
- A.6 argmax 記号 …………………………………… 196
- A.7 和記号 $\sum$（シグマ） ………………………… 197

B 確率統計についての基礎事項 ………………………… 199
- B.1 確率 ……………………………………………… 199
- B.2 加法定理 ………………………………………… 199
- B.3 条件付き確率，乗法定理，独立 ……………… 200
- B.4 全確率の定理とベイズの定理 ………………… 202
- B.5 確率変数 ………………………………………… 205
- B.6 確率分布 ………………………………………… 206
- B.7 期待値と分散 …………………………………… 211
- B.8 期待値，分散についての計算ルール ………… 215
- B.9 標準化 …………………………………………… 216
- B.10 同時確率分布 …………………………………… 217
- B.11 共分散と相関係数 ……………………………… 224
- B.12 共分散についての計算ルール ………………… 225
- B.13 条件付き期待値 ………………………………… 226

C 一変量正規分布 ………………………………………… 231
- C.1 正規分布の密度関数 …………………………… 231
- C.2 正規分布の期待値と分散 ……………………… 232
- C.3 標準正規分布 …………………………………… 233
- C.4 $|X|$ の期待値 …………………………………… 234
- C.5 切断一変量正規分布 …………………………… 236
- C.6 切断正規分布の期待値 ………………………… 237
- C.7 切断正規分布の分散 …………………………… 239

D 二変量正規分布 ………………………………………… 240
- D.1 二変量正規分布の密度関数 …………………… 240
- D.2 二変量正規分布における期待値，分散，共分散 ………… 241
- D.3 条件付き期待値と条件付き分散 ……………… 243
- D.4 切断二変量正規分布 …………………………… 246
- D.5 切断二変量正規分布の周辺密度関数 ………… 248

	D.6	切断二変量正規分布の X の期待値 ·················· 251
E		n 変量正規分布 ·· 253
	E.1	n 次元確率変数·· 253
	E.2	n 変量正規分布の密度関数 ································ 253
	E.3	分　　割 ·· 254
	E.4	n 変量正規分布の条件付き期待値と条件付き分散共分散 ··· 255
F		正規分布についてのその他の性質 ···················· 258
	F.1	正規分布の再生性 ·· 258
	F.2	標準正規分布の密度関数の導関数 ························· 259
	F.3	関数 $K(z) = z + \phi(z)/\Phi(z)$ の特徴 ·················· 260

参考文献 ——————————————————— 265

索　引 ——————————————————— 273

会計ディスクロージャーの経済分析

第1章　本書の目的と構成・位置づけ

1.1　はじめに

　本書は，会計分野で展開されている**情報開示モデル**の効果的な理解に役立つことを目的に編まれたものである。

　われわれが関心をもつ会計システムは，企業の一定期間の活動および一時点の状況を，「複式簿記」とよばれる固有の計算機構を用い，会計慣行や一連の会計基準に準拠して，認識・測定し，企業の利害関係者に報告し，また投資者に向けて開示するという一連のサービス行為から構成される。**会計情報** (accounting information) とは，このような会計システムから生みだされるアウトプットの総称である。本書の目的は，市場に向けて開示される会計情報の経済分析に焦点をあて，その分析のロジックと分析のために必要となる数学の基礎を要領よく説明することである。

　会計ディスクロージャー (accounting disclosure) ないし会計情報開示[1]の**経済分析** (economic analysis) においては，会計情報がどのように作成されるのかという会計情報の作成局面というより，会計情報がどのように利用されどのような経済的影響を企業を取り巻く市場や利害関係者の行動に与えるのかといった会計情報の利用局面がまずは分析の対象となることから，会計プロセスにおける報告ないし**開示** (disclosure) におのずと焦点があてられることに

---

[1] 本書では，「ディスクロージャー」，「開示」あるいは「情報開示」という用語については特段区別することなく，相互互換的に用いている。

なる。会計研究に占める開示の重要性は改めて指摘するまでもないが，その一方で開示を理論的に取り扱うことはさほど容易なことではない。

 理由は二つある。一つは，開示が認識・測定から開始される会計プロセスの最終段階にあるということである。それゆえ開示制度ないし開示規制といった開示に係る固有の論点に加えて，開示段階に先立つ会計プロセスのすべての論点が当然に開示の分析には含まれることになる。この意味で，開示が対象とする論点の豊かさは会計研究そのものであるといえ，いきおいその分析は複雑なものとなる。

 理由の第2は，企業の開示環境の複雑さであり，それに伴う開示の経済的影響の広範さ，多様さである。開示は，開示主体である経営者（ないし企業）と明示的・暗黙的な経済的関係をもつ広範な利害関係者の意思決定に，契約を通じてまた市場を介して，複雑かつ多様なインパクトを与え，これら取引参加者の経済的厚生を変化させ，翻って企業なり経営者の経済的ポジションの変化をもたらす。加えてこのような経済的影響の連鎖は，影響の程度は次第に減ずるとはいえ，順次，2次，3次のうねりを生みだしていく。さらに情報がその役割を果たす契約あるいは市場には異なるタイプの様々なものが存在する。また同一内容をもつ情報であっても経時的なまたは横断的な企業の置かれた開示環境の相違に応じて，グッド・ニュースになったりバッド・ニュースになったりすることがありえる。開示を理論的に取り扱う困難さはこの文脈においても容易に想像できる。

1.2 会計情報開示の分析的研究の展開と本書の構成

 一般に，**分析的研究** (analytical research)（またはモデル分析）は，大量のデータを統計的に処理する**アーカイバル研究** (archival research)（または**実証研究** (empirical reseach) ないし実証分析）と相互に影響を与えながら展開されるものである。分析的研究の結果導出された命題がアーカイバル研究の仮説の構築に示唆を与え，またアーカイバル研究の結果として得られた知見や証拠が，分析的研究が導く諸結果の妥当性を判断する一つの目安になり，また

1.2 会計情報開示の分析的研究の展開と本書の構成 5

分析的研究に対して説明し解析すべき素材を提供するのである。しかし，これまでの会計研究の展開をみてみると，このような形で両者がバランスよく展開されてきたとはいえず，これまでのところアーカイバル研究の突出という特徴が顕著であった。会計情報の経済分析の展開は，広く情報一般の経済分析を目的とする**情報の経済学** (economics of information) の進展を待たねばならなかったのである。

周知のように新古典派経済学における中心概念の一つである「完全競争市場」が情報の完全性を議論の出発点でまずは仮定するのに対して，情報の経済学とは，経済活動における情報の役割を強調し，現実の市場が情報の取扱いについてうまく作動しない状況が現実に存在するのかどうか，存在するとすれば具体的にどのような状況であり，そのような状況のもとではどのような経済的結果が生みだされるのか，その結果が経済的にみて効率的とはいえない場合，それに対してどのように対処するのが経済的厚生の観点から望ましいのかといった，情報に焦点をあてた一連の論点を取り扱う経済学の比較的新しい領域をいう。ここでの中核的な概念は**情報の非対称性** (information asymmetry) である。情報の非対称性とは，取引に参加する経済主体が保有する情報に格差がある状況をいう。このような情報非対称経済のもとでは，情報優位な経済主体が自身しか保有しない情報（これを**私的情報** (private information) という）を利用して，取引を有利に導こうとするインセンティブが生みだされる傾向がみられる。このような状況下での経済的非効率性は，大きく**アドバース・セレクション** (adverse selection) と**モラル・ハザード** (moral hazard) の二つのタイプに分類され議論されるが，いずれにせよ，本書の主題である**情報開示**ないし**ディスクロージャー**が必要となる基本的な理由もここにある。

本書が「会計ディスクロージャーの経済分析」と題したのは，会計学的にいえば企業の利害関係者への会計報告というより資本市場を典型とする市場への会計情報開示に焦点をあてるという意味で，情報経済学的にいえば契約的調整というより市場的調整における情報の役割に焦点をおくことを強調し

たものである[2]。

　本書で取り上げる主要な論点は，「情報開示の基本モデル」，「資本市場における情報開示モデル」，および「製品市場における情報開示モデル」の三つに限定されているが，会計情報開示の分析研究の出発点なり展開の契機を探るという点もふまえて，本書の構成をまずは説明しておこう。

　本書でいう**第3章「情報開示の基本モデル」**は，**市場の諸力** (market forces) によって私的情報はすべて開示されることになる，つまり**完全開示** (full disclosure) が導かれるとする Grossman (1981) および Milgrom (1981) によって展開された "unraveling arguement" とよばれるモデルをベンチマークとして，より現実的な経営者の情報開示行動を説明しようという問題意識が契機となった会計分野における議論が取り上げられる。ここでは，私的情報を保有する開示主体としての経営者（または企業）が，資本市場に対してその私的情報を開示するのかしないのか，また部分開示の場合どの範囲で開示するのかといった**開示のインセンティブ**が問われることになる。この意味で，会計分野における情報開示モデルの展開の契機の一つとして，情報の経済学における**完全開示モデル** (full disclosure model) ないし "unraveling arguement" が果たした役割は極めて大きなものがある。

　情報の経済学分野における Grossman and Stiglitz (1980) などのモデルは，「ノイズのある合理的期待均衡モデル」とよばれる。ここで**合理的期待均衡** (rational expectations equilibrium) とは，（主に資本市場を念頭においた証券の）均衡価格から，他の投資者の情報を推測するという投資者の試みを反映した均衡 (Christensen and Feltham, 2003, p. 15) を意味する。よってこの場合，投資者（あるいはトレーダー）は均衡価格を観察すれば十分なのであって資源を消費してまで私的情報を獲得するというインセンティブを持つことはない。

---

[2] Christensen and Feltham (2005, p. 2) の表現を借りれば，経営者を動機づける場合の会計情報の役割に関する経済分析とされる会計情報の経済分析のもう一方の主要論点である契約関係に焦点をあてたいわゆる**エージェンシー理論** (agency theory) は，本書では取り扱っていないことに留意されたい。エージェンシー理論に関するわが国の会計分野における最近の文献としては，佐藤 (2009) がある。

これに対して「ノイズのある」とは，資本市場に参加する投資者が保有する私的情報のすべてが市場価格に反映されず，投資者が他の投資者が獲得した私的情報を均衡価格から完全に推測することを妨げるような何らかの観察できない要因が存在している，より現実的な状況を含意する。このような状況下にあっては，私的情報を自ら獲得しようというインセンティブが投資者に生まれ，結果として市場価格に私的情報がどの程度織り込まれるのか（価格の情報提供性）といった興味深い論点が生じることになる。

合理的期待均衡とならんで，あるいは対置されるかたちで，情報が価格や取引量などにどのような影響を与えるのかに関する分析枠組みを提供するものに**ゲーム理論** (game theory) における**ベイジアン・ナッシュ均衡** (Bayesian Nash equilibrium) にもとづくものがある。**マーケット・マイクロストラクチャー**の代表的なモデルとされる Kyle (1985) がその一つの典型である。さきの Grossman and Stiglitz (1980) が私的情報を持つ投資者（**情報トレーダー**とよばれる）はプライス・テイカーとして行動すると仮定するのに対して，Kyle (1985) にあって情報トレーダーは一人であり，よって情報トレーダーが自身の取引において保有する私的情報を戦略的に利用すると仮定される。このような Kyle (1985) モデルをベンチマークとして，私的情報に加え，すべての投資者が観察可能な**公的情報** (public information)（または公的報告書）を新たに組み込むことによって，会計分野での情報開示モデルはまた一つの大きな進展の契機が与えられることになった。**第 4 章「資本市場における情報開示モデル」**で取り上げられ検討されるのは，このタイプのモデルを展開させた主要な一つの論文である。マーケット・マイクロストラクチャーのモデルもまた情報開示の分析に向けたモデルの枠組みを提供するという意味で大きな力があったのである。

第 5 章「製品市場における情報開示モデル」では，いわゆる寡占モデルとりわけ複占モデルに基礎をおく会計分野での最近の論文を取り上げている。周知のようにクールノー競争といった**複占市場** (duopoly market) における均衡モデルは，産業組織論などの分野で古くから議論され，その後，分析の素材としてゲーム理論においてもよく取り上げられるものであるが，そこでは

製品市場において競合する企業が相互依存的な状況のもとで価格ないし生産量をどのように決定するのかが取り扱われる。複占モデルのもと，製品市場における需要および（競争企業の）製品コストという二つのタイプの情報不確実性下での経営者の開示政策に焦点をあてるという会計分野での情報開示モデルの展開は，Darrough (1993)によって始まったとみてよい。それ以降，数多くの議論が会計分野における諸問題の解決に手がかりを与えるべく展開されており，寡占（または複占）モデルが会計分野での情報開示モデルの展開に果たしてきた役割もまた極めて大きいということができる。

本書にあっては，ディスクロージャーないし開示の根拠とされる情報の非対称性とそのもとで生起するであろう経済的非効率性，とりわけディスクロージャーが存在しない場合に深刻な問題となるアドバース・セレクションに関する基本的な諸問題の分析が，まずは次の**第2章「情報の非対称性」**においてなされる。この章は，もともと本書の主要な議論である上記の第3章から第5章で展開される情報開示モデルをより容易に理解するために工夫されたものであるが，ディスクロージャーの意義を考えるうえで不可欠な対称情報下での資源配分に対する非対称情報下での資源配分の歪みを具体的に示し，あわせてディスクロージャーないし開示を経済的に分析するために必要となるミクロ経済学における基本概念を整理することにより，文字どおり本書の基礎をなす章となっている。

これまでの指摘から明らかなように，本書が取り上げる情報開示モデルが依拠する一連の（情報の）経済モデルにあっては，開示主体である経営者（または企業）であれ資本市場に参加する投資者（またはトレーダー）であれ，私的情報の保有ないし獲得が一つの鍵概念であり，私的情報の市場価格や企業の意思決定に与える影響なり，私的情報の戦略的利用が主たる関心事となっている。このことを反映して，私的情報に加えて公的情報が明示的に導入される情報開示モデルが一部取り上げられるものの（第4章「資本市場における情報開示モデル」），会計分野の情報開示モデルの多くは依然として基本的には**自発的情報開示モデル**という性格が濃厚である。一方，会計分野におけるアーカイバル研究ないし実証研究の主たる関心事は**強制的開示**

(mandatory disclosure)の中核を占める会計情報である。この意味で，これまでの会計分野における分析的研究とアーカイバル研究とのあいだには無視することのできない齟齬が存在してきたともいえよう。

この点を考慮し，本書では，モデルのセッティングに忠実な仮想的実験空間のもとで参加者の行動を観察することにより一連の仮説を検証する**実験研究** (experimental research) に注目することにした。以下で改めてその概要が説明される実験研究は，分析的研究，アーカイバル研究とならぶ主要な研究手法の一つであり，その性格上，本書の関心からいえば私的情報の取扱いについて固有の強みを発揮する研究手法である。実験研究に注目し，中核部分である第3章から第5章までの各議論に関して直接的に関連すると思われる代表的な実験研究についての成果を紹介し，検討することも本書の特徴の一つである。読者にはモデル分析が導き出す命題が具体的にどのように検証されるのかの一端を改めて確認することが望まれる。

加えて本書では，会計分野における情報開示モデルのテキストとしての利用価値を高め，取り上げた情報開示モデルのロジック展開の理解に資するため，本文中での展開との対応にも十分に配慮したうえで必要となる確率・統計の基礎知識を付録として整理した。この数学付録も含め，モデル分析におけるロジックの展開を可能な限り詳細かつ平易に説明しようと努めたことも本書の大きな特徴である。読者には必要に応じて数学付録を参照し，モデルの展開を是非ともご自身の手で跡づけてみることが望まれる。

1.3 本書の位置づけ

経済社会において会計情報が果たすと期待される役割なり機能として，一般に情報提供機能と利害調整機能の二つが指摘される。前者の**情報提供機能**は投資者の証券投資意思決定に役立つ会計情報の働きをいい，後者の**利害調整機能**とは企業を巡るステークホルダーの経済的利害の対立を調整するための会計情報の働きをいう。二つの機能の対立は，会計情報の働きを市場的調整の局面でみるのかあるいは契約的調整の局面でみるかの観点の違いから捉

えることもでき，これに応じて会計情報の分析的研究も大きく二つに分類されるのが一般的である。この点については，会計情報の経済分析に関する最近の包括的な議論の一つである Christensen and Feltham (2003, 2005) においても変わることはなく，情報提供機能に対応するかたちでの市場（主に資本市場）を念頭においた「**情報開示モデル**」の議論および利害調整機能に対応するかたちでの「**エージェンシー・モデル**」に依拠した議論が，第 1 巻および第 2 巻のそれぞれにおいて展開されている。

本書が取り上げる情報開示モデルの内容を相対的に位置づけるため，Christensen and Feltham (2003) の構成と簡単に比較しておこう。Part A から Part D の 4 部から構成される Christensen and Feltham (2003) では，不確実性，選好，意思決定，情報，およびリスク・シェアリングといった情報の経済学における一連の基礎概念が整理される Part A に続く Part B では，単一主体設定のもとで，すべての投資者が同一の情報を受け取り，かつプライス・テイカーであるような競争的市場（つまり市場セッティング）における公的情報のインパクトが分析されている。すべての投資者にとって既知であると仮定される情報（公的情報）に対して，経済主体が私的情報を保有しまたは獲得するという仮定が，Part B から Part C および Part D への展開の契機となる[3]。Part C および Part D をみてみると，Part C では投資者（またはトレーダー）が私的情報を獲得する状況が取り扱われ，Part D では経営者が資本市場および製品市場に向けて開示することのできる私的情報を保有する状況が取り扱われている。したがって，本書の基礎論というべき**第 2 章「情報の非対称性」**はさておき，**第 4 章「資本市場における情報開示モデル」**に相当する議論は Part C で，**第 3 章「情報開示の基本モデル」**および**第 5 章「製品市場における情報開示モデル」**に相当する議論は Part D でそれぞれ取り上げられているということになる。

本書での議論の位置づけを複眼的にするため，本書の関心事である情報開

---

[3] Christensen and Feltham (2003) では，Part B と Part C・Part D の相違については，本文中に指摘した私的情報の存在を想定するか否かに加えて，Part B が一般均衡分析であるのに対して Part C・Part D が部分均衡分析であるとの区分も併せて指摘されている。

示モデルに関するサーベイ論文である Verrecchia (2001) の議論をさらに簡単に参照しておきたい。彼の関心の焦点は，開示理論の中核であるはずの「財務報告と財務報告の経済的影響とのリンクを確立する会計分野における経済学ベースの開示モデル」である。彼は包括的ないし統合的とみなされる開示の理論は現在のところ（少なくとも 2000 年前後までは）存在せず，これまでの開示理論は，個々に著しく独特で高度に様式化された経済学ベースのモデルの折衷的な混合物であり，それぞれが開示のパズル全体のごくわずかな断片を分析したものにすぎないとしたうえで，これまでの成果を，(i) 関係性ベースの開示 (association-based disclosure)，(ii) 裁量性ベースの開示 (discretionary-based disclosure) および (iii) 効率性ベースの開示 (efficiency-based disclosure) の三つのカテゴリーに分類する (*ibid*., pp. 98-101)。

　(i) の「関係性ベースの開示」とは，情報の事前知識 (prior knowlegde of information) が存在し（つまり私的情報を事前に保有しており），かつこの事前知識が必ず開示されると仮定したうえで，開示が個々の投資者の累積的な行動に及ぼす影響を研究するものとされる。資本市場における投資者の累積的な行動が均衡価格の変化や取引量の動きに体現されるとすれば，関係性ベースの開示は，開示と価格変化との関係および開示と取引量との関係にとりわけ焦点をあてる研究となるが，これらの関係を Verrecchia (2001) は「市場プロセスの内生化」と表現する。ここでは開示は必ず行われると仮定されることから，（経営者の）開示のインセンティブは所与または外生的なものとして取り扱われ，経済社会の観点から開示が果たして効率的なものであるかどうかは考慮されることはない。これに対して (ii)「裁量性ベースの開示」とは，情報の事前知識の存在は引き続き仮定されるものの，経営者（または企業）が保有するこの事前知識に関してどのような裁量を行使するのかを分析する研究であるとされる。よってこのカテゴリーでは，開示は前提とされず内生的に取り扱われ，経営者による開示するかしないかという開示のインセンティブが問われることになる。最後の (iii)「効率性ベースの開示」については，情報の事前知識が存在しない段階または届いていない段階で，どのような開示による調整がなされるのかを議論する開示政策に関する「事

前」の研究であり[4]，その顕著な特徴として，情報の事前知識に条件づけられない開示調整，典型的には，内生化された資本市場のもとで自身の厚生を最大にする経済主体の行動に関する研究であると説明されている。このように Verrecchia (2001) の三つのカテゴリーはそれぞれ，(i) 外生化された開示，(ii) 内生的な開示のもとでの望ましい事後的開示調整および (iii) 内生的な開示のもとでの事前的開示調整，と整理できるものであり，分類のための要素に着目すれば，開示における，(i) 市場プロセス内生化の役割，(ii) インセンティブの役割および (iii) 効率性の役割，をそれぞれ問うものであるということができる。一つの真の意味での包括的開示理論とは，これら三つのすべての要素の分析を同時に組み込み統合したものであると Verrecchia (2001) はいう (*ibid.*, pp. 99-100, p. 160)。

本書が取り上げる議論からみれば，本書のすべての議論の基礎となる**第 2 章「情報の非対称性」**はさておき，**第 3 章「情報開示の基本モデル」**および**第 5 章「製品市場における情報開示モデル」**は開示を前提とせず開示のインセンティブに焦点をあてるものであることから上記 (ii) の「裁量性ベースの開示」に，**第 4 章「資本市場における情報開示モデル」**は開示を前提に開示と価格反応や取引量との関係に注目するという意味で (i) の「関係性ベースの開示」に分類されることになる。さらに，**第 3 章「情報開示の基本モデル」**および**第 5 章「製品市場における情報開示モデル」**においては，情報の事前知識の存在を仮定しない状況のもとでの経営者（または企業）の開示政策のあり方が，一部念頭におかれまた検討されており，この意味で (iii) の「効率性ベースの開示」も部分的であれ本書で取り扱われているともいえる。

1.4 実験研究の概観

会計分野における**実験研究**は，1960 年頃から欧米の学術誌に掲載され始

---

[4] これに対して (ii)「裁量性ベースの開示」は，経営者が知っている情報の開示に関して裁量を行使するという状況を意味する事後的な開示政策（事後的開示調整）の研究ということになる (Verrecchia, 2001, p. 146)。

め，現在では会計の論点を実証する際の主たる方法論の一つとなっている。会計学における実験は，(i) 実験の理論的基盤を心理学にもち，経営管理者や監査人などの会計環境における具体的な判断や意思決定を調査する**行動会計学** (behavioral acccouniting)，(ii) 実験の理論的基盤を経済学にもち，一般的なタスク[5]を課された学生やビジネスマンなどの参加者に対して実験室内のパフォーマンスに応じた報酬を付与する**実験経済学** (experimental economics) の手法の二つに大別される[6]が，このうち本書が取り上げるモデルの実証に適用されるのは，後者の実験経済学の手法である。

経済学のモデルは，一般にシンプルなものであり，現実世界の経済の機能のためにレリバントな要素を組み込む一方で，経済の機能との関連性が低いと考えられる要素は捨象される。一部，さきにも指摘したように，多くの場合，構築されたモデル分析の命題を直接的に実証するのに相応しい現実のデータを研究者が入手することは，困難もしくは不可能であることから，実験経済学の手法に依拠してモデルの設定に沿った仮想の経済環境を研究者自らが実験室内に構築し，コントロールされた状況下で適切な経済的インセンティブを付与された参加者の行動を観察することによって，モデルの命題の実証のために必要なデータを新たに創りだすことが可能となる。またモデル分析では，しばしば現実世界には存在しない制度や環境を組み込んだ影響を調査する「もしこうであったら (what if...)」という論点がしばしば取り扱われたり，モデルの特定のパラメータの値を変化させてその影響を分析する**比較静学**がなされたりする。このような場合においても，実験経済学にあっては設定を変更した複数の異なる実験を繰り返して実施することにより，得られた結果を比較検証することができる。さらに実験研究の実施からもたらされる副次的な効果として，(i) モデルでは省略されあるいは曖昧なままであっ

---

[5] Swieringa and Weick (1982) によれば，一般的なタスクを課す実験とは，詳細な事例について何らかの意思決定や判断を要求するのではなく，論点にとって決定的であると想定される環境や変数を抽出して実験の参加者に提示し，それらに対応してなされた行動自体を分析の対象とするものである。

[6] しかしながら，単純な二分法は困難になってきているのも事実である (Kachelmeier and King, 2002, p. 219, footnote 1)。

た事項を実験の実施に際して特定する必要が生じることから,現実世界へのモデルの適用可能性が高まること,(ii) モデルの均衡予測と首尾一貫しないものの,実験室内で規則的に起こる事象 (regularities) が,モデル改訂の方向性を示唆しうることが指摘される (Smith et al., 1987, p. 72)。

なお,会計学における実験研究の方法論自体に関する議論については,Swieringa and Weick (1982),Gibbins and Salterio (1996),Libby et al. (2002) また Ryan et al. (2002) が参考になろう。

1.5 おわりに

本章では,本書の目的,構成,次章以降で取り上げる議論の概要,これらの議論の相対的な位置づけを明らかにした。また実験研究についても簡単にふれた。本書が対象とする分析的研究は,会計の基本機能からいえば**情報提供機能**ないし**意思決定有用性アプローチ** (decision usefulness approach) に該当するものであり,市場的調整における会計情報の役割に焦点をあてる情報開示モデルである。「(財務報告の)目的が,投資家による企業成果の予測と企業価値の評価に役立つような,企業の財務状況の開示にある」(討議資料「財務会計の概念フレームワーク」第1章序文)とすれば,財務報告が,具体的にどのような論理構成のもとでいかなるプロセスをへて,その目的をどの程度達成するのかの一端を解析的に明らかにする情報開示モデルは極めて興味深いものである。

次章以降,とりわけ第3章から第5章において取り上げる分析的研究は,ごく限られたものでしかないものの,現時点までの会計分野における情報開示モデルの中核となる論点を具現したものであることは間違いない。読者には,情報開示モデルを効率よく自身のものにするため,本書の内容に沿って,各モデルのシナリオを把握し,モデルの構造および均衡の定義を理解し,均衡を導くロジックの展開,加えて均衡における比較静学に関する演算を自身で跡づけることが望まれる。

第2章 情報の非対称性

2.1 はじめに

　本章では，**ディスクロージャー**ないし開示を考える前提として，**情報の非対称性**の問題，つまりある経済主体が持っている情報と他の経済主体が持っている情報が異なる場合に生じる問題を考察する。そもそも経済主体のあいだで情報の非対称性がなければ，ディスクロージャーは必要とされないであろう。ここでは，経済主体のあいだで保有する情報に格差がある状況のもと，ディスクロージャーが存在しないという前提で，**アドバース・セレクション**とよばれる深刻な問題が生じうるメカニズムについて説明する。アドバース・セレクションの問題が深刻であればあるほど，それを緩和する一つの手段としてのディスクロージャーの役割への期待も高まることから，まずはこの点についての理解を深めることが重要である[1]。

　情報の非対称性の問題を議論するに先立って，ミクロ経済学における基本的な結果を整理しておくことが有益である。ただし，論点の大半はミクロ経済学の基礎と重なることから，以下では，ややインフォーマルに，かつできるだけ簡潔に記述する。なお，ここでの要約は，大学院レベルのミクロ経済

---

[1] ただし，本書を通して，ディスクロージャーが常に望ましいものであるという前提にはたっていない。むしろ，ディスクロージャーが望ましいものであるかどうか自体も，本書の分析対象である。ただし本書は，第1章でも指摘したように，ディスクロージャーについての基本的な問題をモデル分析を通じて考察する手法の説明に重点があり，これまでの研究成果の要約を試みるものではない点に留意されたい。

学の標準的テキストとして定評のある Mas-Colell et al. (1995, Chapter 10) に依拠したものである[2]。

ミクロ経済学の基礎的な問題である経済主体間での資源配分の問題を考えるにあたって，**競争均衡** (competitive equilibrium) と**パレート効率性** (Pareto efficiency) の概念がとりわけ重要である。まず**競争市場経済** (competitive market economy) とは，すべての財を**一般に観察可能な** (publicly available) 価格で取引することができ（**完備市場** (complete market) であり），すべての経済主体が**プライス・テイカー** (price taker) として行動する市場経済をいい，この競争市場経済において，経済主体が最適な行動（たとえば企業の利潤最大化行動や消費者の効用最大化行動）をとり，かつ財についての需要と供給が一致する状況を競争均衡とよぶ。またパレート効率性とは資源配分の状態を評価するための一つの規準であり，他の経済主体の状態を悪化させることなく，ある経済主体の状態を改善することができない状態をパレート効率的であるという。パレート効率性の概念は社会において無駄がないという考えを記述したものであり，**経済効率性** (economic efficiency) を議論する際に有用な一つの概念である。なおパレート効率性の概念は，より議論の余地のある経済主体間の**公平性** (equity) あるいは**分配** (distribution) の問題を取り扱う概念ではない。

ミクロ経済学における基本的な定理の一つである**厚生経済学の基本定理** (fundamental theorem of welfare economics) は，以上の諸概念を用いることにより，厳密ではないものの記述することが可能となる。なお本節では，単一の財の市場分析に限定した**部分均衡モデル** (partial equilibrium model)[3] を前提とする。いくつかの追加条件などの詳細を省略するとすれば，競争均衡はパレート効率的であるというのが**厚生経済学の第1基本定理** (first fundamental welfare theorem) であり，経済主体のあいだで適当な再分配を行なえば，パ

---

[2] また林 (2007) は，この点を厳密かつ丁寧に解説しており，Mas-Colell et al. (1995) と同様に参考にした。

[3] 分析対象にする財の市場の変化によって，他の財の市場への影響が無視できるほど小さいことを仮定することを意味する。この場合，他の財の価格を一定と考えるなど分析を単純にすることが可能となる。なお本章では，次節以降において，このような部分均衡モデルの結果を利用している。

レート効率的な資源配分は，競争均衡として達成することができるというのが**厚生経済学の第2基本定理** (second fundamental welfare theorem) である。

厚生経済学の第1基本定理は，アダム・スミスのいう市場の「**見えざる手** (invisible hand)」をフォーマルに述べたものであると説明されることもある。ただし林 (2007) が注意を喚起しているように，この命題によって，ミクロ経済学は「市場経済は良い配分をもたらす」と主張しているなどと解釈してはならない。第1に，これらの厚生経済学の基本定理における競争均衡やパレート効率性という概念は，限定的な意味で用いられているからである。第2に，さきに省略した技術的な追加条件の存在はもとより，いくつかの暗黙の仮定がおかれているからである。よって厚生経済学の基本定理は，効率性を考えるうえでのベンチマークと理解すべきものであり，非効率性が現実に存在するならば，この定理の仮定のうち少なくとも一つは満たされていないことを意味する。均衡がパレート効率性を満たさない状況は一般に**市場の失敗** (market failure) とよばれるが，市場の失敗の原因として本書が特に注目するのは，すべての財の特徴がすべての市場参加者に観察可能であるという暗黙の仮定である。現実には，多くの財の特徴について情報が非対称的であり，この暗黙の仮定が満たされていない状況が存在する。財の特徴がすべての参加者に観察可能でない場合，異なる性質を持つ各財ごとの市場は存在しないことになり，その結果，市場が完備であるという仮定が満たされなくなる[4]。本書の関心に沿っていえば，企業経営について，多くの投資者は経営者ほど知識を有していないという情報非対称の状況である。以下では，このような情報の非対称性が存在するもとで，どのようなロジックで非効率性が生じるかを検討し，**ディスクロージャー**の意義を考える。

---

[4] このほか，市場の完備性が満たされないことによる市場の失敗の例としては，**外部性** (externality) や**公共財** (public goods) がある。またプライス・テイカーの仮定が満たされないことによる市場の失敗の例としては，企業が価格影響力を持つ**寡占市場**がある。

2.2 情報の非対称性とアドバース・セレクション

非対称情報のもとで生じうる**アドバース・セレクション**の問題を初めて分析したのは，Akerlof (1970) である．本節では，Mas-Colell et al. (1995, Chapter 13, Section B) を参考に，情報の非対称性が存在することによって，資源配分にどのような歪みが生じるかを説明する．なお他の経済主体が知らない情報をある経済主体が持っている場合，その経済主体は**私的情報**を持っているといい，またすべての経済主体が知っている情報を**公的情報**とよぶ．

2.2.1 モデルの設定と均衡の定義

設　定

投資者は**リスク中立的** (risk neutral) であり，経営者に対して**新規株式公開** (initial public offering: IPO) を提案する 1 期間のモデルを考える．簡単化のために，投資者は期末における企業価値を評価したうえで，その額で企業を買い取ることを経営者に対して提案するものとする．期末における企業価値は，上場した場合としなかった場合とでは異なり，上場した場合の価値は**確率変数** (random variable) $\tilde{v}$ であらわされるものとする．$\tilde{v}$ の分布関数を $F(v)$ であらわし，平均は μ，定義域は $[\underline{v}, \bar{v}]$ とする．また $\tilde{v}$ の密度関数が存在し，これを $f(v)$ とする．一方，上場しなかった場合，企業は $r(\tilde{v})$ の価値を生みだすものとする．なお以下では，特に断らない限り，企業価値という用語は，上場した場合の企業価値 v を意味するものとする．

投資者は期末の企業価値 v を知らずに期中において企業価値を評価する．この評価は，企業価値についての事前の信念のみならず，どのような企業がIPO を選択するのかを予想したうえでなされるものとする．つまり投資者は，企業価値についての事前の期待値そのものではなく，IPO を選択する企

業の条件付き期待値で企業価値を評価するものと考える[5]。一方の経営者は，期中において期末の企業価値 v を私的に観察したうえで，利得が最大になるように IPO するかしないかを決定するものとする。

このモデルの設定を厳密に定義するため，もう少し記号を導入することにしよう[6]。投資者による企業価値の評価は $P \in \mathbb{R}_+$ とする。この評価は，IPO を選択すると予想する企業の価値の条件付き期待値で決定されることになる。一方経営者の意思決定は，企業価値に関する私的情報 $v \in \mathbb{R}_+$ を観察したうえで，IPO をするかしないかのいずれかである。経営者の意思決定の集合を A であらわし，$A = \{1, 0\}$ とする。1 は経営者が IPO をすることを，0 は IPO をしないことを示す。よって経営者の IPO 戦略は，$I : \mathbb{R}_+ \to A$ とあらわすことができる。あるいはまた $I(v) \in A = \{1, 0\}$ とあらわすこともできる。同様に投資者の価格設定に対する経営者の期待を $\hat{P}$ とし，経営者の IPO 戦略 I に対する投資者の期待を $\hat{I} : \mathbb{R}_+ \to A$，あるいは $\hat{I}(v) \in A = \{1, 0\}$ とあらわす。

均衡の定義

このモデルにおいて，次の三つの条件を満たす $(P, \hat{P}, I, \hat{I})$ を均衡とよぶ。

(i) $P = E[\tilde{v} \mid \hat{I}(v) = 1]$ となること[7]。

(ii) 任意の $v \in \mathbb{R}_+$ について，$I(v)$ は，$r(v) < \hat{P}$ ならば $I(v) = 1$，$r(v) > \hat{P}$ ならば $I(v) = 0$，$r(v) = \hat{P}$ ならば $I(v) = 1$ あるいは $I(v) = 0$ になること。

(iii) 任意の $v \in \mathbb{R}_+$ について，$P = \hat{P}$，および $I(v) = \hat{I}(v)$ となること。

投資者は，一般に入手可能なすべての情報を織り込んで価格設定することを

---

[5] 価値を評価するのは期中であり，最終的な企業価値が実現する期末よりも前であるから，貨幣の時間価値などを考慮して割り引かなければならない。ここでは簡単化のため，割引率はゼロとする。

[6] ここでの表記について不慣れな読者は，数学付録 A 節を参照のこと。

[7] この条件付き期待値の書き方は厳密ではないが，$\hat{I}(v) = 1$ となるような v であることを条件としたときの期待値という意味である。

意味するのが条件 (i) である。ここでいう一般に入手可能なすべての情報には，このモデルの設定自体の情報も含まれている。したがって投資家は，経営者の IPO 戦略を予想し，IPO を選択する企業の条件付き期待値で価格を設定することになる。また投資家が（条件付き）期待値で評価するということは，投資家がリスク中立的であることを反映したものである。条件 (ii) は，経営者が IPO をした場合の利得としなかった場合の利得を比較して，利得が大きくなるように IPO 戦略 I を決定することを意味している。条件 (iii) は，経営者も投資家も相手の行動に対して**合理的期待** (rational expectation) を持つこと，つまり均衡においては予想が実際に正しくなることを意味するものである。

なお条件 (i) は，経営者の IPO 戦略が v の値にかかわらず常に IPO をしないことである場合には，うまく定義されてはいない。なぜなら IPO をする企業が存在しない状況のもとでは，$\tilde{v}$ の条件付き期待値が計算できないからである。単純化のため，以下では，このような状況の場合，投資家は事前の期待値で企業価値を評価する，つまり $P = E[\tilde{v}]$ と仮定する。

2.2.2 対称情報下での資源配分

まず企業価値 v が一般に観察可能であるケース，つまり経営者だけでなく投資家もまた企業価値 v を知っている**情報が対称のケース**を考える。この場合，投資家は企業価値 v を知っていることから，価格設定は次のようになる。

$$P = E[\tilde{v} \mid \tilde{v} = v] = v \tag{2.1}$$

一方，経営者は，IPO をすれば $P = v$，IPO をしなければ $r(v)$ であることから，両者を比較して次のように IPO 戦略 $I(v)$ を決定する。

$$I(v) = \begin{cases} 1 & \text{if } r(v) \leq v \\ 0 & \text{if } r(v) > v \end{cases} \tag{2.2}$$

つまり均衡において，非上場の場合（IPO をしない場合）に生みだされる

価値 $r(v)$ よりも，上場した場合の企業価値 v の方が大きな企業が上場する（IPO をする）。

パレート効率的な資源配分

ここで**パレート効率的な資源配分**を考える。パレート効率的な資源配分は，**総余剰** (aggregate surplus) を最大にするものであることが知られている[8]。ここで総余剰を S とすると，次の式で定義される。

$$S = \int_{\underline{v}}^{\bar{v}} [I(v)v + (1 - I(v))r(v)]f(v)\, dv \tag{2.3}$$

このように定義された総余剰は，企業活動により創出される価値の期待値であり，任意の v について，$v \geq r(v)$ のときに $I(v) = 1$，$v < r(v)$ のときに $I(v) = 0$ となれば最大になる。いいかえれば，パレート効率的な資源配分においては，$v \geq r(v)$ となるような v の企業が IPO をするということである。このような状況は，対称情報下での資源配分と等しいことから，対称情報下での資源配分はパレート効率的である。つまり対称情報のもとでは，**厚生経済学の第 1 基本定理**が成立するのである。

数 値 例

次の三つの数値例について，このモデルの均衡を求めるとともに，(2.3) 式であらわされる総余剰を具体的に計算してみよう。

例 1　上場したときの企業価値 $\tilde{v}$ は $[0, 100]$ 上の一様分布にしたがっている[9]。上場しなかったときの価値は一定で，$r(v) = 40$ である。

例 2　上場したときの企業価値 $\tilde{v}$ は $[0, 100]$ 上の一様分布にしたがっている。上場しなかったときの価値は v よりは小さいが v に比例して大き

---

[8] この点については，Mas-Colell et al. (1995, Chapter 14, Section E) で説明されている。また林 (2007, 第 6, 14 章) でも詳しく説明されている（具体的には林 (2007, p. 184, 命題 14.1) に対応している）。

[9] 一様分布の密度関数と分布関数については，数学付録 B.6 節を参照のこと。

くなり，$r(v) = 3v/4$ である。

例 3　上場したときの企業価値 $\tilde{v}$ は $[0, 100]$ 上の一様分布にしたがっている。上場しなかったときの価値は v よりは小さいが v の 2 乗に比例して大きくなり，$r(v) = v^2/100$ である。

例 1 では，(2.2) 式は次のようになる。

$$I(v) = \begin{cases} 1 & \text{if } 40 \leq v \\ 0 & \text{if } 40 > v \end{cases} \tag{2.4}$$

非上場のときの企業価値が 40 で一定であるならば，40 以上の企業は上場し期末において価値 $v (\geq 40)$ を実現し，40 未満の企業は上場せず価値 $r(v) = 40$ を実現する。この場合，条件 (i) より $P = E[\tilde{v} \mid \tilde{v} \geq 40] = 70$ となる。条件付き期待値の値が 70 となるのは，企業価値 v が一様分布にしたがっているため，最小値 40 と最大値 100 の平均になるからである[10]。次に $\tilde{v}$ が $[0, 100]$ の一様分布にしたがっているので，密度関数が $f(v) = 1/100$ となることに注意して，総余剰 S を計算してみよう。

$$\begin{aligned} S &= \int_{\underline{v}}^{\bar{v}} [I(v)v + (1 - I(v))r(v)] f(v)\, dv \\ &= \int_0^{40} r(v) \frac{1}{100}\, dv + \int_{40}^{100} v \frac{1}{100}\, dv \\ &= 40 \times \frac{1}{100} \times [v]_0^{40} + \frac{1}{100} \times \left[\frac{1}{2} v^2\right]_{40}^{100} \\ &= 16 + 42 = 58 \end{aligned}$$

例 2 では，$I(v) = 1$ になるのは $v \geq 3v/4$ のときであるが，これはすべての v について成り立つ。つまり条件 (ii) は，$I(v) = 1$ for $0 \leq v \leq 100$ となる。上場すれば v で評価される一方で，非上場の場合にはその 3/4 の価値しか生みだせないのであれば，すべての企業は上場を選択することになる。この場

---

[10] 一様分布の期待値については，数学付録 B.7 節でも説明している。

合，条件 (i) より $P = E[\tilde{v} \mid 0 \leq \tilde{v} \leq 100] = 50$ となる．また総余剰 S は次のようになる．

$$S = \int_0^{100} v \, \frac{1}{100} \, dv = \frac{1}{100} \times \left[\frac{1}{2}v^2\right]_0^{100} = 50$$

総余剰が例 1 の 58 よりも小さくなっている理由は，例 1 では価値 v が 0 から 40 の企業は非上場を選択し $r(v) = 40$ の価値を創出したのに対して，例 2 では価値 v が 0 から 40 の企業も上場して v の価値を生みだしているからである．

最後の例 3 で，$I(v) = 1$ となるのは $v \geq v^2/100$ のときであるが，これはすべての v について成り立ち，条件 (ii) は $I(v) = 1$ for $0 \leq v \leq 100$ となる．よって例 2 と同じく，条件 (i) より $P = E[\tilde{v} \mid 0 \leq \tilde{v} \leq 100] = 50$ となり，総余剰 S も同じく $S = 50$ となる．

2.2.3 非対称性情報下での資源配分

次に**情報が非対称のケース**，つまり経営者は企業価値 v を知っているが，投資者は企業価値 v を知らないケースを考えてみよう．このような非対称情報のケースにおいてもっとも重要なことは，対称情報のケースとは異なり，投資者が企業価値 v に依存したかたちで価格を設定することができないことである．

非対称情報のケースにおける条件 (i) から (iii) は，それぞれ次のようにあらわされる．

$$P = E[\tilde{v} \mid \hat{I}(v) = 1] \tag{i}$$

$$I(v) = \begin{cases} 1 & \text{if } r(v) \leq \hat{P} \\ 0 & \text{if } r(v) > \hat{P} \end{cases} \tag{ii}$$

$$P = \hat{P}, \; I(v) = \hat{I}(v) \tag{iii}$$

なお $\hat{P} = r(v)$ の場合を $I(v) = 1$ に含めて示している．(iii) の $I(v) = \hat{I}(v)$ のもとで (ii) を (i) に代入すると，次の条件 (i') 式を得る．

$$P = E[\tilde{v} \mid r(v) \leq \hat{P}] \qquad (\text{i'})$$

つまり投資者の設定する価格 P は，経営者が予想する投資者の設定する価格 $\hat{P}$ が経営者が非上場の場合に得る利得 $r(v)$ より大きくなる価値 v の企業の集合に条件付けられた $\tilde{v}$ の期待値になる。

いま，この条件 (i') 式について縦軸に P，横軸に $\hat{P}$ をとると，次の図表 2.1 のようになる。なお 45 度線は $P = \hat{P}$ であるから，この線上が均衡条件をあらわしていることに注意する。

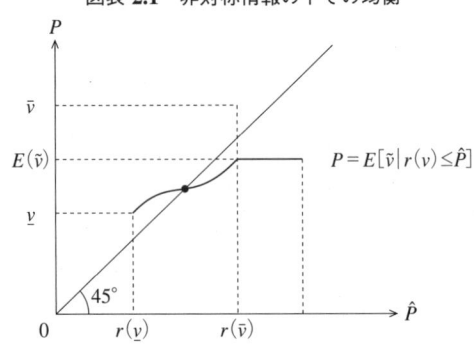

図表 2.1　非対称情報の下での均衡

以下では，さきの数値例を用いて，均衡を求めるとともに総余剰がどうなるのかを検討する。

例 1

例 1 の均衡の条件 (i') は，$P = E[\tilde{v} \mid 40 \leq \hat{P}]$ となる。$40 \leq \hat{P}$ という条件は，v には依存していないため，$\hat{P}$ が 40 以上であれば任意の v について満たされ $P = E(\tilde{v}) = 50$ となり，$\hat{P}$ が 40 未満であれば任意の v について満たされない。さきに指摘したように，任意の v について成り立たない場合，つまり経営者の IPO 戦略が v の値にかかわらず常に IPO をしないことである場合には，事前の期待値 $P = E(\tilde{v}) = 50$ になると仮定している。以上から条件 (i') は，任意の v について $P = E(\tilde{v}) = 50$ となる。このときの条件 (ii) は

$\hat{P} = P = 50$, $r(v) = 40$ であるから, 任意の v について $I(v) = 1$ となる. つまり, どのような企業価値 v であっても, 上場すれば 50 の利得が得られ, 非上場であれば $r(v) = 40$ の利得しか得られないことから, 経営者にとっては v の値にかかわらず上場することが望ましいことになる. 以上, 例 1 における均衡は, ($P = 50$, $I(v) = 1$ for any v) である.

上記の条件 (i') 式について, 縦軸に P, 横軸に $\hat{P}$ をとると, 図表 2.2 のようになる. なお 45 度線は $P = \hat{P}$ であるから, 45 度線上が均衡条件をあらわすのはさきの図表 2.1 と同様である.

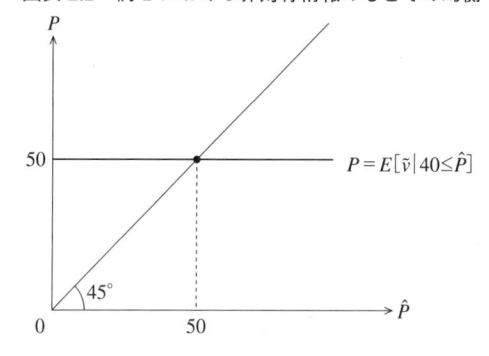

図表 2.2 例 1 における非対称情報のもとでの均衡

$P = E[\tilde{v} | 40 \leq \hat{P}]$

ここで注意すべきは, この非対称情報のもとでの均衡は, 対称情報のもとでの均衡より非効率になっているということである. なぜなら, 例 1 では任意の企業価値 v について $r(v) = 40$ であり, どのような企業であっても非上場の場合に経営者は 40 の利得が得られるにもかかわらず, 非対称情報のもとではすべての企業が上場することになる. したがって $v < 40$ の企業にとっては, 上場しない方が 40 の価値が生みだされ総余剰が大きいにもかかわらず, 上場して $v < 40$ の価値しか生みださない. 事実, 非対称情報のもとでの総余剰は次のように 50 となり, 対称情報のもとでの総余剰 58 より小さくなる.

$$S = \int_0^{100} v \frac{1}{100} \, dv = \frac{1}{100} \times \left[\frac{1}{2}v^2\right]_0^{100} = 50$$

このような非効率が生じる理由は，投資者が異なる企業価値を有する企業を区別できず，企業価値に依存するかたちで価格 P を提示できないからである。つまり非対称情報が原因で資源配分が非効率となるのである。

例 2

例 1 は $r(v)$ が v に依存しないケースであり，上場した場合に生みだされる企業価値と非上場の場合に生みだされる価値とが関係しないケースである。しかし一般的に，上場した場合に高い価値 v を生みだす企業は，非上場の場合にも相対的に高い価値を生みだす可能性が高いと考えられる。つまり $r(v)$ は v の増加関数であると考える方が自然であり，このような状況をあらわしたのが例 2 である。以下では，このようなケースにおいて，情報の非対称性による効率性の損失が非常に大きくなる可能性があることを示す。例 2 における均衡の条件 (i') は，次のようになる。

$$\begin{aligned}P &= E[\tilde{v} \mid r(v) = 3v/4 \leq \hat{P}] \\ &= E[\tilde{v} \mid v \leq 4\hat{P}/3] \\ &= \frac{2\hat{P}}{3}\end{aligned} \tag{2.5}$$

最後の等号は，企業価値 v が一様分布にしたがうことから，条件付き期待値は最小値 (0) と最大値 ($4\hat{P}/3$) の平均となることによる。均衡の条件 (iii) の $P = \hat{P}$ を代入しこの式を解くと，$P = 0$ となる。また $P = \hat{P} = 0$ とすると，条件 (ii) において $I(v) = 1$ となるのは $v = 0$ のときのみであることがわかる。以上から，例 2 における均衡は，$(P = 0, I(v) = 1 \text{ for } v = 0, I(v) = 0 \text{ for } 0 < v \leq 100)$ となる。

上記の条件 (i') 式について，縦軸に P，横軸に $\hat{P}$ をとって図示したのが図表 2.3 である。45 度線は $P = \hat{P}$ であり，この線上が均衡条件をあらわしているのはこれまでと同様である。

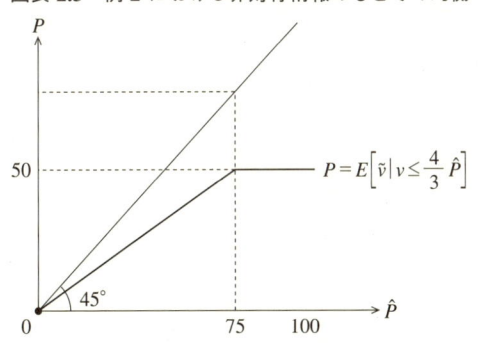

図表 2.3 例 2 における非対称情報のもとでの均衡

$$P = E\left[\tilde{v} \mid v \leq \frac{4}{3}\hat{P}\right]$$

　さきに示した対称情報のケースあるいは総余剰が最大になるケースでは，すべての企業が上場を選択したことを思いだそう。どのような企業も上場することが総余剰の点から望ましいにもかかわらず，例 2 のような非対称情報のもとではすべての企業が非上場を選択することになる。例 2 では，企業価値 $v = 0$ の経営者は 0 より大きな価格を提示されれば常に上場を選択するといったように，企業価値が低い経営者ほど低い価格でも上場を選択する状況になっている。いいかえると，価格を低くしたとき，最初に非上場を選択するのは $r(v)$ がもっとも高い $v = 100$ の企業の経営者である。一方で，このような高い価値を持つ企業が非上場を選択するのであれば，投資家はこの点を考慮して条件付き期待値で価格を設定するため，さらに低い価格を提示することが必要となる。このような論理を繰り返せば，結局，投資家は最低の企業価値 $v = 0$ と等しい価格 $P = 0$ を提示することになる。このように，**情報優位**の意思決定者（ここでは企業の経営者）がその情報にもとづいて意思決定を行ない，情報を持たない取引参加者（ここでは投資家）に不利な影響を与えるとき，**アドバース・セレクション**が生じる。

　例 2 における総余剰を求めると次式のように 37.5 となり，対称情報のもとでの総余剰 50 よりも小さくなる。

$$S = \int_0^{100} r(v) \frac{1}{100} \, dv = \int_0^{100} \frac{3}{4} v \times \frac{1}{100} \, dv = \frac{3}{4} \times 50 = 37.5$$

例 3

例 3 は均衡が複数存在するケースであるが，均衡の条件 (i') の求め方は例 2 と同様であり，次のようになる。

$$\begin{aligned} P &= E[\tilde{v} \mid r(v) = v^2/100 \leq \hat{P}] \\ &= E\left[\tilde{v} \mid v \leq 10\sqrt{\hat{P}}\right] \\ &= 5\sqrt{\hat{P}} \end{aligned} \tag{2.6}$$

均衡の条件 (iii) の $P = \hat{P}$ を代入し上式を解くと，$P = 0, 25$ となる。まず $P = \hat{P} = 0$ とすると，条件 (ii) において $I(v) = 1$ となるのは，$v = 0$ のときのみであり，例 2 と同じく，この場合の均衡は ($P = 0, I(v) = 1$ for $v = 0, I(v) = 0$ for $0 < v \leq 100$) となる。次に $P = \hat{P} = 25$ とすると，条件 (ii) において $I(v) = 1$ となるのは，$25 \geq v^2/100$ のときであり，これを解くと $v \leq 50$ となる。したがってもう一つの均衡は，($P = 25, I(v) = 1$ for $0 \leq v \leq 50, I(v) = 0$ for $50 \leq v \leq 100$) となる。

上記の条件 (i') 式について，縦軸に P，横軸に $\hat{P}$ をとると，図表 2.4 のようになる。

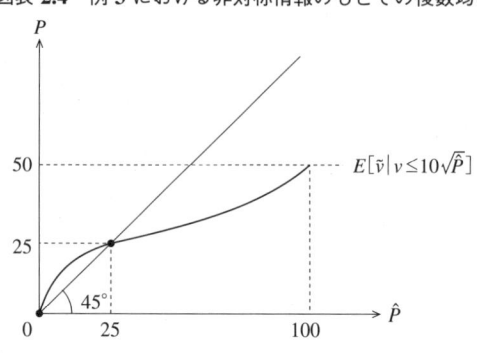

図表 2.4 例 3 における非対称情報のもとでの複数均衡

これまでと同様に例 3 における総余剰を計算しておこう。まず（$P = 0$, $I(v) = 1$ for $v = 0$, $I(v) = 0$ for $0 < v \leq 100$）の均衡の場合の総余剰は，次のように示される。

$$S = \int_0^{100} r(v) \frac{1}{100} dv = \int_0^{100} \frac{v^2}{100} \frac{1}{100} dv = \frac{1}{10000} \times \left[\frac{1}{3} v^3\right]_0^{100} = \frac{100}{3} \fallingdotseq 33.3$$

同様に，（$P = 25$, $I(v) = 1$ for $0 \leq v \leq 50$, $I(v) = 0$ for $50 \leq v \leq 100$）の均衡における総余剰は，次のようである。

$$\begin{aligned}
S &= \int_0^{50} v \frac{1}{100} dv + \int_{50}^{100} r(v) \frac{1}{100} dv \\
&= \frac{1}{100} \times \left[\frac{1}{2} v^2\right]_0^{50} + \frac{1}{10000} \times \left[\frac{1}{3} v^3\right]_{50}^{100} \\
&= \frac{1}{100} \times \frac{1}{2} \times 50^2 + \frac{1}{10000} \times \frac{1}{3} \times (100^3 - 50^3) \\
&\fallingdotseq 41.7
\end{aligned}$$

いずれの均衡における総余剰も，対称情報における総余剰 50 に比べて小さくなっていることがわかる。

2.2.4　ゲーム理論によるアプローチ[11]

これまで用いてきた均衡概念は，Akerlof (1970) が用いた概念に対応したものであるが，投資者行動をより明示的にモデル化することによって，**ゲーム理論**の均衡概念の適用を考えることが可能となる。ゲーム理論の均衡概念の必要性は，複数均衡が存在する例 3 を用いることによって説明することができるが，ゲーム理論の均衡概念と区別するため，これまで用いてきた均衡概念を本章の以下では**競争均衡** (competitive equilibrium) とよぶことにする。

---

[11] ここでの議論は，ゲーム理論の基礎的な知識，特に均衡概念についての理解が必要である。やや細かい議論であるため，これらの知識のない読者は，本節を読み飛ばしても差しつかえない。

図表 2.4 における複数の競争均衡は，総余剰の程度によって順位づけることができる。つまり均衡における投資者の期待利得はゼロであるが，経営者は提示される価格が高いほど利得は大きくなる（もとより上場しない企業の経営者にとっては提示される価格は無差別である）。したがってより高い価格の均衡の方が総余剰は大きくなる。この意味で，低い価格の均衡は調整の失敗により生じるといえよう。なぜなら，例 3 における $P = 0$ に対応する均衡では，投資者は上場する企業は価値がゼロである企業だけだと考えて価格をゼロに設定する一方で，経営者は価格がゼロであるから企業価値がゼロ以外の企業は上場しないことを選択するからである。

しかし，このような価格がゼロの競争均衡において，もし投資者がゼロより厳密に高い価格を提示すれば，経営者の利得を増加させることが可能となる。いま図表 2.4 で投資者が $P' = 10$ の価格を提示したとしよう。このとき，経営者についての条件 (ii) の $r(v) \leq P'$ は，$v^2/100 \leq 10$ となるから，価値 v がおよそ 31.6 以下の企業は上場を選択することになる。この場合の上場する企業の期待価値 $E[\tilde{v} \mid r(v) \leq P']$ はおよそ 15.8 となり，提示する価格 $P' = 10$ よりも大きくなる。したがって，投資者が提示する価格を変更できることを明示的にモデル化した場合，例 3 における $P = 0$ の競争均衡は実際には生じないように思われる。

このようなモデルの定式化はここでは行なわないが，Mas-Colell et al. (1995) は，複数の競争均衡が存在する場合，それらのなかで価格がもっとも大きなものだけが，ゲーム理論において**完全ベイジアン均衡** (perfect Bayesian equilibrium) とよばれる均衡になることを証明している[12]。本章で用いたモデルとゲーム理論のモデルの違いは，投資者が洗練されているかどうかである。ゲーム理論のモデルでは，投資者はモデルの構造や市場メカニズムを考慮に入れて最適な行動を選択しようとするという意味で洗練されている。一方，本章でのモデルの競争均衡の概念では，投資者は均衡において上場する企業の企業価値の期待値だけを知っていればよく，背後にある市場メカニズ

---

[12] 具体的には，Mas-Colell et al. (1995, p. 443, Proposition 13.B.1) に対応している。

ムを知っている必要はない．したがって，ゲーム理論のモデルでは，もし経営者が十分に洗練されているならば，複数の競争均衡のなかで投資者がもっとも高い価格を提示している均衡が選択されると予想することになる．もとより，たとえゲーム理論の均衡概念を用いたとしても，情報が非対称的である場合には，均衡がパレート効率性を満たさないという結論には変わりはない．

2.2.5　非効率性への対処

　これまでの議論から明らかなように，情報が非対称的である場合，均衡はパレート効率性を満たさなくなる．このような場合，まずは政府が**市場介入** (market intervention) することにより，総余剰をより大きくするような結果に導くことが考えられる．しかしながら，政府が市場参加者の持つ私的情報を有していると考えることには無理があり，そうであれば，たとえ政府が介入したとしても，総余剰の増加には限界があるということになる．Mas-Colell et al. (1995) では，このような場合において，政府が投資者に代わって経営者に価格を提示するというかたちでの政府の介入が考察されている．しかしこのようなケースにおいても，競争均衡のなかでもっとも高い価格の均衡が実現されるにとどまり，パレート効率性は依然として満たされることはない[13]．

　政府の介入によっては問題を解決することができない一方で，投資者が企業価値を識別できるようなメカニズムが市場において生成し発展する可能性がある．第 1 に考えられるのが，経営者による**ディスクロージャー**ないし開示である．具体的にいえば，経営者は，企業価値についての情報を開示し，開示によって投資者が企業価値を正しく理解し，それに見合った価格を提示することを期待するかもしれない．事実，経営者がコストをかけずに真実の内容を開示できる場合，すべての経営者は企業価値についての情報を開示す

---

[13] 具体的には，Mas-Colell et al. (1995, pp. 445-450) で議論されている．

ることが知られている[14]。経営者によるディスクロージャーは本書における焦点であるが，ミクロ経済学の分野では，企業価値についての直接的なディスクロージャーというより，**シグナリング** (signaling) とよばれる企業価値について間接的に情報を伝達しようとする行動についての分析が進められてきた[15]。また情報優位の経営者による行動ではなく，もう一方の**情報劣位**にある投資者が企業価値を識別しようとする**スクリーニング** (screening) とよばれる行動についての分析も進められている[16]。

2.3 おわりに

本章では，まずミクロ経済学における基本的な定理の一つである厚生経済学の基本定理を簡潔に説明したのち，情報の非対称性のもとで生じるアドバース・セレクションの問題を取り上げた。特に，情報が非対称的である場合，均衡は**パレート効率性**を満たさないという意味において非効率が生じており，このような状況においてディスクロージャーが，完全ではないとしても非効率性に対処するため有力なメカニズムとなる可能性があることを指摘した。ただし本書では，経営者によるディスクロージャーが望ましいものであるという前提に立つものではなく，またたとえディスクロージャーが望ましいものであるとしても，ディスクロージャーを規制によって強制すべきで

---

[14] 厳密には，もっとも企業価値の低い企業の経営者は，情報を開示しないことを選択することもある。Mas-Colell et al. (1995, Chapter 13, exercise 13.C.1) においても，この結果を証明することが問われている。

[15] このようなシグナリングを最初に考察したのが Spence (1973) である。シグナリングについては，たとえば，Mas-Colell et al. (1995, Chapter 13, Section C) で説明されている。なお次の第3章で明らかとなるが，ディスクロージャーについての初期の研究の多くは，Grossman (1981) や Milgrom (1981) の研究に代表されるように会計学の分野というより経済学の分野でなされたものである。また，たとえば Daughety and Reinganum (2008) などにみられるように，シグナリング行動とディスクロージャーとを同時に考慮した研究もある。

[16] スクリーニングを最初に考察したのが Rothschild and Stiglitz (1976) および Wilson (1977) である。スクリーニングに関しては，たとえば Mas-Colell et al. (1995, Chapter 13, Section D) で説明されている。

あるとの立場にたつものでもない。本書は，あくまで情報の非対称性が存在する状況のもとで，経営者による開示がどのようになされるのか，そして開示がなされる場合，開示が市場参加者にどのようなメカニズムによって影響を与えるのかを考察するものである。

第3章 情報開示の基本モデル

3.1 はじめに

前章では，経済主体間での情報の非対称性が，なぜまたはどのような経済的非効率を導くことになるのか，よってディスクロージャーが必要とされることになるのかを，情報一般の働きを念頭において簡潔に説明した。前章の議論を基礎に，本章からは，順次，企業業績なり企業価値に関連する固有の属性をもつ会計情報を念頭におき，会計情報の経済分析を指向した議論を取り上げる。

まず最初に取り上げる議論は，開示主体としての企業ないし経営者が（企業価値に関する）**私的情報**を有しているという状況を前提として，企業価値がどのようなものであっても経営者は企業価値についての私的情報を開示する，つまり市場の諸力によって完全開示という結果が導かれるとする Grossman and Hart (1980)，Grossman (1981) および Milgrom (1981) によって展開され，本章で**完全開示モデル** (full disclosure model) とよぶ議論である。これらの論文は，具体的に経営者の情報開示行動を念頭においたものではないものの，当事者の**開示のインセンティブ**の背後にある経済的ロジックは変わるところがないことから，会計分野における企業開示政策研究の開始を促すことにつながった。この意味で，完全開示モデルは，会計分野における情報開示モデルの展開にとって極めて重要であり，取り上げた一連の論点について本章では，数値例もあわせてその内容を詳細に説明する理由もここにある。

経営者による現実の開示政策をみると，完全開示モデルがあらゆる状況のもとで妥当するわけではない。いいかえれば，経営者は自身が保有する私的情報をすべて開示するわけではない。それはなぜなのか？議論が進展するにつれ，完全開示モデルが現実に妥当しない理由は，完全開示モデルが（暗黙的に）おく仮定（具体的には 3.2.2 節を参照）にあることが次第に明らかになった。経営者は保有する私的情報を開示しないこともあるといったより現実的な経営者の情報開示行動を説明するため，たとえば，完全開示モデルが（暗黙的に）おく仮定をゆるめ，開示にコストがかかるとした場合はどうであろうか。経営者の現実的な開示のインセンティブをよりよく説明できるであろうか。このような開示にかかるコストに注目した議論を，本章では**開示コストモデル** (disclosure cost model) とよび，3.3 節で取り上げる。あるいは「投資者はすべての経営者が私的情報を持っていることを知っている」という完全開示モデルが仮定しているに違いない仮定をゆるめ，一部の経営者だけが私的情報を持っており，このことを投資者が知っているとした場合はどうであろうか。非開示の場合において投資者は，経営者の非開示の理由が，バッド・ニュースに起因するものなのかそもそも経営者が開示すべき私的情報を持っていないことに起因するものなのか判断に迷うことになる。この仮定に注目した議論を本章では，**情報偏在モデル** (uncertain information endowment model) とよび 3.4 節で取り上げる。なおこれら二つのモデルについては，ベースとなる完全開示モデルの記述との首尾一貫性を維持した記述となるよう配慮した。

完全開示モデルが導く完全開示が実際に生じることはあるのか，あるとすればどのような状況においてなのか，完全開示モデルがおく一連の仮定を含め，これらの論点は，実験研究に格好の素材を提供する。3.5 節では，実験研究の基本手法を要領よく説明するとともに開示コストモデルおよび情報偏在モデルも含め，完全開示の文脈で実施されたこれまでの実験研究の成果について言及する。読者には，戦略的なセッティングのもとでの経営者の開示政策（開示するか・非開示か）の均衡が実際にどのように導かれるのかの一端を理解することが望まれる。

3.2 完全開示モデル　37

なお本章では，前章で議論したようなパレート効率性には言及していない。本章が取り上げるモデルでは，企業価値に影響する経営者の意思決定の要素がモデルに組み込まれておらず，効率性について議論することが難しいからである[1]。したがって，ディスクロージャーがどのような役割を果たしているかは，本章のモデルが想定している経済において考察することはできない。このような短所が認められる一方で，まずは単純化された設定のもとでの考察により，経営者がどのようなロジックで情報開示を行なうのかを明快に論じることができるという長所が本章のモデルには存在する[2]。また本章のモデルは，経営者による**私的情報**の**自発的開示** (voluntary disclosure) を取り扱うものであり，**強制的開示** (mandatory disclosure) について議論したものではない。要するに，本章のモデルが明らかにする結果は，より豊富な設定のもとでディスクロージャーの問題を考えるにあたり最小限理解しておかなければならない基礎的な論点なのである。なお強制的開示に関する研究については 3.6 節で指摘した文献を参照してほしい[3]。

3.2　完全開示モデル

経営者の情報開示行動についての研究では，企業価値がどのようなものであっても，経営者は企業価値についての私的情報を開示するという**完全開示**とよばれる重要な結果がある。完全開示モデルは，Grossman and Hart (1980)，Grossman (1981) および Milgrom (1981) によって初めて導出されたものである。これらの文献は，経営者の情報開示行動とは異なる文脈で議

---

[1] この点については 3.6 節を参照。
[2] 近年の研究では，経営者が企業価値に影響を与える意思決定をおこなうという状況のもとで，ディスクロージャーの問題が考察されている。この点については 3.6 節の文献を参照のこと。
[3] ディスクロージャーに関する広範な研究のサーベイ論文である Dye (2001, p. 184) は，本書の第 6 章でも指摘するように，強制的開示については一般に認められた理論はないとする一方で，自発的開示についてはそのような理論が存在していると述べている。本章で説明するモデルこそが，Dye (2001, p. 184) のいう一般に認められた理論である。

論しているものの，背後にある経済的ロジックは変わるところがないことから，経営者の情報開示行動に関する先駆的研究としても位置づけられている。

以下では，まず具体的な数値を用いて，完全開示の結果が得られる理由を直観的に説明する。次に，より厳密な設定のもとで完全開示の結果が得られることを明らかにする。

3.2.1 数 値 例

経営者と投資家がいる経済を考える。企業価値は，事前には0から1までの一様分布にしたがっている。ここで，まず経営者だけが企業価値についての情報を入手し，次に経営者が，投資家による企業の評価が最大になるように開示するかどうかを決定するものとする。最後に投資家は，開示・非開示を前提に企業を評価する。

経営者が情報を開示しなければ，投資家は事前の予想にもとづいて企業を0.5と評価する[4]。この経済にあっては，たとえば企業価値0.8の企業の経営者は，開示すれば投資家に0.8と評価されるが，開示しなければ0.5と評価されることから，この場合，経営者は情報を開示する。このロジックは企業価値が0.5以上の企業の経営者について成立するから，0.5よりも大きな企業価値の経営者は，企業価値についての情報を開示することになる。

このようなロジックを前提に考えると，経営者が情報を開示しない場合，その理由は企業価値が0.5より小さいからだと投資家は予想することになる。企業価値は一様分布にしたがうので，開示しなかった企業の価値は0.25であると評価されることになる[5]。非開示の場合には0.25であると評価されるのであれば，0.5以上の企業価値の経営者に加えて，0.25から0.5までの企業価値を持つ経営者もまた同様に情報を開示することになる。

---

[4] 一様分布の期待値は，最小値と最大値の平均になることを思い出そう。

[5] 0.5以下であるという条件を付けると，企業価値の最小値は0，最大値は0.5であるから，この場合の条件付き期待値はこれらの値の平均，つまり $(0 + 0.5)/2 = 0.25$ となる。

このロジックを繰り返し適用すると，結局，どのような企業価値であれ，経営者にとっては開示が望ましくなる。

3.2.2　完全開示モデルの分析

本節では，より厳密な設定のもとで完全開示の結果が得られることを明らかにする。

設　定

投資者と経営者がいる1期間のモデルを考える。投資者は合理的でリスク中立的であり，企業はこのような投資者がいる資本市場に上場している。企業の期末における価値は，確率変数$\tilde{v}$であらわされるものとし，$\tilde{v}$の分布関数を$F(v)$，平均はμ，定義域は$[\underline{v}, \bar{v}]$とする。

経営者は，期中において期末の企業価値vを私的に観察し，次いで企業価値についての情報vを開示するかどうかを選択するものとする。ただし経営者が開示する企業価値は，真実なものであると仮定する[6]。また経営者は投資者による企業価値の評価が最大になるように行動するものとする。一方，投資者は，経営者の開示・非開示，および開示された場合には企業価値の情報vにもとづいて，企業価値を条件付き期待値で評価するものとする。ここで，価値を評価するのは情報が開示された時点であり企業価値が最終的に実現する期末よりも前であることから，貨幣の時間価値などを考慮して割り引きが必要となる。ここでは簡単化のため，割引率はゼロであるとする[7]。

---

[6] いいかえれば，経営者は信頼性をもって情報を開示できると仮定しているということである。このような真実の開示あるいは信頼性のある開示という仮定は，訴訟のコストが非常に大きい状況で成立するものと考えられ，多くのディスクロージャーに関する文献でなされる仮定である。ただし，いくつかの文献では，経営者が虚偽の情報を開示する可能性を考慮している。3.6節を参照。

[7] 代表的な資産価格理論における均衡では，投資者がリスク中立的であり，利子率がゼロの場合，投資者による価値評価すなわち株価は，条件付き期待値となる。つまり本節では，投資者が単に条件付き期待値で評価することを仮定しているが，背景に特定の資本

投資者によるこの企業価値の評価は，市場における株価とみなすことができる。

モデルのタイムラインは，図表 3.1 のようにあらわすことができる。

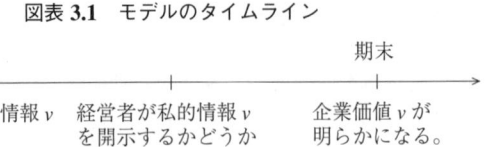

図表 3.1　モデルのタイムライン

期首		期末
経営者が私的情報 v を観察する。	経営者が私的情報 v を開示するかどうかを決定する。投資者が経営者の開示行動をみて，企業価値を評価する。	企業価値 v が明らかになる。

　もう少し記号を導入して，より厳密に定義していこう。**経営者の開示戦略**は，企業価値に関する私的情報 $v \in \mathbb{R}$ をみて，それを正直に開示するか，開示しないか，のいずれかである。これらの集合を A とすると，$A = \{\text{dis}, \text{nd}\}$ とあらわすことができる。ここで，dis は情報を投資者に開示することをあらわし，nd は情報を開示しないことをあらわす。このとき，経営者の開示戦略は，$D : \mathbb{R} \to A$ とあらわすことができる。また投資者による企業価値の評価は，開示されたかどうか，および開示された場合にはその情報 v によって株価をつけることである。したがって投資者の価格設定ルールは，$P : A \times \mathbb{R} \to \mathbb{R}$ とあらわすことができる。同様に，経営者の開示戦略 D に対する投資者の期待を $\hat{D} : \mathbb{R} \to A$ とあらわし，投資者の価格設定ルールに対する経営者の期待を $\hat{P} : A \times \mathbb{R} \to \mathbb{R}$ とあらわす。これらの定義をふまえて経営者と投資者の意思決定は，次のように明示的に記述することができる。一方で経営者は，企業価値に関する私的情報 $v \in \mathbb{R}$ を所与として，開示するかしないか，つまり $D(v)$ を決定する（$D(v)$ は dis あるいは nd）。他方で投資者は，経営者の開示に関する意思決定 $d \in A$，および開示された場合にはその情報 $v \in \mathbb{R}$ を所与として，$P(d, v) \in \mathbb{R}$ を決める。$\hat{D}(v)$ および $\hat{P}(d, v)$ につ

　市場の均衡モデルを考えることもできる。

いても同様である。

均衡の定義

経営者の開示戦略は価格設定ルールに対する期待にもとづいて決定され，また価格設定ルールは経営者の開示戦略に対する期待にもとづいて決定される。したがって，このモデルにおける均衡を $(D : \mathbb{R} \to A, \hat{D} : \mathbb{R} \to A, P : A \times \mathbb{R} \to \mathbb{R}, \hat{P} : A \times \mathbb{R} \to \mathbb{R})$ に対して定義する。具体的には，次の三つの条件を満たす $(D, \hat{D}, P, \hat{P})$ を均衡とよぶ。

(i) 任意の $v \in \mathbb{R}$ について，$D(v) \in \text{argmax}_{d \in A} \hat{P}(d, v)$ となること。

(ii) 任意の $v \in \mathbb{R}$ について，$P(\text{dis}, v) = E[\tilde{v} \mid \tilde{v} = v]$，および $P(\text{nd}, v) = E[\tilde{v} \mid \hat{D}(v) = \text{nd}]$ となること。

(iii) 任意の $v \in \mathbb{R}$ および $d \in A$ について，$D(v) = \hat{D}(v)$，および $P(d, v) = \hat{P}(d, v)$ となること。

条件 (i) は，経営者が，企業価値に関する私的情報をみて投資者の価格設定ルールに対する期待 $\hat{P}$ が最大になるように開示するかどうか，つまり $D(v)$ を選択することを意味している。投資者は一般に入手可能なすべての情報を織り込んで価格設定することを意味するのが条件 (ii) である。ここで，一般に入手可能なすべての情報には，開示された場合には $\tilde{v}$ の実現値が含まれ，開示されない場合には開示されなかったという情報が含まれる。また（条件付き）期待値で評価するとしているのは，投資者がリスク中立的であることを反映したものである。条件 (iii) は，経営者も投資者も相手の行動に対して合理的期待を持つことを意味するものである。

分　析

以上の設定のもとで，経営者の情報開示戦略は完全開示になることを示すことができる。つまりいかなる企業価値の経営者も，企業価値に関する情報を開示することが最適になる。ただし企業価値 $v = \underline{v}$ の経営者にとっては，開示と非開示は無差別である。より厳密にこのことを表現したのが，次の命

題である。

命題 3.1. 次の条件を満たす $(D, \hat{D}, P, \hat{P})$ が均衡となる。すなわち，任意の $v \in \mathbb{R}$ について，$D(v) = \hat{D}(v) = dis$, $P(dis, v) = \hat{P}(dis, v) = v$, $P(nd, v) = \hat{P}(nd, v) = \underline{v}$ となる。なおこの均衡において，$v = \underline{v}$ のとき，$D(v) = \hat{D}(v) = nd$ も均衡となる。

証明． まず投資者の価格設定ルールについての条件から，次の 2 式が成り立つ。

$$P(dis, v) = E[\tilde{v} \mid \tilde{v} = v] = v \tag{3.1}$$

$$P(nd, v) = E[\tilde{v} \mid \hat{D}(v) = nd] \tag{3.2}$$

このとき，$P(dis, v)$ は v についての増加関数であり，$P(nd, v)$ は投資者が v についての情報を持たずに価格設定することから v とは独立であることがわかる。このことは，ある $v = v'$ において $P(dis, v)$ が $P(nd, v)$ より大きいなら，$v > v'$ のときにもこの関係が成り立つことを意味する。したがって，経営者の開示戦略についての条件と合理的期待をあらわす $P = \hat{P}$ という条件から，経営者は，P あるいは $\hat{P}$ を最大にするために，ある境界値 $\hat{v}$ より大きい場合は開示し，それよりも小さい場合には非開示という戦略をとる。

均衡においては $D = \hat{D}$ であるから，経営者が情報を開示しないときの投資者の評価を考慮して，(3.2) 式は，次のようにあらわすことができる[8]。

$$\begin{aligned} P(nd, v) &= E[\tilde{v} \mid \tilde{v} \leq \hat{v}] \\ &= \int_{\underline{v}}^{\hat{v}} \frac{v}{F(\hat{v})} dF(v) \end{aligned} \tag{3.3}$$

ただし，$\hat{v} = \underline{v}$ のとき，$P(nd, v) = \underline{v}$ である。

次に，経営者は境界値 $\hat{v}$ では開示と非開示が無差別になっているはずであるから，$\hat{v} \neq \underline{v}$ のときには，$P(dis, \hat{v}) = P(nd, \hat{v})$ とならなければならない。

---

[8] 期待値，および条件付き期待値については，数学付録 B.7 節および B.13 節において説明している。

3.2 完全開示モデル　**43**

この点については，(3.1) 式と (3.3) 式より，次式のようにあらわすことができる。

$$\hat{v} = \int_{\underline{v}}^{\hat{v}} \frac{v}{F(\hat{v})} \, dF(v) \tag{3.4}$$

しかし，(3.4) 式の右辺は $\hat{v} \neq \underline{v}$ のとき必ず $\hat{v}$ より厳密に小さくなるから，(3.4) 式は成り立たない。一方，$\hat{v} = \underline{v}$ のときには，$P(\text{dis}, \hat{v}) = P(\text{nd}, \hat{v})$ が成り立っている。したがって，$\hat{v} = \underline{v}$ が唯一の境界値となる。　　　　**証明終**

含　意

このように，初期の経営者の情報開示行動の研究は，経営者は企業価値についての私的情報を開示するという完全開示の結果を導出する。とはいえ，完全開示という結果は，経営者がすべての情報を開示しているわけではないという一般に観察される事実やディスクロージャーに関する実証研究によって蓄積された証拠と整合的なものではない。このことから，その後の分析的研究においては，完全開示モデルの前提についての検討が改めてなされ，完全開示の結果は，明示的・暗黙的な以下のようないくつかの仮定を前提にして成り立っているものであることが理解されるようになった。

(i) 経営者による情報開示にコストがかからない。
(ii) 投資者はすべての経営者が私的情報を持っていることを知っている。
(iii) 経営者が開示する情報は真実である。
(iv) 投資者は開示された情報を同じように理解し反応する。
(v) 投資者は経営者の目的関数を知っている。

現在では，これらのいずれかの仮定が成立しない場合，完全開示という結果は修正が必要になることが知られている[9]。本書の目的は，これまで展開されてきたディスクロージャー研究を幅広く取り上げることではない。したがって本章の以下では，ディスクロージャー研究のうち比較的初期の段階で

---

[9] いくつかの文献については，3.6 節において紹介しているので参照してほしい。

展開され，かつその後の多くのディスクロージャー研究において応用されている重要なモデルに注目し説明する。具体的には，開示にコストがかかる状況を取り扱ったモデル（3.3 節），および一部の経営者だけが私的情報を持っている状況を取り扱ったモデル（3.4 節）である。

3.3 開示コストモデル

前節の完全開示モデルでは，経営者が情報を開示してもコストはまったくかからないと仮定されていた。しかし情報を開示するためには，開示する情報を収集・要約したり，投資者に伝達したりするためにコストがかかるはずである。また開示に先立って監査を受けるとすれば，監査コストの負担も大きなものになるかもしれない[10]。さらにより重要なものとして，企業が情報を開示することによって，競争相手に重要な情報が知られ，その結果，開示した企業の利潤にマイナスの影響を与えるというコストが存在するかもしれない。あるいは開示した情報に起因して，消費者需要の減少，労働組合ないしサプライヤーからの契約の見直しの提案，企業にとって規制当局からの不利な反応なども予想されないではない。開示によって，このような他の経済主体の反応を引き起こし，その結果，企業のキャッシュ・フロー (cash flow) にマイナスの影響を与える情報を**機密情報** (proprietary information) といい，機密情報の漏洩が原因で生じるコストを**機密コスト** (proprietary cost) とよぶ。本書では，機密コストがその重要な一部であることを認識したうえで，開示に関連するコストをすべて含めた意味で**開示コスト** (disclosure cost) という用語を用い[11]，開示コストが存在する状況を取り扱ったモデルを**開示コストモデル**とよぶ。

---

[10] ここでのモデルでは，経営者が開示する情報は真実であるという仮定をしているため，信頼性を高める一つの方法としての監査が必要であるという状況はもっともらしいと考えることができる。

[11] 本書では Verrecchia (1983) にしたがって，開示コストを広く定義し，機密コストを開示コストの一部とした。しかし両者を区別し，開示コストには機密コストを含めないと定義することもある。たとえば Suijs (2005) を参照のこと。

3.3 開示コストモデル

Jovanovic (1982) と Verrecchia (1983) は，情報の開示にはコストがかかるという状況を分析し，ある水準以下の企業価値の経営者は，企業価値についての情報を開示しないという完全開示モデルとは異なる結果を得た．完全開示モデルと異なるこのような結果が得られるのは，経営者が情報を開示しなかった理由が，企業価値が低いからなのか開示コストが高いからなのかを，投資者が区別できないことによる．なお本節で説明するモデルは，開示コストを0にしたとき完全開示の結果となることから，前節の完全開示モデルの自然な拡張となっている．

以下ではまず具体的な数値を用いて，開示コストが存在する情報開示モデルを説明する．次いでより厳密な設定において，開示コストがかかる情報開示モデルを説明する．

3.3.1 数　値　例

さきの 3.2.1 節の完全開示モデルの数値例における設定と異なるのは，経営者が企業価値についての情報を開示する場合にはコストがかかるという点だけである．以下では，開示コストを 0.2 とする．

経営者と投資者のいる経済を考える．企業価値は，事前には0から1までの一様分布にしたがっている．まず経営者のみが企業価値についての情報を入手し，次いで投資者による企業の評価が最大になるように，開示するかどうかを決定するものとする．ただし開示した場合には 0.2 の開示コストが発生し，その値だけ企業価値が減少する．最後に投資者は，開示・非開示を前提に企業を評価する．

経営者が情報を開示しなければ，投資者は事前の予想にもとづいて，企業を 0.5 と評価する．このとき，たとえば企業価値 0.8 の企業の経営者は，開示すれば投資者に $0.8 - 0.2 = 0.6$ と評価されるが，開示しなければ 0.5 と評価されることになる．よって経営者は情報を開示する．このロジックは，企業価値が 0.7 以上の企業の経営者について成立するから，0.7 よりも大きな企業価値の経営者は，企業価値についての情報を開示することがわかる．

このことを前提に考えると，経営者が情報を開示しない場合，投資者は，経営者が開示しない理由は企業価値が 0.7 より小さいからだと予想する。企業価値は一様分布にしたがうので，開示しなかった企業は，企業価値が 0.35 であると評価されることになる。このとき，開示しなかった場合に 0.35 であると評価されるのであれば，0.7 以上の企業価値の企業に加えて，0.55 から 0.7 までの企業価値をもつ経営者もまた情報を開示することがわかる。

結局，このロジックを繰り返し適用すると，0.4 以上の企業価値の経営者は開示することが望ましくなる[12]。ただし企業価値 0.4 の経営者にとっては，開示と非開示は無差別である。

この単純な数値例のもとでは，開示コストが存在する場合に，情報を開示する企業の経営者と開示しない企業の経営者が存在することになる。

3.3.2 開示コストモデル：一般的なケース

本節では，より厳密な設定のもとで，開示コストモデルを分析する。なお以下の結果は，Jovanovic (1982) によって最初に導出されたものである。

設　定

3.2.2 節の完全開示モデルにおける設定と異なるのは，経営者が企業価値についての情報を開示するときにコストがかかるという点だけである。ここで開示コストを $c \geq 0$ とあらわす。

分　析

この設定のもとで，開示コストが大きすぎない場合（$\bar{v} - c \geq \mu$ のとき），ある境界値より大きな企業価値の経営者は情報を開示し，それより小さな企業価値の経営者は情報を開示しないことが均衡において生じる。ここでの開示コストが大きすぎないという条件（$\bar{v} - c \geq \mu$）は，さきの 3.3.1 節の例で

---

[12] 0.4 以上になる理由は，3.3.2 節の最後で説明している。

説明すれば次のようになる。最大の企業価値 $\bar{v} = 1$ の経営者が開示したとき，c の開示コストがかかるため $1-c$ と評価される。一方，開示しなかったとき，事前の期待にもとづき 0.5 と評価される。したがって，この条件が成り立たない場合，つまり $c > 0.5$ のとき，最大の企業価値の経営者も情報を開示しない方が望ましくなる。開示コストが非常に高いとき，いかなる企業も開示しないのは当然の結果といえよう。開示コストが大きすぎない場合（$\bar{v} - c \geq \mu$ のとき）に注目することに意味があるのは，このような説明から明らかである。

以上の結果をより厳密に述べたのが，次の命題である。

命題 3.2. 次の条件を満たす $(D, \hat{D}, P, \hat{P})$ が，均衡となる。

(i) $\bar{v} - c \geq \mu$ のとき[13]

$$D(v) = \hat{D}(v) = \begin{cases} dis & if\ v \geq \hat{v} \\ nd & if\ v \leq \hat{v} \end{cases}$$

$$P(dis, v) = \hat{P}(dis, v) = v - c \qquad for\ any\ v$$

$$P(nd, v) = \hat{P}(nd, v) = \int_{\underline{v}}^{\hat{v}} \frac{v}{F(\hat{v})}\, dF(v) \qquad for\ any\ v$$

(ii) $\bar{v} - c < \mu$ のとき

$$D(v) = \hat{D}(v) = nd \qquad for\ any\ v$$

$$P(dis, v) = \hat{P}(dis, v) = v - c \qquad for\ any\ v$$

$$P(nd, v) = \hat{P}(nd, v) = \mu \qquad for\ any\ v$$

証明． まず投資者の価格設定ルールについての条件から，次の2式が成り立つ。

---

[13] $v = \hat{v}$ のとき，経営者が開示する均衡と非開示の均衡があるが，それ以外の均衡の特徴が同じであるため，以下のように dis にも nd にも含めている。厳密には，$v = \hat{v}$ のとき，dis を選択するケースと nd を選択するケースの二つの均衡が存在する。これらの点については，命題 3.3 以降も同様である。

$$P(\text{dis}, v) = E[\tilde{v} - c \mid \tilde{v} = v] = v - c \qquad (3.5)$$

$$P(\text{nd}, v) = E[\tilde{v} \mid \hat{D}(v) = \text{nd}] \qquad (3.6)$$

このとき，$P(\text{dis}, v)$ は v についての増加関数であり，$P(\text{nd}, v)$ は投資者が v についての情報を持たずに価格設定することから v とは独立であることがわかる。このことは，ある $v = v'$ において $P(\text{dis}, v)$ が $P(\text{nd}, v)$ より大きいなら，$v > v'$ のときにもこの関係が成り立つことを意味する。したがって，経営者の開示戦略についての条件と合理的期待をあらわす $P = \hat{P}$ という条件から，経営者は，P あるいは $\hat{P}$ を最大にするために，ある境界値 $\hat{v}$ より大きい場合は開示し，それよりも小さい場合には非開示という戦略をとる。

均衡においては $D = \hat{D}$ であるから，経営者が情報を開示しないときの投資者の評価を考慮して，(3.6) 式は，次のようにあらわすことができる。

$$\begin{aligned} P(\text{nd}, v) &= E[\tilde{v} \mid \tilde{v} \leq \hat{v}] \\ &= \int_{\underline{v}}^{\hat{v}} \frac{v}{F(\hat{v})} \, dF(v) \end{aligned} \qquad (3.7)$$

ただし，$\hat{v} = \underline{v}$ のとき，$P(\text{nd}, v) = \underline{v}$ である。

次に，経営者は境界値 $\hat{v}$ では開示と非開示が無差別になっているはずであるから，$P(\text{dis}, \hat{v}) = P(\text{nd}, \hat{v})$ とならなければならない。この点については，(3.5) 式と (3.7) 式より，次式のようにあらわすことができる。

$$\hat{v} - c = \int_{\underline{v}}^{\hat{v}} \frac{v}{F(\hat{v})} \, dF(v) \qquad (3.8)$$

このとき，(3.8) 式について，次の三つが成り立つ（図表 3.2 参照）。

(i) もし $\hat{v} = \bar{v}$ とすると，左辺 $= \bar{v} - c$，右辺 $= \mu$ であるから，$\bar{v} - c > \mu$ のとき左辺の方が大きい（$\bar{v} - c = \mu$ のとき，$\hat{v} = \bar{v}$ が均衡である）。

(ii) もし $\hat{v} = \underline{v}$ とすると，左辺 $= \underline{v} - c$，右辺 $= \underline{v}$ であるから，右辺の方が大きい。

(iii) 両辺は，$\hat{v}$ について連続である[14]。

---

[14] 特に，$\underline{v}$ において連続であることは証明する必要がある。ここではこの証明は省略する。

したがって，(3.8)式を満たす $\hat{v}$ が少なくとも一つ存在する。

また $\bar{v} - c < \mu$ のときには，(3.8)式の左辺は右辺より常に小さい。したがって均衡では，任意の v について，$D(v) = \hat{D}(v) = \mathrm{nd}$ となる。この場合，投資者は企業価値についての事前の期待値で価格を設定する。つまり $P(\mathrm{nd}, v) = \hat{P}(\mathrm{nd}, v) = \mu$ となる。　　　　　　　　　　証明終

図表 3.2　開示コストモデルにおける均衡の存在

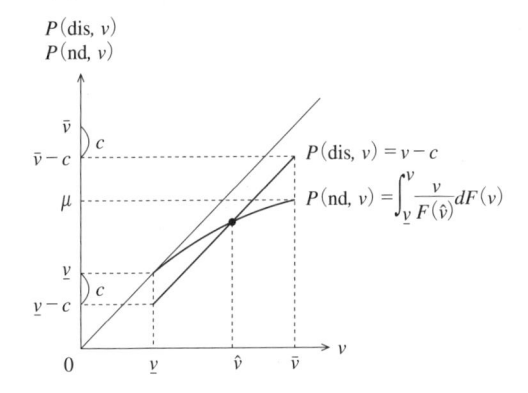

$P(\mathrm{dis}, v)$
$P(\mathrm{nd}, v)$

$P(\mathrm{dis}, v) = v - c$

$P(\mathrm{nd}, v) = \int_{\underline{v}}^{v} \dfrac{v}{F(\hat{v})} dF(v)$

一様分布の例

ここまで，企業価値の分布を特定せず経営者の情報開示行動を分析してきた。次に企業価値 $\tilde{v}$ の分布が一様分布にしたがうケースを考察する。このケースでは，命題3.2を容易に適用することができる。命題3.2における $\bar{v} - c \geq \mu$ のとき，境界値 $\hat{v}$ は次式を満たすことは，さきに示した。

$$\hat{v} - c = \int_{\underline{v}}^{\hat{v}} \dfrac{v}{F(\hat{v})} dF(v) \tag{3.9}$$

一様分布における期待値は，その範囲の最小値と最大値の平均となることを想起すると，上式は次のようにあらわすことができる[15]。

---

[15] (3.10)式について，図表3.2と同様の図を描くことができる。図表3.2との違いは，企業

$$\hat{v} - c = \frac{1}{2}(\underline{v} + \hat{v}) \tag{3.10}$$

(3.10) 式を解くと,次式を得る。

$$\hat{v} = 2c + \underline{v} \tag{3.11}$$

すなわち,この $\hat{v}$ より大きな企業価値の経営者は情報を開示し,これよりも小さな企業価値の経営者は情報を開示しない。さきの 3.2.1. 節の数値例は,この一様分布のケースで,$\underline{v} = 0$, $\bar{v} = 1$, $c = 0.2$ としたものである(よって境界値 $\hat{v}$ は,$2 \times 0.2 + 0 = 0.4$ となる)。

3.3.3 開示コストモデル:正規分布のケース

会計ディスクロージャーについてより多くの含意を得るため,企業価値の分布が正規分布にしたがうケースがしばしば考察される。企業価値についての分布を特定することにより,一般性を失うというコストはあるものの,より豊富な状況を分析することができるという大きなベネフィットがあると考えられてきたからである。この結果,会計研究において正規分布のモデルは,さまざまな応用がなされている。ここでは Verrecchia (1983) にしたがって,企業価値 $\tilde{v}$ が正規分布にしたがうケースを取り上げる。Verrecchia (1983) は,このケースにおいて,開示の境界値 $\hat{v}$ が一意に存在することを示した。

なお,これまで説明してきたモデルでは,経営者は企業価値そのものの情報を入手すると仮定していた。本節では,経営者が入手する情報は,企業価値についてのノイズを含んだシグナルであるというモデルを分析する。このようなモデルは,これまでのモデルよりも複雑になるものの,現実のディスクロージャーのより重要な側面を捉えることが可能となる。

価値が一様分布をしていることから,$P(\text{nd}, v)$ ((3.10) 式の右辺)を特定することができる点にあることがわかる。

設　定

　企業価値 $\tilde{v}$ の事前分布が，平均 μ，分散 σ^2 の正規分布にしたがっているものとする。そして，次の点で，これまでのモデルの拡張を考える。すなわち，経営者が入手する情報は，企業価値 $\tilde{v}$ そのものではなく，企業価値 $\tilde{v}$ とは関連するがノイズを含んだシグナル $\tilde{s}$ であるとする。シグナル $\tilde{s}$ の事前分布は，平均 0，分散 1 の標準正規分布にしたがうものとし，分布関数を $\Phi(s)$，密度関数を $\phi(s)$ であらわす。またシグナル $\tilde{s}$ と企業価値 $\tilde{v}$ との相関係数を ρ とする[16]。ここでは，一般性を失うことなく，相関係数は正であると仮定し[17]，またシグナルは企業価値とは完全には一致しない，つまり相関係数は1よりも小さいと仮定する。以上から，$0 < \rho < 1$ となる。

均衡の定義

　経営者が入手する私的情報は企業価値 v そのものではなく，企業価値についてのシグナル s であることから，経営者の開示戦略，投資家の価格設定ルール，および均衡の定義を変更することが必要になる。ただし，一部が異なるにすぎないことから，均衡の定義のみを改めて明示的に述べるにとどめる。

　具体的には，次の三つの条件を満たす $(D, \hat{D}, P, \hat{P})$ を，ここでのモデルの均衡とよぶ。

---

[16] Verrecchia (1983) や多くの他の研究では，経営者は次式であらわされるシグナル $\tilde{s}$ を入手すると仮定しているものが多い。

$$\tilde{s} = \tilde{v} + \tilde{\varepsilon}$$

ここで，$\tilde{\varepsilon}$ は平均 0，分散 σ_ε^2 の正規分布にしたがい，また，$\tilde{v}$ と $\tilde{\varepsilon}$ の分布は独立であると仮定する。このとき，**正規分布の再生性** (reproductive property) （数学付録 F.1 節参照）から，$\tilde{s}$ は平均 μ，分散 $\sigma_s^2 = \sigma_v^2 + \sigma_\varepsilon^2$ の正規分布にしたがう。しかし，本文のような定式化によっても，表記が簡潔になるうえ，本質的に同じ結果が得られる。なお本文の相関係数を使った定式化は，Einhorn (2005, 2007) にしたがっている。

[17] もしも相関が負であるなら，それと符号が逆のシグナルを定義すればよい。

(i) 任意の $s \in \mathbb{R}$ について，$D(s) \in \mathrm{argmax}_{d \in A} \hat{P}(d, s)$ となること．

(ii) 任意の $s \in \mathbb{R}$ について，$P(\mathrm{dis}, s) = E[\tilde{v} \mid \tilde{s} = s]$，および $P(\mathrm{nd}, s) = E[\tilde{v} \mid \hat{D}(s) = \mathrm{nd}]$ となること．

(iii) 任意の $s \in \mathbb{R}$ および $d \in A$ について，$D(s) = \hat{D}(s)$，および $P(d, s) = \hat{P}(d, s)$ となること．

ここでは特に，条件 (ii) において，投資者はもし企業価値についてのシグナル s が開示されたなら，そのシグナルにもとづいて企業価値 v を予想していることに注意しておこう．つまり，3.2.2 節で説明した完全開示モデルとは異なり，ここでは経営者が情報開示する場合であっても，企業価値そのものは開示されないため，シグナル s を所与とした企業価値 v の条件付き期待値を求める必要がある[18]．

分　析

この設定のもとで，ある境界値より大きな企業価値の経営者が情報を開示し，それより小さな企業価値の経営者は情報を開示しないことを示すことができる．より厳密には，次の命題が得られる．

命題 3.3. 次の条件を満たす $(D, \hat{D}, P, \hat{P})$ が唯一の均衡となる．

$$D(s) = \hat{D}(s) = \begin{cases} dis & if\ s \geq \hat{s} \\ nd & if\ s \leq \hat{s} \end{cases}$$

$$P(dis, s) = \hat{P}(dis, s) = \mu + \rho\sigma s - c \quad for\ any\ s$$

$$P(nd, s) = \hat{P}(nd, s) = \mu - \rho\sigma \frac{\phi(\hat{s})}{\Phi(\hat{s})} \quad for\ any\ s$$

証明． まず，投資者の価格設定ルールについての条件から考えよう．もし経営者がシグナルを開示した場合，次式が成り立つ．

---

[18] なお Verrecchia (1983) は，条件付き期待値から，分散の関数であらわされる一定のリスクだけ，企業価値を低く評価するというモデルを分析している．ここでは簡単化のため，そのような影響は無視している．

3.3 開示コストモデル

$$P(\text{dis}, s) = E[\tilde{v} - c \mid \tilde{s} = s] \tag{3.12}$$
$$= E[\tilde{v} \mid \tilde{s} = s] - c \tag{3.13}$$

さらに，$\tilde{s}$ および $\tilde{v}$ が正規分布にしたがうことから，数学付録 D.3 節の (D.8) 式を用いて，次のようにあらわすことができる．

$$P(\text{dis}, s) = \mu + \rho \sigma s - c \tag{3.14}$$

このとき，$P(\text{dis}, s)$ は s についての増加関数となることがわかる．

また，経営者がシグナルを開示しなかった場合には，次式が成り立つ．

$$P(\text{nd}, s) = E[\tilde{v} \mid \hat{D}(s) = \text{nd}] \tag{3.15}$$

このとき，投資者はシグナル s を観察することはできないので，$P(\text{nd}, s)$ は s とは独立であることがわかる．

以上から，ある $s = s'$ において $P(\text{dis}, s)$ が $P(\text{nd}, s)$ より大きいなら，$s > s'$ のときにもこの関係が成り立つことがわかる．したがって，経営者の開示戦略についての条件と合理的期待をあらわす $P = \hat{P}$ という条件から，経営者は，P あるいは $\hat{P}$ を最大にするために，ある境界値 $\hat{s}$ より大きいときに開示し，それよりも小さいときに開示しないという戦略をとることになる．

均衡においては $\hat{D} = D$ であることから，経営者が情報を開示しないとき，投資者は次のように評価する．つまり (3.15) 式は，次のようにあらわすことができる．

$$P(\text{nd}, s) = E[\tilde{v} \mid \tilde{s} \leq \hat{s}] \tag{3.16}$$

$\tilde{s}$ および $\tilde{v}$ が正規分布にしたがうことから，数学付録 D.6 節の (D.19) 式を用いて，(3.16) 式はさらに次のようにあらわすことができる．

$$P(\text{nd}, s) = \mu - \rho \sigma \frac{\phi(\hat{s})}{\Phi(\hat{s})} \tag{3.17}$$

境界値 $\hat{s}$ では，経営者は開示と非開示が無差別になっているはずであるから，$P(\text{dis}, \hat{s}) = P(\text{nd}, \hat{s})$ とならなければならない．このことは，(3.14) 式と (3.17) 式を用いて次式のようにあらわすことができる．

$$\mu + \rho\sigma\hat{s} - c = \mu - \rho\sigma\frac{\phi(\hat{s})}{\Phi(\hat{s})} \tag{3.18}$$

これを整理すると次式のようになる。

$$\hat{s} + \frac{\phi(\hat{s})}{\Phi(\hat{s})} = \frac{c}{\rho\sigma} \tag{3.19}$$

(3.19) 式の左辺を $K(\hat{s})$ とおくと，数学付録 F.3 節から，(i) $\lim_{s\to-\infty} K(s) = 0$, (ii) $\lim_{s\to+\infty} K(s) = +\infty$, (iii) $K(s)$ は連続，(iv) $K(s)$ は s についての厳密な増加関数，という四つの性質を満たす。また (3.19) 式の右辺は正の一定の値であるから，この式を満たす $\hat{s}$ が唯一つ存在することがわかる（図表 3.3 参照）。

証明終

図表 3.3　開示コストモデルにおける唯一の均衡の存在：正規分布のケース

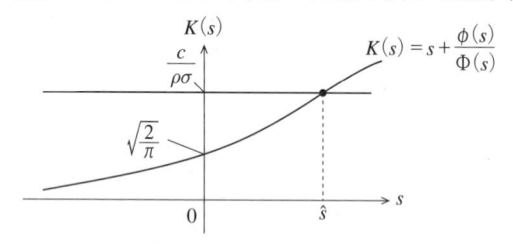

比較静学

以上で均衡を特徴づけることができたので，次に**比較静学** (comparative statics)，つまりモデルの外生変数によってこの均衡がどのように変化するのかを調べる。

まず開示コストが，経営者の情報開示行動にどのような影響を与えるかについて考える。かりに，完全開示モデルと一部の経営者が情報を開示しないことが示された開示コストモデルとの本質的な違いが，開示コストの存在にあるとすれば，直観的には開示コストが大きくなれば，より多くの経営者は情報を開示しなくなると考えられるだろう。いま，境界値よりも少しだけ価

3.3 開示コストモデル

値の大きい企業を考えよう。このような企業は，開示コストがかからなければ，情報を開示することによって，開示しない企業よりも高く評価される。この理由は，すでに指摘したように，開示しない場合には，開示しない企業であることを前提にした条件付き期待値で評価されるからである。しかし開示コストが存在するため，そのように低く評価されるコストが生じるとしても，それ以上に開示コストが節約できるという便益があるとすれば，経営者は開示しないことを選択することになる。このことから，開示コストがより大きくなれば，資本市場での評価とは独立に，開示しないことの便益がより大きくなるため，より多くの企業の経営者が，情報を開示しないと予想されることになる。

このことをより厳密に示すために，開示コスト c が開示の境界値 $\hat{s}$ にどのような影響を与えるのかを調べてみよう。開示の境界値が大きくなると，より多くの経営者は情報を開示しなくなると予想することができる。予想どおり，開示コスト c が大きくなると，境界値 $\hat{s}$ は大きくなることを示すことができる。これが後で厳密に示す命題 3.4(a) である。

次に，経営者が入手する**情報の質** (information quality) が，経営者の情報開示行動にどのような影響を与えるのかを考察しよう。ここで，経営者の入手する情報を会計情報とみなす場合，その質が高いというのは，たとえば，より厳格な内部統制システムが導入されている企業であるとか，より企業価値を反映するような会計基準にしたがっている企業であると解釈することもできる。ここでは情報の質を，企業価値 $\tilde{v}$ とシグナル $\tilde{s}$ の相関係数 ρ によって定義する。すなわち，相関係数 ρ が大きいほど，情報の質が高いと考えるのである。このとき，Verrecchia (1990) は，経営者の入手する情報の質が高くなればなるほど，より多くの経営者は情報を開示することを示した。このことは，経営者が全く同じ企業価値についての情報を得た場合であっても，より質の高い情報源から得た情報の場合には開示し，より質の悪い情報源から得られた情報の場合には開示しないという状況が起こりうることを意味する。これが次の命題 3.4(b) である。

最後に，企業環境の不確実性が，経営者の開示行動にどのような影響を与

えるのかを考察しておこう．ここでは，企業環境の不確実性を，企業価値 $\tilde{v}$ の分散 σ^2 によって定義する．すなわち，分散 σ^2 が大きいほど，企業環境は不確実であると考えるのである．この場合，Verrecchia (1990) は，環境が不確実になればなるほど，より多くの経営者が情報を開示することを示している．

命題 3.4. 次の関係を得る．

(a) 開示コスト c が大きくなると，境界値 $\hat{s}$ は大きくなる．すなわち，$d\hat{s}/dc > 0$ となる．
(b) 経営者の入手するシグナル s の質が高くなればなるほど，開示の境界値は減少する．すなわち，$d\hat{s}/d\rho < 0$ となる．
(c) 企業環境の不確実性が大きくなると，開示の境界値は減少する．すなわち，$d\hat{s}/d\sigma^2 < 0$ となる．

証明． 命題 3.3 において，均衡条件は次式であらわされた．

$$\hat{s} + \frac{\phi(\hat{s})}{\Phi(\hat{s})} = \frac{c}{\rho\sigma} \tag{3.20}$$

したがって，次式が成り立つ．

$$\hat{s} + \frac{\phi(\hat{s})}{\Phi(\hat{s})} - \frac{c}{\rho\sigma} = 0 \tag{3.21}$$

左辺を K^c とする．**陰関数定理** (implicit function theorem) より，次式が成り立つ．

$$\frac{d\hat{s}}{dc} = -\frac{\frac{\partial K^c}{\partial c}}{\frac{\partial K^c}{\partial \hat{s}}} \tag{3.22}$$

まず分母は，次のようになる．

$$\frac{\partial K^c}{\partial \hat{s}} = \frac{\partial K}{\partial \hat{s}} > 0 \tag{3.23}$$

ここで $K = \hat{s} + \phi(\hat{s})/\Phi(\hat{s})$ と定義していたことに注意しておこう．また不等式は，数学付録 F.3 節の (F.11) 式より成り立つ．

次に分子は，次のようになる。

$$\frac{\partial K^c}{\partial c} = -\frac{1}{\rho\sigma} < 0 \qquad (3.24)$$

以上から，(3.23) 式と (3.24) 式を，(3.22) 式に代入すれば，$d\hat{s}/dc > 0$ となることが示される。

なお，$d\hat{s}/d\rho < 0$，および $d\hat{s}/d\sigma^2 < 0$ についても，同様に示すことができる。

証明終

3.4 情報偏在モデル

これまでに取り上げた完全開示モデルと開示コストモデルでは，すべての経営者が私的情報を持っており，またそのことを投資者も知っていることが仮定されていた。

Dye (1985) と Jung and Kwon (1988) は，企業価値に関する情報を知っている経営者もいれば知らない経営者もいる可能性があるという，情報の偏在がある状況を分析した。その結果，ある水準以下の企業価値の経営者は，企業価値についての情報をたとえ持っていても，その情報を開示しないという結果を示している。本書では，このような情報の偏在があるモデルを**情報偏在モデル**とよぶ。

完全開示モデルと異なるこのような結果が得られるのは，経営者が情報を開示しなかった理由が，企業価値が低いからなのか，そもそも企業価値に関する情報を持っていないからなのかを投資者が区別できないことにある。なお以下で説明するモデルは，経営者が必ず企業価値に関する情報を入手するときには，完全開示の結果となることから，完全開示モデルの自然な拡張となっている。なお経営者の開示する情報のなかには，予想利益のように，その情報を投資者が知れば株価は変化するであろうが，企業にとっての将来キャッシュ・フローの分布は変化しないと考えられる**非機密情報** (non-proprietary information) がある。それゆえ情報偏在モデルは，前節で取り

上げた開示コストが重要でない場合においても，完全開示の結果が得られないことを明らかにしたものであるといえる。

以下では，まず具体的な数値を用いて，情報の偏在がある情報開示モデルを説明する。その後，より厳密な設定において情報の偏在がある情報開示モデルを説明する。

3.4.1 数 値 例

さきの 3.2.1 節の完全開示モデルの数値例における設定と異なるのは，企業価値の情報を入手するのが一部の経営者であるという点のみである。以下では，75 パーセントの経営者が企業価値についての情報を入手するものとする。

企業価値は，事前には 0 から 1 までの一様分布にしたがっていることを思い出そう。このとき，まず 75 パーセントの経営者だけが企業価値についての情報を入手する。次に，企業価値についての情報を持っている経営者が，投資家による企業の評価が最大になるように，開示するかどうかを決定する。最後に，投資家は，開示・非開示を前提に企業を評価する。

まず，企業価値についての情報を持っている経営者を考える。経営者が情報を開示しなければ，投資家は，事前の予想にもとづいて企業価値を 0.5 と評価する。このとき，たとえば企業価値 0.8 の企業の経営者は，開示すれば投資家に 0.8 と評価されるが，開示しなければ 0.5 と評価される。よってこの場合，経営者は情報を開示する。このロジックは，企業価値が 0.5 以上の企業の経営者について成立するから，0.5 よりも大きな企業価値の経営者は，企業価値についての情報を開示することになる。

次に，このことを前提に考えると，経営者が情報を開示しない場合，投資家は，経営者が開示しない理由として，(A) そもそも企業価値についての情報を持っていないためなのか，あるいは (B) 企業価値についての情報を持っていても企業価値が 0.5 より小さいからなのか，のいずれかであると予想する。前者の (A) のケースが生じる確率は，25 パーセントの経営者が企業価

値についての情報を入手しないので 0.25 である。また後者の (B) のケースが生じる確率は，経営者が情報を持っている確率 0.75 に，その企業価値についての情報が 0.5 より小さい確率 0.5 を乗じた 0.375(= 0.75 × 0.5) である。したがって，情報が開示されないことを前提にした事後確率は，**ベイズの定理** (Bayes' theorem) にしたがって，(A) については 0.25/(0.25 + 0.375) = 0.4，(B) については 0.375/(0.25 + 0.375) = 0.6 と計算される。一方，企業価値は，(A) のケースでは，事前の分布にしたがって 0.5 と評価される。また (B) のケースでは，企業価値は 0 から 0.5 までの一様分布の期待値の 0.25 と評価される。以上から，もし経営者が開示しなければ，投資者は，0.4 × 0.5 + 0.6 × 0.25 = 0.35 と企業を評価する。しかし開示しなかった場合に 0.35 と評価されるのであれば，企業価値についての情報を持っている経営者のうち，企業価値が 0.5 以上であるという情報を持っている経営者に加えて，0.35 から 0.5 までの企業価値についての情報を持っている経営者も開示することになる。

結局，このロジックを繰り返し適用すると，1/3 以上の企業価値についての情報を持っている経営者は開示することが望ましくなる[19]。

このような単純な数値例のもとで，情報の偏在がある場合，情報を持っている経営者であっても，情報を開示する経営者と開示しない経営者が存在することがわかる。

3.4.2 情報偏在モデル：一般的なケース

この節では，Dye (1985) と Jung and Kwon (1988) にもとづいて，情報偏在モデルをより厳密な設定のもとで説明する。

設　定

3.2.2 節の完全開示モデルにおける設定と異なるのは，一部の経営者だけ

---

[19] 1/3 以上になる理由は，3.4.2 節の最後において説明している。

が企業価値についての情報を入手するという点だけである。経営者が企業価値についての情報を入手する確率を，ここでは $1-p$ とあらわす。

分　析

　この設定のもとで，情報を持っている経営者について，ある境界値より大きな企業価値の経営者が情報を開示し，それより小さな企業価値の経営者は情報を開示しないことが均衡において生じる。この結果をより厳密に述べたのが，次の命題である。

命題 3.5. 次の条件を満たす $(D, \hat{D}, P, \hat{P})$ が唯一の均衡となる。なお開示の境界値 $\hat{v}$ は，$\underline{v} < \hat{v} < \mu$ を満たす。

$$D(v) = \hat{D}(v) = \begin{cases} dis & if \ v \geq \hat{v} \\ nd & if \ v \leq \hat{v} \end{cases}$$

$$P(dis, v) = \hat{P}(dis, v) = v \quad for \ any \ v$$

$$P(nd, v) = \hat{P}(nd, v) = \frac{p}{p + (1-p)F(\hat{v})}\mu$$
$$+ \frac{(1-p)}{p + (1-p)F(\hat{v})} \int_{\underline{v}}^{\hat{v}} v \, dF(v) \quad for \ any \ v$$

証明. まず投資者の価格設定ルールについての条件から，次の2式が成り立つ。

$$P(dis, v) = E[\tilde{v} \mid \tilde{v} = v] = v \tag{3.25}$$

$$P(nd, v) = E[\tilde{v} \mid \hat{D}(v) = nd] \tag{3.26}$$

　このとき，$P(dis, v)$ は v についての増加関数であり，$P(nd, v)$ は投資者が v についての情報を持たずに価格設定することから v とは独立であることがわかる。このことは，ある $v = v'$ において $P(dis, v)$ が $P(nd, v)$ より大きいなら，$v > v'$ のときにもこの関係が成り立つことを意味する。したがって，経営者の開示戦略についての条件と合理的期待をあらわす $P = \hat{P}$ という条件から，経営者は，P あるいは $\hat{P}$ を最大にするために，ある境界値 $\hat{v}$ より大きい場合は開示し，それよりも小さい場合は非開示という戦略をとる。

3.4 情報偏在モデル

均衡においては $D = \hat{D}$ であるから,経営者が情報を開示しない場合の投資者の評価を考慮して,(3.26) 式は,次のようにあらわすことができる。

$$P(\text{nd}, v) = E[\tilde{v} \mid \tilde{v} \leq \hat{v}] \tag{3.27}$$

経営者が情報を開示しない場合については,さらに次の二つのケースが考えられる。(A) 経営者はそもそも情報を持っておらずしたがって開示しない,あるいは (B) 情報を持っているが境界値 $\hat{v}$ よりも小さいために開示しない,の二つのケースである。投資者は,これらのそれぞれの事象に対して,事前には確率を次のように評価する。

$$\Pr(\text{A}) = p$$
$$\Pr(\text{B}) = (1-p)F(\hat{v})$$

よって非開示であった場合を前提にすると,投資者は,ベイズの定理にしたがって,事後確率を次のように計算する[20]。

$$\Pr(\text{A} \mid \text{nd}) = \frac{p}{p + (1-p)F(\hat{v})}$$
$$\Pr(\text{B} \mid \text{nd}) = \frac{(1-p)F(\hat{v})}{p + (1-p)F(\hat{v})}$$

また経営者は,それぞれの事象が起こったとして,企業価値を次のように評価する。

$$E[\tilde{v} \mid \text{A}] = \mu$$
$$E[\tilde{v} \mid \text{B}] = \int_{\underline{v}}^{\hat{v}} \frac{v}{F(\hat{v})} \, dF(v)$$

したがって (3.27) 式は,次のようにあらわすことができる。

$$P(\text{nd}, v) = E[\tilde{v} \mid \hat{D}(v) = \text{nd}]$$
$$= \Pr(\text{A} \mid \text{nd}) \times E[\tilde{v} \mid \text{A}] + \Pr(\text{B} \mid \text{nd}) \times E[\tilde{v} \mid \text{B}]$$

---

[20] ベイズの定理については,数学付録 B.4 節を参照のこと。特に,$\Pr(\text{A} \mid \text{nd})$ については,数学付録の (B.18) 式において導出している。

$$= \frac{p}{p+(1-p)F(\hat{v})}\mu + \frac{(1-p)F(\hat{v})}{p+(1-p)F(\hat{v})}\int_{\underline{v}}^{\hat{v}} \frac{v}{F(\hat{v})}\,dF(v)$$

$$= \frac{p}{p+(1-p)F(\hat{v})}\mu + \frac{(1-p)}{p+(1-p)F(\hat{v})}\int_{\underline{v}}^{\hat{v}} v\,dF(v) \quad (3.28)$$

次に,経営者は境界値 $\hat{v}$ では開示と非開示が無差別になっているはずであるから,$P(\text{dis},\hat{v}) = P(\text{nd},\hat{v})$ とならなければならない.この点については,(3.25) 式と (3.28) 式より,次式のようにあらわすことができる.

$$\hat{v} = \frac{p}{p+(1-p)F(\hat{v})}\mu + \frac{(1-p)}{p+(1-p)F(\hat{v})}\int_{\underline{v}}^{\hat{v}} v\,dF(v) \quad (3.29)$$

ここで**部分積分法** (integration by parts) を用いると,次式が成り立つことに注意しよう[21]。

$$\int_{\underline{v}}^{\hat{v}} v\,dF(v) = \hat{v}F(\hat{v}) - \int_{\underline{v}}^{\hat{v}} F(v)\,dv \quad (3.30)$$

(3.30) 式を (3.29) 式に代入すると,次のようになる。

$$p\,(\mu - \hat{v}) = (1-p)\int_{\underline{v}}^{\hat{v}} F(v)\,dv \quad (3.31)$$

(3.31) 式は,また次のようにあらわすこともできる。

---

[21] 部分積分法とは,二つの微分可能な関数 $f(x)$, $g(x)$ に対して,次の式が成り立つことをいう。

$$\int_a^b f(x)g'(x)\,dx = \Big[f(x)g(x)\Big]_a^b - \int_a^b f'(x)g(x)\,dx$$

ここで,関数 $f(v) = v$, $g(v) = F(v)$ に対してこの部分積分法を適用すると,次式を得る。なお,上式の部分積分の公式における $f(x)$ は任意の関数であるが,次式の $f(x)$ は正規分布の密度関数である。

$$\int_{\underline{v}}^{\hat{v}} vf(v)\,dv = \Big[vF(v)\Big]_{\underline{v}}^{\hat{v}} - \int_{\underline{v}}^{\hat{v}} 1\cdot F(v)\,dv$$

左辺は,数学付録 B.7 節の (B.37) 式の箇所で説明しているように,$\int_{\underline{v}}^{\hat{v}} v\,dF(v)$ に等しい。また,$F(\underline{v}) = 0$ であることに注意すれば (3.30) 式が得られる。

3.4 情報偏在モデル **63**

$$\hat{v} = \mu - \frac{1-p}{p}\int_{\underline{v}}^{\hat{v}} F(v)\,dv \tag{3.32}$$

ここで右辺は μ より小さいから，この式を満たす $\hat{v}$ が存在するとすれば，その $\hat{v}$ は μ より小さいことがわかる。

このとき，(3.31) 式について，次の四つのことが成り立つ（図表 3.4 参照）。

(i) $\hat{v} = \underline{v}$ のとき，(3.31) 式の左辺は $p(\mu - \underline{v}) > 0$ であり，右辺は 0 である。したがって，左辺は右辺より大きい。
(ii) $\hat{v} = \mu$ のとき，(3.31) 式の左辺は 0 であるが，右辺は正である。したがって，左辺は右辺より小さい。
(iii) 左辺は，$\hat{v}$ について連続であり単調減少である。
(iv) 右辺は，$\hat{v}$ について連続であり単調増加である。

したがって，(3.32) 式を満たし，$\underline{v} < \hat{v} < \mu$ となる唯一の $\hat{v}$ が存在する。

証明終

図表 3.4 情報偏在モデルにおける唯一の均衡の存在

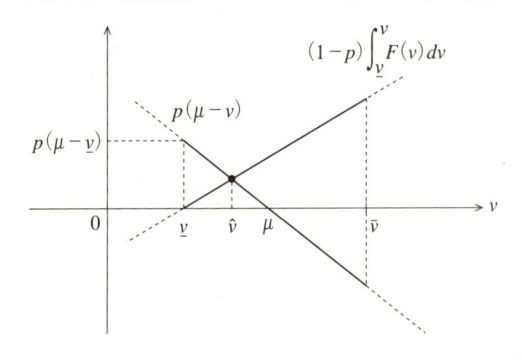

一様分布の例

開示コストモデルと同様に，企業価値 $\hat{v}$ の分布が一様分布にしたがう場合，命題 3.5 を容易に適用することができる。命題 3.5 において，境界値 $\hat{v}$

は次式を満たすことを示した。

$$\hat{v} = \mu - \frac{1-p}{p} \int_{\underline{v}}^{\hat{v}} F(v)\, dv \tag{3.33}$$

ここで一様分布の分布関数 $F(v)$ は，次式のようになる[22]。

$$F(v) = \frac{v - \underline{v}}{\bar{v} - \underline{v}} \tag{3.34}$$

また一様分布における期待値は，その範囲の最小値と最大値の平均となることを想起すると，(3.33) 式は次のようにあらわすことができる。

$$\hat{v} = \frac{\bar{v} + \underline{v}}{2} - \frac{1-p}{p} \frac{1}{2} \frac{(\hat{v} - \underline{v})^2}{\bar{v} - \underline{v}} \tag{3.35}$$

(3.35) 式を満たす $\hat{v}$ が境界値となる。この式を $\hat{v}$ について解くのは少々複雑なので，ここでは 3.3.1 節における数値例を代入して，境界値を確認するにとどめておく。数値例は，一様分布のケースで，$\underline{v} = 0$, $\bar{v} = 1$, $1 - p = 0.75$ であった。したがって，これらの値を (3.35) 式に代入すると，次のようになる。

$$\hat{v} = \frac{1}{2} - \frac{3}{2}\hat{v}^2 \tag{3.36}$$

$\hat{v} > 0$ であることに注意すると，$\hat{v} = 1/3$ と求まる。

3.4.3 情報偏在モデル：正規分布のケース

開示コストモデルと同様に，会計ディスクロージャーについてより多くの含意を得るため，しばしば企業価値の分布が正規分布にしたがうケースを考察することがある。ここでは，Penno (1997) などにみられるような，正規分布を仮定したモデルを紹介する。またこのモデルにおいて，経営者が入手する情報は，企業価値についてのノイズを含んだシグナルであるとするのも，正規分布を仮定した開示コストモデルの場合と同様である。

---

[22] 一様分布の分布関数については，数学付録 B.6 節も参照のこと。

3.4 情報偏在モデル

設　定

3.3.3 節の設定と異なるのは，一部の経営者だけが企業価値についての情報を入手するという点だけである。経営者が企業価値についての情報を入手する確率をここでは，$1-p$ とあらわす。

分　析

この設定のもとで，ある境界値より大きな企業価値の経営者は情報を開示し，それより小さな企業価値の経営者は情報を開示しないことを示すことができる。より厳密には，次の命題が得られる。

命題 3.6. 次の条件を満たす $(D, \hat{D}, P, \hat{P})$ が唯一の均衡となる。なお境界値 $\hat{s}$ は，$\hat{s} < 0$ を満たす。

$$D(s) = \hat{D}(s) = \begin{cases} dis & if \ s \geq \hat{s} \\ nd & if \ s \leq \hat{s} \end{cases}$$

$$P(dis, s) = \hat{P}(dis, s) = \mu + \rho\sigma s \qquad for\ any\ s$$

$$P(nd, s) = \hat{P}(nd, s) = \mu - \rho\sigma \frac{(1-p)\phi(\hat{s})}{p + (1-p)\Phi(\hat{s})} \qquad for\ any\ s$$

証明. まず投資者の価格設定ルールについての条件から考えよう。もし経営者がシグナルを開示した場合，次式が成り立つ。

$$P(dis, s) = E[\tilde{v} \mid \tilde{s} = s] \tag{3.37}$$

ここで $\tilde{s}$ および $\tilde{v}$ が正規分布にしたがうことから，数学付録 D.3 節の (D.8) 式を用いて，次のようにあらわすことができる。

$$P(dis, s) = \mu + \rho\sigma s \tag{3.38}$$

このとき，$P(dis, s)$ は，s についての増加関数となることがわかる。

次に，もし経営者がシグナルを開示しなかった場合には，次式が成り立つ。

$$P(nd, s) = E[\tilde{v} \mid \hat{D}(s) = nd] \tag{3.39}$$

このとき，投資者はシグナル s を観察することはできないので，$P(\text{nd}, s)$ は s とは独立であることがわかる。

以上から，ある $s = s'$ において $P(\text{dis}, s)$ が $P(\text{nd}, s)$ より大きいなら，$s > s'$ のときにもこの関係が成り立つことを意味する。したがって，経営者の開示戦略についての条件と合理的期待をあらわす $P = \hat{P}$ という条件から，経営者は，P あるいは $\hat{P}$ を最大にするために，ある境界値 $\hat{s}$ より大きい場合は開示し，それよりも小さい場合は非開示という戦略をとる。

均衡においては $D = \hat{D}$ であるから，経営者が情報を開示しないときの投資者の評価を考慮して，(3.39) 式は，次のようにあらわすことができる。

$$P(\text{nd}, s) = E[\tilde{v} \mid \tilde{s} \leq \hat{s}] \tag{3.40}$$

前節とほぼ同じであるが，次に経営者が情報を開示しない場合を考察しておこう。この場合，次の二つのケースが考えられる。(A) 経営者はそもそも情報を持っておらずしたがって開示しない，あるいは (B) 情報を持っているが境界値 $\hat{s}$ よりも小さいために開示しない，の二つのケースである。投資者は，これらのそれぞれの事象に対して，事前には確率を次のように評価する。

$$\Pr(A) = p$$
$$\Pr(B) = (1 - p)\Phi(\hat{s})$$

したがって，非開示であった場合を前提にすると，投資者は，ベイズの定理にしたがって，事後確率を次のように評価する。

$$\Pr(A \mid \text{nd}) = \frac{p}{p + (1-p)\Phi(\hat{s})}$$
$$\Pr(B \mid \text{nd}) = \frac{(1-p)\Phi(\hat{s})}{p + (1-p)\Phi(\hat{s})}$$

また経営者は，それぞれの事象が起こったとして，企業価値を次のように評価する。

$$E[\tilde{v} \mid A] = \mu$$
$$E[\tilde{v} \mid B] = \int_{-\infty}^{\hat{s}} \frac{v}{\Phi(\hat{s})} \, dF(v)$$

ここで $E[\tilde{v} \mid B]$ は, $\tilde{s}$ および $\tilde{v}$ が正規分布にしたがうことから, 数学付録 D.6 節の (D.19) 式を用いて, 次のようにあらわすことができる。

$$E[\tilde{v} \mid B] = \mu - \rho\sigma\frac{\phi(\hat{s})}{\Phi(\hat{s})} \tag{3.41}$$

したがって (3.39) 式は, 次のようにあらわされる。

$$\begin{aligned} P(\text{nd}, s) &= \Pr(A \mid \text{nd}) \times E[\tilde{v} \mid A] + \Pr(B \mid \text{nd}) \times E[\tilde{v} \mid B] \\ &= \frac{p}{p + (1-p)\Phi(\hat{s})}\mu + \frac{(1-p)\Phi(\hat{s})}{p + (1-p)\Phi(\hat{s})}\left(\mu - \rho\sigma\frac{\phi(\hat{s})}{\Phi(\hat{s})}\right) \\ &= \mu - \rho\sigma\frac{(1-p)\phi(\hat{s})}{p + (1-p)\Phi(\hat{s})} \end{aligned} \tag{3.42}$$

次に経営者は, 境界値 $\hat{s}$ では開示と非開示が無差別になっているはずであるから, $P(\text{dis}, \hat{s}) = P(\text{nd}, \hat{s})$ とならなければならない。この点については, (3.38) 式と (3.42) 式より, 次式のようにあらわされる。

$$\mu + \rho\sigma\hat{s} = \mu - \rho\sigma\frac{(1-p)\phi(\hat{s})}{p + (1-p)\Phi(\hat{s})} \tag{3.43}$$

整理すると, 次のようになる。

$$\hat{s} = -\frac{(1-p)\phi(\hat{s})}{p + (1-p)\Phi(\hat{s})} \tag{3.44}$$

ここで右辺は負であるから, この式を満たす $\hat{s}$ が存在するとすれば, その $\hat{s}$ は負であることがわかる[23]。

(3.44) 式は, 次のようにあらわすこともできる。

$$\hat{s} + \frac{(1-p)\phi(\hat{s})}{p + (1-p)\Phi(\hat{s})} = 0 \tag{3.45}$$

上式の左辺を, $K^p(\hat{s})$ とおくと, 次のことが成り立つ。

$$\lim_{\hat{s} \to -\infty} K^p(\hat{s}) = -\infty \tag{3.46}$$

---

[23] 標準正規分布の平均は 0 であるから, 命題 3.5 における, 開示の境界値が分布の平均よりも小さくなるという結果と整合的である。

$$\lim_{\hat{s} \to +\infty} K^p(\hat{s}) = +\infty \tag{3.47}$$

$K^p(\hat{s})$ を $\hat{s}$ で微分すると,次のようになる。なお数学付録 F.2 節で示したように,$\phi(\hat{s})$ を $\hat{s}$ について微分すると $(-\hat{s})\phi(\hat{s})$ となることに注意しよう。

$$\begin{aligned}
\frac{dK^p(\hat{s})}{d\hat{s}} &= 1 + \frac{(1-p)(-\hat{s})\phi(\hat{s})[p+(1-p)\Phi(\hat{s})]-(1-p)^2\phi(\hat{s})^2}{[p+(1-p)\Phi(\hat{s})]^2} \\
&= 1 - \hat{s}\frac{(1-p)\phi(\hat{s})}{p+(1-p)\Phi(\hat{s})} - \left[\frac{(1-p)\phi(\hat{s})}{p+(1-p)\Phi(\hat{s})}\right]^2 \\
&= 1 - \frac{(1-p)\phi(\hat{s})}{p+(1-p)\Phi(\hat{s})}\left[\hat{s} + \frac{(1-p)\phi(\hat{s})}{p+(1-p)\Phi(\hat{s})}\right] \\
&> 1 - \frac{\phi(\hat{s})}{\Phi(\hat{s})}\left(\hat{s} + \frac{\phi(\hat{s})}{\Phi(\hat{s})}\right) \\
&> 0
\end{aligned}$$

最後の不等号は,数学付録 F.3 節の (F.7) 式より成り立つ。

以上から,$K^p(\hat{s})$ は $\hat{s}$ についての単調増加関数である(図表 3.5 参照)。したがって,(3.45) 式を満たし,$\hat{s} < 0$ となる唯一の $\hat{s}$ が存在する。

証明終

図表 3.5 情報偏在モデルにおける唯一の均衡の存在:正規分布のケース

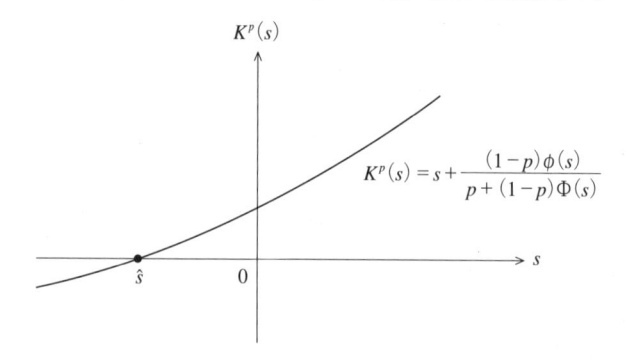

$$K^p(s) = s + \frac{(1-p)\phi(s)}{p+(1-p)\Phi(s)}$$

比較静学

以上，正規分布のケースにおける均衡を特徴づけることができた。次に比較静学，つまりモデルの外生変数によって均衡がどのように変化するのかを調べる。

まず情報の偏在がある状況では，情報を持っていてもその情報を開示しない経営者が存在するという結果が得られた。したがって，経営者が情報を入手する確率 $(1 - p)$ が大きいほど境界値 $\hat{s}$ が小さくなると予想される。なぜなら，経営者が情報を入手する確率が大きくなると，情報が開示されなかった理由がそもそも経営者が情報を持っていないからではなく，企業価値が小さいからであると投資者が解釈する可能性が高くなるからである。事実，この予想は Jung and Kwon (1988) によって正しいことが示されている[24]。これが後で示す命題 3.7(a) である。

また開示コストのケースと同様に，経営者が入手する情報の質 ρ，および企業環境の不確実性 σ^2 が，経営者の情報開示行動にどのような影響を与えるのかを考察しておこう。Penno (1997) は，この場合，経営者の入手する情報の質が良くなっても，また企業環境の不確実性が変化しても，経営者の情報開示行動は影響を受けないことを明らかにしている。命題 3.7(b) および 3.7(c) は，これらの点を示したものであるが，同様の関係についての開示コストモデルにおける命題 3.4(b) および 3.4(c) とは異なる結果となっている。

命題 3.7. 次の関係を得る。

(a) 経営者が情報を入手する確率 $(1 - p)$ が大きくなると，境界値 $\hat{s}$ は小さくなる。すなわち，$d\hat{s}/d(1 - p) < 0$ となる。

(b) 経営者の入手するシグナル s の質が変化しても，開示の境界値は変わらない。すなわち，$d\hat{s}/d\rho = 0$ となる。

---

[24] Jung and Kwon (1988) は，正規分布のケースではなく，3.4.2 節の分布が一般的なケースで証明している。

(c) 企業環境の不確実性の大きさが変化しても，開示の境界値は変わらない。すなわち，$d\hat{s}/d\sigma^2 = 0$ となる。

証明. まず $d\hat{s}/d(1-p) < 0$，つまり $d\hat{s}/dp > 0$ を示す。命題 3.6 において，均衡条件は次式であらわされた。

$$\hat{s} + \frac{(1-p)\phi(\hat{s})}{p + (1-p)\Phi(\hat{s})} = 0 \tag{3.48}$$

左辺を K^p とおく。陰関数定理より，次式が成り立つ。

$$\frac{d\hat{s}}{dp} = -\frac{\frac{\partial K^p}{\partial p}}{\frac{\partial K^p}{\partial \hat{s}}} \tag{3.49}$$

ここで，分母は命題 3.6 の証明で示したように正である。分子は次のようになる。

$$\frac{\partial K^p}{\partial p} = \frac{-\phi(\hat{s})[p + (1-p)\Phi(\hat{s})] - (1-p)\phi(\hat{s})(1-\Phi(\hat{s}))}{[p + (1-p)\Phi(\hat{s})]^2} < 0 \tag{3.50}$$

これらの結果を (3.49) 式に代入すれば，$d\hat{s}/dp > 0$ となることがわかる。

また均衡条件 (3.48) 式は，ρ および σ とは関係していない。したがって，これらが変化しても $\hat{s}$ は変化しない。

証明終

命題 3.7(a) の一つの解釈は，時間が経過するにつれ，経営者が情報を入手する確率 $(1-p)$ が大きくなるとすれば，これに応じて開示の境界値が下がるというものである。そうであれば，より遅くに開示された情報ほどバッド・ニュースであるということになる。なお，経営者が情報を入手する確率 $(1-p)$ が 1 のとき，完全開示の結果が得られる。

3.5 実験研究

「情報開示の基本モデル」の実証研究には，実験経済学の手法が適用されている。実験経済学では，学生や実務家といった参加者を募集し，モデルに

沿って設計した実験の環境におけるヒトの実際の意思決定データが分析される。実験経済学の手法によれば，現実の経済が機能するための複雑な要因のなかから抽象・取捨選択して構築されたモデルの設定に近似する環境を，研究者自らが仮想的に創出する。本節のモデルの実験にそくしていえば，参加者を経営者役と投資者役に無作為に割り当て，企業価値 v についての情報の集合，経営者の行動 A，および投資者の行動 P を含む設定をあらかじめ規定し，また謝金額の決定方法を工夫することによって参加者の経済的インセンティブをコントロールすることができる。さらに，開示コスト c や経営者が企業価値についての情報を入手する確率 $(1-p)$ を追加的に組み込み，あるいは設定の一部に変更を加え，当該処理変数の影響を比較検証することも可能である。

本章で取り上げた「情報開示の基本モデル」に関連する代表的な実験は，次のような手順で進展し（図表 3.1 も同時に参照），利得の決定方法とともに，インストラクションを通じて全参加者に周知される。

1. 参加者全員に既知の分布にしたがって期末の企業価値の実現値が無作為に決定され，経営者となった参加者（以下，経営者とよぶ）に伝達される。
2. 経営者は，投資者役の 3 名以上の参加者たち（以下，投資者とよぶ）から構成される市場に対し，観察した企業価値についての情報を開示するかしないかの意思決定をする。
3. 投資者は，経営者の情報開示行動を受けて，企業価値を評価する。
4. 企業価値について最高の評価をした投資者が，企業（の持分）を獲得し，事前に規定・周知されたルールにもとづいて市場参加者たちの利得が決定する。

参加者の利得の決定方法としては，**オークション**が一般に用いられ，そのうち最も代表的な取引機構はいわゆる**第 1 価格封印入札**である。具体的には，上記の手順 3 において，各投資者は付け値（ビッド）を実験者に提示し，手順 4 において，最高の付け値を提示した投資者が自らの付け値（ビッド）

額で企業（の持分）を獲得し，かつ経営者はその付け値額を利得とする。一方，企業（の持分）を獲得しなかった他の投資者の利得はゼロとされる。これら設定は，モデルでは特定されていない実験の実施段階における新規の付加物であるが，モデルの均衡予測に影響を及ぼすものではない[25]。

3.5.1 完全開示モデルの実験

モデルの直接的な検証あるいは他のモデルの比較対照のベンチマークとするため，Forsythe et al. (1989)，King and Wallin (1990, 1991a,b)，および Chow et al. (1996) は，完全開示モデルの実験を実施した。たとえば，King and Wallin (1991b) の主たる目的は情報偏在モデルの実証であるものの，市場で取引される企業の期末の価値が $[15, 25, 35, 45, 55, 65, 75, 85]$ の八つの値を $1/8$ という等確率でとる離散型一様分布から引き出され，経営者は企業価値についての情報を確実に入手するという設定（彼らのセル A）の実験も併せて行なわれた。このとき，いかなる企業価値が実現した経営者も，私的情報の完全開示が最適であることが命題 3.1 から導かれる。ただし，起こりうる最低の価値 15 の場合，開示と非開示は無差別であるというのも，彼らの実験の設定に対する理論の予測となる。

完全開示モデルの実験研究からは，以下の三つの知見が一般的に得られている。第 1 に，大半の実験と同じく，モデルの均衡予測である完全開示は即座には達成されないものの，実験の試行回数を重ねるにつれて完全開示の均衡へと接近する傾向がみられる。すなわち，参加者たちの実験市場における経験が増せば増すほど，より低い企業価値についての情報が開示される頻度が高くなった。第 2 に，理論の予測とは異なり，起こりうる最低の値についての開示・非開示は経営者にとって無差別ではなく，開示よりも非開示が厳密に選好された。つまり，起こりうる最低の実現値の開示は，一般になされ

---

[25] 詳細は，Forsythe et al. (1989, Section 2) およびオークション理論の一般的なテキストを参照してほしい。

ることはない。第 3 に，完全開示が生じるためには，3.2.2 節の議論における均衡の定義のうち，「投資者は一般に入手可能なすべての情報を織り込んで価格設定すること」（もしくは条件 (ii)）が決定的な役割を果たしている。実際のところ，非開示の事象から事前の信念を改訂せず，よって条件付き期待値で評価しないもしくは評価できない投資者が市場内に存在すれば，事前の平均以下の実現値を開示しないという経営者の行動が，このようなナイーブな投資者への合理的な対応となることから，結果として，完全開示は生起しないことになる。

3.5.2 開示コストモデルの実験

Chow et al. (1996) は，開示コストモデルを実証するため，$[0, 1, \cdots, 200]$ の離散型一様分布から期末の企業価値が無作為に決定されるという設定において，経営者が企業価値についての情報を開示する場合にはコスト 20 がかかるという操作を加えた 10 の実験市場を実施した。(3.11) 式から明らかなように，開示または非開示を経営者が意思決定する開示の境界値 $\hat{v}$ は，40 ($2c + \underline{v} = 2 \times 20 + 0$) となる。

彼らが得た実験データは，開示コストモデルの予測を支持するものではなかった。すなわち，実験の環境に参加者が習熟したとされる全 13 回の試行の第 9 回目から第 12 回目を対象とした彼らの検定期間において，モデルが開示を予測する企業価値に関して，開示は 37.5% (= 15/40，40 の機会のうちの 15) にとどまり，予測された開示比率 100% を統計的に有意に下回った。他方，彼らがランした開示コストがゼロの実験の設定（セル 1）における 9 実験市場の開示の割合は，58.3% (=21/36) であり，完全開示モデルについても支持されないという結果となった。しかしながら，「開示コストが大きくなれば，経営者はより開示しなくなる」という 3.3.3 節の比較静学の予測を直観的に読み取ることは可能である (58.3% 対 37.5%)。もっとも，いわゆる独立性のカイ二乗検定を用いると，ここでの検定統計量は $\chi^2 = 3.298$ (なお，$\chi^2_{0.05}(1) = 3.841$) であり，これら二つの開示比率の差は統計的に限

界的に有意であるにすぎない ($p = 0.069$)。

彼らは，完全開示モデルおよび開示コストモデルの予測に反した実験結果の原因を探求することに論文の紙幅を割き，最終的に，投資者となった参加者たちのナイーブな行動に起因するものであると結論づけている。すなわち，投資者たち（の一部）は，非開示が企業価値に関するバッド・ニュースであると考えることができず，分布の平均 (100) に近似する付け値（ビッド）を提出し続けた結果，経営者は，比較的に高い企業価値についての情報も開示しないことを選択するようになったというのである。

3.5.3 情報偏在モデルの実験

King and Wallin (1991b) は，3.5.1 節でみた完全開示モデルの実験の設定に加え，経営者が企業価値についての情報を入手する確率を 90% ($p = 0.1$) または 70% ($p = 0.3$) のいずれかとした実験市場を実施することによって，情報偏在モデルを実証した。情報偏在モデルにおける 3.4.2 節の特に (3.35) 式から，経営者が企業価値についての情報を入手する確率が 90%（(3.35) 式における $p = 0.1$）の場合，開示の境界値 $\hat{v}$ は 29.23 となり，同じく確率が 70%（(3.35) 式における $p = 0.3$）の場合，開示の境界値 $\hat{v}$ は 38.33 と算定される。しかしながら，彼らの実験の設定において，企業価値は離散型の一様分布 [15, 25, 35, 45, 55, 65, 75, 85] にしたがい八つの値のみをとりうるとされたことから，実際の開示の境界値 $\hat{v}$ は，それぞれ 25（$p = 0.1$ の場合）もしくは 35（$p = 0.3$ の場合）となる。

彼らの実験市場の結果，上記の情報偏在モデルの開示の境界値（25 もしくは 35）と首尾一貫した開示行動が生起するという仮説を受容するには至らなかった[26]ものの，経営者が情報を入手しない確率 p が大きくなると，開

---

[26] 実験結果が，モデルの特定の点予測 (a certain point prediction) を支持しない傾向にあることは，実験研究ではよく知られている事実である。データ数に制約があるため，モデルの予測に反するわずかな観察の影響が相対的に大きく，また参加者が実験の環境・設定に習熟していく過程ではモデルの予測と一致しない行動が起こりがちであるためであ

示の境界値は大きくなるという仮説(命題 3.7(a) 参照)を支持する証拠は提供された。さらに King and Wallin (1996) は，設定および環境の一部に変更を加えた実験を実施し，King and Wallin (1991b) の結果を再確認するとともに，経営者が情報を入手する確率 $(1-p)$ が時間の経過とともに大きくなるとすれば，それに応じて開示の境界値が減少するという本章の命題 3.7(a) から解釈される予測と一致する証拠を得ている。

3.5.4 実験研究のまとめと関連実験文献

「情報開示の基本モデル」の実証は，モデルの設定に近似した環境を創出することが可能であることから，実験経済学の手法を用いてなされてきた。実験データは，モデルに具体的なパラメータ値を組み込んで計算された正確な数値予測，すなわちいわゆる点予測を支持する困難さを改めて示したものの，開示コスト c もしくは経営者が情報を入手する確率 $(1-p)$ の存在は，経営者が企業価値についての情報を開示せず差し控える要因になるという一般的な(もしくは方向性を示唆する)命題の妥当性を確認するものであった。数値計算から直接的に導かれる均衡というのではなく，ヒトである参加者を用いる方法論の特性から生じる，試行錯誤をへて間接的に到達する実験市場の均衡には相応の取引の反復が要求されること，実験デザインのいかなる差異，たとえば，インストラクションにおける用語，開示・非開示以外の情報開示の選択肢の存在 (King and Wallin, 1991a)，虚偽情報の開示の許容 (King and Wallin, 1990)，以前の実験市場の結果のフィードバックの有無，さらに特定の実験の操作に関する参加者の知識の有無などが結果に影響を及ぼしうることなども，先行研究から得られている重要な知見である。

本章の議論と関連する実験研究には，さらに King and Wallin (1995)，King (1996)，および Dickhaut et al. (2003) が含まれる。King and Wallin (1995) は，

る。Libby et al. (2002, p. 796) は，点予測よりむしろ正負・大小などの方向性を示唆する予測に焦点をあてた分析の方が，結果の一般化のために有用であるとする。

一定の閾値以上の企業価値の開示は競合者の介入を招き経営者の利得を減少させる場合，複数の均衡が存在しうることを証明する Wagenhofer (1990) のモデルを実験市場で検証した。King (1996) は，参加者の利得の決定方法をさまざまに変更することで評判形成の論点を扱い，さらに Dickhaut et al. (2003) は，経営者が入手する企業価値についての情報は正確なものではないかもしれないという新たな設定を構築し，King and Wallin (1991a,b) らの実験研究を拡張している。

以上，みてきたように，「情報開示の基本モデル」に関する実験研究は，実施されてはきているものの，数多いモデルの存在に鑑みれば未検証の論点が数多く残っている状況である。さらにこれらの実験研究がなされた 1990 年前後は実験経済学の方法論自体が大きく進歩した時期と重なる。したがって，実験研究の特長を発揮した追試および未検証のモデルの実験研究の余地は潤沢であるといえる。実験研究に固有の方法論上の微妙な問題点および実験の実施に際して斟酌すべき事項に配慮しつつ，新たな実験が継続的になされ，より一層の知見が蓄積されることが期待される。

3.6 要約と文献案内

本章ではまず，経営者は企業価値についての私的情報を開示するという結果が得られる完全開示モデルを説明した。完全開示モデルは，Grossman and Hart (1980)，Grossman (1981)，および Milgrom (1981) によって初めて導出されたものである。しかしながら完全開示という結果は，経営者がすべての情報を開示しているわけではないという一般に観察される事実，またディスクロージャーに関する実証研究によって提示されている同様の証拠と整合的なものではない。それゆえ，完全開示モデルがおく次のような明示的・暗黙的な仮定が，改めて注目され，その後の分析的研究において検討されることになった。この点はすでに 3.2 節で指摘したが，ここで再度，それらの仮定を挙げておこう。

(i) 経営者による情報開示にコストがかからない。
(ii) 投資者はすべての経営者が私的情報を持っていることを知っている。
(iii) 経営者が開示する情報は真実である。
(iv) 投資者は開示された情報を同じように理解し反応する。
(v) 投資者は経営者の目的関数を知っている。

本章では完全開示モデルを説明した後，(i) の仮定を緩めた開示コストモデルを取り上げた。開示コストモデルは，Jovanovic (1982) および Verrecchia (1983) によって最初に考察され，その後 Verrecchia (1990) によって展開されたものであるが，Verrecchia (1990) 以外にも開示コストモデルはさまざまな拡張がなされている。第1に，本章のモデルでは，開示コストは外生的に与えられ，また一定であると仮定していたが，これらの仮定を取り除いた研究がある。コストが一定という点に関して Richardson (2001) は，3.3.3 節と同様のモデルにおいて，入手する情報の精度が高くなると開示コストも高くなると仮定した分析を行なっている。また特定の状況をモデル化することにより開示コスト，特に機密コストを内生的に取り扱っている一連の研究が存在する。これらは本書の第5章で取り上げる製品市場における情報開示の研究である。開示コストモデルの第2の拡張は，経営者が2種類以上の情報を持っており，これら複数の情報の開示行動を考察するものである。Dye (1986) は，開示にコストのかかる機密情報と追加的開示にはコストのかからない非機密情報 (non-proprietary information) の2種類の情報が存在する場合の経営者の情報開示行動を分析した。Kirchenheiter (1997) は，経営者が2種類の私的情報を持つ状況において，その両方の情報を開示する均衡と，一方の情報だけを開示する均衡を特徴づけている。また一方の情報が強制的に開示される状況において，他方の情報を自発的に開示するかどうかを考察したのが Einhorn (2005) である。開示コストモデルの第3の拡張は，本章で考察した設定が多期間繰り返されるというものである。このような多期間モデルは Einhorn (2007) によって考察されており，環境の不確実性に加えて，過去の開示行動，経営者の在職期間やリスク回避度によって，情報開示行動が決

まってくることが議論されている。

　本章では，開示コストモデルに続いて，上記の仮定 (ii) を緩めた情報偏在モデルを検討した。情報偏在モデルは，Dye (1985) と Jung and Kwon (1988) によって最初に特徴づけられたものであり，本章では Penno (1997) によるその後の拡張を説明した。さまざまな拡張は Penno (1997) 以外にもなされている。第 1 に，Pae (2005) は，開示コストモデルのケースと同様に，経営者が 2 種類の情報を持っている場合の情報偏在モデルにおける情報開示行動を考察した。第 2 に，情報偏在モデルにおいて，最初に経営者が私的情報を入手するかどうかという情報獲得の意思決定を内生化した Pae (1999) と Hughes and Pae (2004) の研究がある。この他，複数の企業が存在する市場において，ある企業の情報開示が他の企業の情報開示に与える影響をモデル化した Dye and Sridhar (1995)，洗練性の異なる投資家が存在する状況における情報開示行動を考察している Dye (1998)，アナリストの役割に焦点をあてた Langberg and Sivaramakrishnan (2008) などがある。

　完全開示モデルにおける上記の仮定 (iii)，つまり経営者が開示する情報は真実であるという仮定についても，これまで考察が加えられてきた。まず Korn and Schiller (2003) は，完全開示モデルにあっては虚偽の報告が選択肢にないことを批判的に検討し，虚偽の報告はできないとする仮定と虚偽の報告はできるがそのときには正の確率で大きな罰金を支払うことになるとする仮定とは異なったものであると主張する。そして，ゲーム理論の枠組みで 3.2 節のモデルを定式化した場合，完全開示の他にも，どのような企業価値の経営者も開示しないこと，および一定以上の企業価値の経営者だけが開示することもまた，ゲーム理論の標準的な解概念である**完全ベイジアン均衡**を満たすことを示している。またより強い特定の基準を満たすことを条件にする場合には，完全開示の結果が得られることを示している。**チープトーク・ゲーム** (cheap talk game) とよばれる設定のゲームを用いて，投資家や競争相手といった異なる情報利用者が存在する状況において，経営者の情報開示行動を考察したのが Newman and Sansing (1993) および Gigler (1994) であ

る[27]。チープトーク・ゲームは，入手した情報とは異なる内容を開示することもできるという設定であり，経営者が真実の情報を開示するかどうかを考察することが可能となる。Newman and Sansing (1993) および Gigler (1994) は，この状況において，経営者は私的情報を正確に開示しないことを明らかにした。最近では，Stocken (2000) や Fischer and Stocken (2001) において，チープトーク・ゲームを用いた情報開示行動の考察が進められている。

上記の仮定 (iv)，つまり投資者は開示された情報を同じように理解し反応するという仮定に関しては，上記の Dye (1998) の他，Suijs (2007) において考察されている。Suijs (2007) は，パラメータによって，完全開示の均衡に加えて，一部の経営者だけが情報を開示する均衡，および誰も情報を開示しない均衡が存在する条件が，それぞれ明らかにされている。

投資者は経営者の目的関数を知っているという上記の仮定 (v) について考察したのが Einhorn (2007) である。具体的には，ストック・オプションの付与前やマネジメント・バイアウトの場合のように，経営者にとって低い株価が望ましくなる状況も現実には存在していることから，このような動機にもとづいて情報を開示するかどうかを決定する経営者が存在するかもしれない。Einhorn (2007) では，完全開示モデルにおいてこのような可能性を考慮すると，均衡において一部の経営者が情報を開示しないことが明らかにされている。なお Einhorn (2007) は，このような経営者の目的関数についての不確実性の他，開示コストが存在し，さらに情報の偏在も存在するケースについての分析も行ない，均衡を導出している。

最後に，ディスクロージャーと効率性の関係，またこの点に関連する強制的開示の問題について簡単にふれておこう。本章では，前章で議論したようなパレート効率性については取り上げていない[28]。事実，本章のモデルでは

---

[27] チープトーク・ゲームは Crawford and Sobel (1982) によって最初に分析された。なお，チープトーク・ゲームの入門的説明については Gibbons (1992) がわかりやすい。

[28] 1970 年代においては，一般均衡の枠組みにおいて効率性の議論がなされていた。この点については，Verrecchia (2001, pp. 160-162) および Dye (2001, pp. 188-194) がサーベイしている。また効率性についての最近の研究に関しては，Verrecchia (2001, Section 4) においてサーベイされている。なお本書の第 5 章では，寡占市場モデルを用いた部分均衡

企業価値に影響する経営者の意思決定が組み込まれておらず，効率性について議論することは難しい。たとえば開示コストモデルにおいては，開示コストだけがモデルにおいて企業価値に影響を与えるものであり，開示をした場合にコストが生じることから，経営者が情報の非開示に事前にコミットすることができれば，このとき，効率性はより高くなる。したがって，本章で想定している経済においては，ディスクロージャーがどのような役割を果たしているかは考察できていないということになる。

その一方で，より豊富な設定において，つまり経営者が企業価値に影響を与える意思決定を行ない，かつディスクロージャーを選択するモデルを考察している研究が存在する。このような研究には，たとえば Kanodia のかかわっている一連の研究，Kanodia (1980)，Kanodia and Mukherji (1996)，Kanodia and Lee (1998)，Kanodia et al. (2000) のほか，Dye (1985) の情報偏在モデルを拡張した Pae (1999)，Pae (2002a)，Hughes and Pae (2004)，Li (2009) などがある[29]。効率性についての議論ができれば，経営者の自発的開示に委ねず，規制による開示の強制を行なうべきかどうかといった議論を展開する糸口が得られる。強制的開示についての研究は現時点においてはさほど多くないが，たとえば Diamond (1985)，Dye (1990)，Dye and Verrecchia (1995)，Fishman and Hagerty (1990)，Einhorn (2005) などを挙げることができる。

の枠組みにおいて，効率性について若干の議論を展開している。

[29] Li (2009) は，第 2 章のような IPO の設定において，ディスクロージャーの問題を考察している。なお，寡占市場におけるディスクロージャーの研究も数多く存在しており，これらの研究も経営者が企業価値に影響を与える意思決定を行ない，かつディスクロージャーを選択するモデルになっている。このような研究については第 5 章で取り上げているので，ここでは文献として挙げていない。

第4章 資本市場における情報開示モデル

4.1 はじめに[1]

　前章の「情報開示の基本モデル」においては，経営者が企業価値について私的情報を持っていると想定し，経営者がその私的情報を完全に開示するとした完全開示モデルを基礎に，より現実の開示環境に近似した状況を分析する開示コストモデルおよび情報偏在モデルについて，その基本的なロジックを理解した。経営者は保有している私的情報のすべてを開示するわけではない現実を説明するため，それぞれ異なる理由に依拠して私的情報を開示する/しないという経営者の開示のインセンティブが分析されたわけである。

　これらの「基本モデル」は，前章の3.6節で要約したように，さまざまな拡張がなされ今なお新たな成果が公表されている状況であるが，本章では少し視点を変えて，情報開示が持つ影響についてより詳しく考察することにしたい。会計ディスクロージャーは資本市場のインフラストラクチャーともいわれるように，会計情報は資本市場において多様かつ重大な影響を与える。しかし前章の「基本モデル」においては，投資者は資本市場において利用可能な情報にもとづいて株価を決定するだけであり，情報開示による資本市場への影響は十分に考察されているとはいいがたい。それゆえ本章では，資本市場に焦点をあてた一つの代表的なモデルを取り上げ，そのロジックの理解

---

[1] この節の説明は，マーケット・マイクロストラクチャーの分野の代表的テキストであるO'Hara (1996)，および資本市場における会計情報の役割についての詳しいテキストであるChristensen and Feltham (2003, Chapters 11-14) を特に参考にしている。

に努めながらモデルの展開を丹念に跡づける。本章における開示モデルの重要な特徴の一つは，会計情報といった公的情報と投資者が保有する私的情報との相互作用的関係が資本市場を舞台に分析されることにある。

本章での分析の基礎を提供するモデルは，**マーケット・マイクロストラクチャー** (market microstructure) の代表的な分析の一つと位置づけられる Kyle (1985) のモデルである。Kyle (1985) が典型的な分析とされるマーケット・マイクロストラクチャーとは，資産が取引されるプロセスとその帰結を明示的な取引ルールのもとで分析するものである。多くの経済理論では，取引の仕組み自体は捨象されるのに対して，マーケット・マイクロストラクチャーの研究では，特定の取引制度が価格の形成過程にどのように影響を与えるのかについての分析が行なわれる[2]。このことから，市場で資産を取引する異なるタイプの投資者の保有する情報が，価格の形成過程ないし調整過程に与える影響をより微視的に捉えることが可能となる。ごく一般的にいって，「会計」情報を対象としその有用性を問う会計学にとって，マーケット・マイクロストラクチャーのモデルは極めて魅力的な経済モデルの一つである。

ただし Kyle (1985) では，資本市場において一部の情報優位の投資者が持っている私的情報の影響が考察の対象である点には注意が必要である。一般に会計学は，開示を前提とした公的情報を取り扱うことから，投資者が私的情報を有し，それを自身の取引に際して戦略的に利用するといった状況を想定する Kyle (1985) モデルに依拠する場合，会計情報を含む公的情報と投資者が私的に保有する私的情報の間にはどのような関係があるのかといった論点が自然に浮かび上がってくることになる。より具体的な意味で，このような論点は，会計研究者にとって極めて興味深いものである。その理由は二つある。まず第1に，会計学におけるアーカイバル研究ないし実証研究の契機となった有名な Ball and Brown (1968) 以来，投資者は会計報告書が公表される以前に会計報告書の情報内容の大半をすでに知っていることが広く認識されているからである。第2に，利益予測やその他の企業情報の適時な開

---

[2] O'Hara (1996, 訳書 p. 2) 参照。

示は，私的情報の情報内容の程度を減少させ，よって**私的情報獲得** (private information aquisition) のインセンティブの低下につながるといったように，公的情報と私的情報は密接に関係しており，一方だけを考察することは誤った理解につながる可能性があるからである。そこで，Kyle (1985) モデルを説明した後，公的情報と投資者の私的情報の相互作用的な影響を分析している McNichols and Trueman (1994) のモデルを取り上げ，投資者が私的情報を獲得する可能性を認識したうえで，会計報告書を含む公的情報の開示，私的情報獲得，価格の情報提供性などのあいだに存在する一連の関係を考察する。

なお本章において中核となる Kyle (1985) モデルは，上述したように投資者が持つ私的情報の役割に焦点をあてたものであることから，Kyle (1985) モデルの検証に際しては，アーカイバル研究に比べて実験研究が，その利点を発揮する土壌があるといえよう。この点もふまえ，本章においても Kyle (1985) モデルの文脈で展開される資本市場における情報開示に関わった実験研究の成果の一端もあわせ取り上げる。

4.2 Kyle (1985) モデル

4.2.1 位置づけと特徴

公的情報としての会計情報の意義を分析するためのモデルの跡づけに先立って，その分析の基礎を提供する Kyle (1985) のモデルをまずは理解しておくことにしよう。Kyle (1985) のマーケット・マイクロストラクチャー・モデルにあっては，異なる二つのタイプの投資者と，価格を設定する**マーケット・メーカー** (market maker) からなる市場が想定される。ここで異なる二つのタイプの投資者とは，事後的なリスク資産の価値について私的情報を有し，この私的情報を戦略的に利用して取引を行なうただ一人の**情報トレー**

ダー (an informed trader)³と，私的情報を持たず流動性に起因してランダムに取引を行なう多数の**ノイズ・トレーダー** (noise traders)⁴である。またマーケット・メーカーは，情報トレーダーおよびノイズ・トレーダーからの注文量の合計を観察して，すべての注文を成立させるための単一の価格を設定する。

さきに指摘したようにマーケット・マイクロストラクチャー研究にあっては，取引所における取引の仕組みなり市場構造の特定が一つのポイントとなる。Kyle (1985) にあっては，私的情報を持つただ一人の情報トレーダーの存在が仮定されている。このことは，多数の情報トレーダーおよび多数のノイズ・トレーダーが，均衡価格に到達するまで取引を何度も繰り返す競争的市場の存在は想定されていないことを意味する⁵。つまり Kyle (1985) モデルでは，取引が順次発生するといった競争的市場における取引環境ではなく，**バッチ取引** (batch trading)⁶のフレームワークが想定されているのである。バッチ取引モデルでは，取引が単一価格で行なわれることから，私的情報を用いた取引からの情報トレーダーの利得が計算可能となり，このことから情報トレーダーは，取引プロセスにおいて自身が有する私的情報を利用して戦略的に行動するインセンティブをもつことになる。この意味で，すべてのトレーダーが競争的に行動すると仮定する Kyle (1985) 以前の逐次取引モデルに対して，Kyle (1985) モデルはマーケット・マイクロストラクチャー分野における最初の**戦略的取引モデル** (strategic trading model) として特徴づけられる。

以上，マーケット・マイクロストラクチャー研究における Kyle (1985) モデルのおおよその位置づけを理解した。次に，その内容の検討に入ることに

---

[3] 情報トレーダーは，情報に精通した投資家と考えてもよいし企業内部の経営陣と考えてもよい。なお Kyle (1985) では，**インサイダー** (insider) ともよんでいる。

[4] **非情報トレーダー** (uninformed traders) あるいは**流動性トレーダー** (liquidity traders) とよばれることもある。

[5] 競争的市場の存在を仮定するタイプのマーケット・マイクロストラクチャーのモデルは，しばしば**逐次取引モデル** (sequential trading model) とよばれる。たとえば Glosten and Milgrom (1985) のモデルなどが代表的である。

[6] バッチ取引とは，一定期間の注文を集めて，単一の価格で一括してそれらの注文を処理する取引方法をいう。

しよう。

4.2.2 モデルの設定と均衡の導出

設　定

　リスク資産と無リスク資産の二つの資産[7]が存在する経済を考える。具体的にいえば，情報トレーダーとノイズ・トレーダーがリスク資産に対する注文を出し，マーケット・メーカーがリスク資産を価格づける市場である。この市場は1回だけ開かれ，リスク資産の取引が行われる[8]。リスク資産の価値は事前には不確実であり，この価値を$\tilde{v}$であらわす。ここでリスク資産の価値$\tilde{v}$は，平均μ，分散σ^2の正規分布にしたがうものと仮定する[9]。このリスク資産に対する情報トレーダーの取引量をx，ノイズ・トレーダーの取引量を$\tilde{u}$とする。

　ここで情報トレーダーが獲得し保有する情報は[10]，リスク資産の価値$\tilde{v}$そのものではなく，これと関連するがノイズを含んだシグナル$\tilde{z}$であると仮定し，具体的には次式であらわされるものとする[11]。

$$\tilde{z} = \tilde{v} + \tilde{\varepsilon}_1 \tag{4.1}$$

---

[7] 明示的に取り扱われるのはリスク資産のみである。ただし，リスク資産を購入（空売り）するときにその対価として無リスク資産が想定されているし，最終的に情報トレーダーが自身のポジションを手仕舞しリスク資産が無リスク資産となる状況も予定されている。このため，無リスク資産も暗示的にその存在が仮定されていることになる。

[8] Kyle (1985) では，1回限りの取引，逐次的取引，および連続取引という，時間軸にもとづいたより現実に接近するための展開がなされている。ただし，そこでの基本的な分析内容は共通しており，また会計研究における応用も1回限りの取引にもとづいている。このため，本節においても1回限りの取引に注目し，その枠組みを説明している。

[9] リスク資産を企業の株式，リスク資産の価値を1株あたりの企業価値と考えてもよい。

[10] 前章と比較すると，ここでのモデルにおいては，私的情報を持っているのは経営者ではなく，投資者であることに注意する。なお本書をとおして，経営者の持っている情報を$\tilde{s}$と表記することにしているため，情報トレーダーの私的情報は$\tilde{z}$とあらわしている。

[11] Kyle (1985) においては，情報トレーダーは，リスク資産の価値そのものを知ると仮定されている。これは，以下の設定において，σ_1^2を限りなく0に近づけた極限におけるモデルと一致する。したがって，この点では本節のモデルはより一般的になっている。

$\tilde{\varepsilon}_1$ は,平均 0,分散 σ_1^2 の正規分布にしたがい,また $\tilde{\varepsilon}_1$ は,$\tilde{v}$ および $\tilde{u}$ と独立であると仮定する。このとき $\tilde{z}$ は,正規分布の再生性(数学付録 F.1 節参照)より,平均 μ,分散 $\sigma_z^2 (= \sigma^2 + \sigma_1^2)$ の正規分布にしたがう。

ノイズ・トレーダーは,意思決定主体ではなく,ランダムに取引量を決めるものとし[12],このことを記述するため,ノイズ・トレーダーの取引量 $\tilde{u}$ は,平均 0,分散 σ_u^2 の正規分布にしたがうものと仮定する。なお,$\tilde{v}$ と $\tilde{u}$ は独立であるとする。

情報トレーダーの取引量 x とノイズ・トレーダーの取引量 $\tilde{u}$ の合計は,マーケット・メーカーに出される注文量の合計であり,これを $\tilde{y}(= x + \tilde{u})$ とあらわす。マーケット・メーカーは,この注文量の合計の実現値 y を観察し,これにもとづいてリスク資産の価格 p を設定する。

モデルの流れを改めて明示的に述べておこう。まず最初に,情報トレーダーは企業価値に関する情報 z を私的に観察する。情報トレーダーは,この私的情報にもとづいて取引量 x を決定する。これと同時に,ノイズ・トレーダーの取引量 u が正規分布にしたがって決定される。これらの合計 $y (= x + u)$ がマーケット・メーカーに対する注文量の合計であり,マーケット・メーカーは,この注文量の合計を観察して価格 p を提示する。最後に,リスク資産の価値 v が実現する。モデルのタイムラインは,図表 4.1 のようにあらわすことができる[13]。

このモデルでは,一方で情報トレーダーが取引量 x を決定し,他方でマー

---

[12] Kyle (1985) モデルでは,ノイズ・トレーダーがいなければ,マーケット・メーカーが注文量を観察することによって,情報トレーダーの私的情報を完全に推測することが可能となる。しかし,現実には投資家は私的情報を持っており,その優位な立場を利用して注文を行なっていると考えられる。この状況を記述するために,マーケット・メーカーが投資家が持っている私的情報を完全に推測することを妨げるようなある種の観察不可能な外生的な確率的要素の存在を仮定することが必要になる。つまりノイズ・トレーダーは,情報トレーダーとは独立した理由から取引を実施することにより,取引環境に外生的な確率的要素を持ち込むという役割を担っているわけである。

[13] ただし以下の分析は,情報トレーダーとマーケット・メーカーが同時に意思決定をする場合およびマーケット・メーカーが先に価格設定ルールにコミットしその後に情報トレーダーが取引量を決定する場合のいずれであれ,同じ結果が得られる。

4.2 Kyle (1985) モデル

図表 4.1 モデルのタイムライン

| 情報トレーダーが私的情報 z を観察する。 | 情報トレーダーが取引量 x を決定する。ノイズ・トレーダーの取引量 u が正規分布にしたがって決定される。 | マーケット・メーカーが注文量合計 $y = x + u$ を観察して，価格 p を決定する。 | リスク資産の価値 v が実現する。 |

ケット・メーカーがリスク資産の価格 p を決定する。そして，これら双方をふまえて x と p の両者が同時に決まる。以下，この二つの側面について，それぞれもう少し詳しく説明しておこう。

■**情報トレーダーの取引量決定の側面** まず情報トレーダーの意思決定を考えよう。情報トレーダーは，期末におけるリスク資産の価値 $\tilde{v}$ について私的情報 z を持っており，その情報にもとづいて自身の取引量 x を決定する。情報トレーダーは，リスク中立的であり，自己の期待利得を最大にするよう行動すると仮定する。また情報トレーダーはただ一人であり，自身の取引が価格に及ぼす影響を明示的に考慮して取引量を決定する[14]。情報トレーダーは，単位当たり価格 p で取引し，最終的に単位当たり v を受け取ることから，$(v - p)$ が単位当たりの利得となる。したがって，私的情報 z を入手した後の情報トレーダーの期待利得 $E[\tilde{\pi} \mid z]$ は，$E[(\tilde{v} - \tilde{p})x \mid z]$ とあらわされることになる。ここで $\tilde{p}$ は，マーケット・メーカーの設定する価格 p に対する情報トレーダーの予想をあらわしている。情報トレーダーは，この期待利得が最大になるように取引量 x を決定するのである。

---

[14] Kyle (1985) では，$\tilde{v}$ と $\tilde{u}$ とは独立であるという設定から，ノイズ・トレーダーは，$\tilde{v}$ とは無関係に $\tilde{u}$ を決定することになる。さらに情報トレーダーとノイズ・トレーダーは，それぞれ取引量を同時に決定すると想定されている。このことから情報トレーダーは，私的情報 z を観察するが，ノイズ・トレーダーの取引量 u は観察しないことになる。したがって情報トレーダーは，ノイズ・トレーダーの取引量をふまえたうえで自身の取引量を決定することはできない。

■マーケット・メーカーの価格設定の側面　次に，マーケット・メーカーがリスク資産の価格を設定する側面を考えよう。つまり市場を清算するために，リスク資産が取引される単一の価格 p をマーケット・メーカーが自身の持つ情報にもとづいて設定する側面である。ここでの重要な仮定は，マーケット・メーカーは，x と u を区別して観察することはできず，注文量の合計 $y(=x+u)$ だけが観察できるということである。そしてマーケット・メーカーは，観察した注文量の合計 y にもとづいて，リスク資産の価値の条件付き期待値で価格を設定する。換言すると，マーケット・メーカーは，注文量の合計 y に関する情報に条件付けられたリスク資産の価値の期待値 $E[\tilde{v} \mid y = \hat{x} + u]$ に等しいように p を設定するということである。ここで $\hat{x}$ は，情報トレーダーの注文量 x に対するマーケット・メーカーの予想をあらわしている。このようにマーケット・メーカーは，注文量の合計 y 以外のいかなる情報も持たないため，p の変動は常に注文量の合計 y に起因することになる。またこのとき，マーケット・メーカーの利益は平均してゼロになる。つまり $E[\tilde{v} - p \mid y] = 0$ が成立する。

均衡の定義[15]

もう少し記号を導入して，より厳密に定義していこう。情報トレーダーの取引戦略は，リスク資産の価値に関する私的情報 $z \in \mathbb{R}$ を見たうえで，注文量 $x \in \mathbb{R}$ を選択することである。よって情報トレーダーの取引戦略は，$x : \mathbb{R} \to \mathbb{R}$ とあらわすことができる。他方，マーケット・メーカーによるリスク資産の価格設定ルールは，情報トレーダーとノイズ・トレーダーの注文量の合計 $y \in \mathbb{R}$ にもとづいて価格 $p \in \mathbb{R}$ を設定することである。したがってマーケット・メーカーの価格設定ルールは，$p : \mathbb{R} \to \mathbb{R}$ とあらわすことがで

---

[15] ゲーム理論の分析枠組みを用いても，以下の議論は同じように展開できる。つまり以下の命題 4.1 は，ゲーム理論における**ベイジアン・ナッシュ均衡**と一致する。この点については，たとえば Brunnermeier (2001, Section 3.2.3), Vives (2008, Section 5.2.1) においても指摘されている。なおゲーム理論の枠組みでの設定および均衡の定義については，Vives (2008, Section 5.2.1) が比較的詳しく説明している。

4.2 Kyle (1985) モデル

きる。また同様に,情報トレーダーの取引戦略 x に対するマーケット・メーカーの期待を $\hat{x}: \mathbb{R} \to \mathbb{R}$ とあらわし,マーケット・メーカーの価格設定ルールに対する情報トレーダーの期待を $\hat{p}: \mathbb{R} \to \mathbb{R}$ とあらわす。より明示的にいえば,情報トレーダーは,リスク資産の価値に関する私的情報 $z \in \mathbb{R}$ を所与として,いくら取引するか,つまり $x(z)$ を選択する。またマーケット・メーカーは,注文量の合計 $y \in \mathbb{R}$ を所与として,価格をいくらにするか,つまり $p(y) \in \mathbb{R}$ を決定する。$\hat{x}$ および $\hat{p}$ についても同様である。

情報トレーダーの取引戦略は,価格設定ルールに対する期待にもとづき決定され,またマーケット・メーカーの価格設定ルールは,情報トレーダーの取引戦略に対する期待にもとづいて決定される。したがって,このモデルにおける均衡を $(x: \mathbb{R} \to \mathbb{R}, \hat{x}: \mathbb{R} \to \mathbb{R}, p: \mathbb{R} \to \mathbb{R}, \hat{p}: \mathbb{R} \to \mathbb{R})$ に対して定義する。具体的には,次の三つの条件を満たす $(x, \hat{x}, p, \hat{p})$ を均衡とよぶ。

(i) 任意の $z \in \mathbb{R}$ について,$x(z) \in \mathrm{argmax}_x E[(\tilde{v} - \tilde{\hat{p}})x \mid z]$ となること[16]。
(ii) 任意の $y \in \mathbb{R}$ について,$p(y) = E[\tilde{v} \mid y = \hat{x} + u]$ となること。
(iii) 任意の $z \in \mathbb{R}$ および $y \in \mathbb{R}$ について,$\hat{x} = x$,および $\hat{p} = p$ となること。

条件 (i) は,情報トレーダーが,マーケット・メーカーの価格設定ルールに対する期待 $\hat{p}: \mathbb{R} \to \mathbb{R}$ を所与として,期待利得が最大になるように,取引をいくらにするか,つまり $x(z)$ を決めることを意味している。条件 (ii) は,マーケット・メーカーが,一般に入手可能なすべての情報を織り込んで価格設定することを意味している。ここでの一般に入手可能なすべての情報には,注文量の合計 y だけが含まれる。また(条件付き)期待値での評価は,マーケット・メーカーがリスク中立的であることを反映したものである。条

---

[16] 価格設定ルール $\hat{p}$ は注文量合計 y についての関数である。ここで,条件 (i) の期待値は,情報トレーダーが注文量を選択する時点でとっており,この時点では情報トレーダーはノイズ・トレーダーの注文量を知らないことに注意しよう。このため,条件 (i) の $\hat{p}$ にはノイズ・トレーダーの注文量 $\tilde{u}$ についての不確実性が存在することになり,実現値ではないことを示すために $\tilde{\hat{p}}$ と表記している。なお,これを実現値とすると,以下の (4.5) 式および注 20 で指摘している箇所において,計算を誤ることになる。

件 (iii) は，情報トレーダーもマーケット・メーカーも相手の行動に対して合理的期待を持つことを意味している。

分　析

この設定のもとで，情報トレーダーの取引戦略，およびマーケット・メーカーの価格決定ルールについて，次の命題 4.1 が得られる。

命題 4.1. 次の条件を満たす $(x, \hat{x}, p, \hat{p})$ が，均衡となる。

$$x(z) = \hat{x}(z) = \beta(z - \mu) \quad \text{for any } z$$
$$p(y) = \hat{p}(y) = \mu + \lambda y \quad \text{for any } y$$

ただし，β および λ は，次式を満たす。

$$\beta = \frac{\sigma_u}{\sigma_z}$$
$$\lambda = \frac{\sigma^2}{2\sigma_u \sigma_z}$$

証明. いくつかのステップに分けて証明していこう。

■**ステップ 1：線形戦略の仮定**[17]　情報トレーダーは $\hat{p}(y)$ について，マーケット・メーカーは $\hat{x}(z)$ について，次のような線形戦略を仮定する。

$$\hat{p}(y) = \kappa + \lambda y \tag{4.2}$$
$$\hat{x}(z) = \alpha + \beta z \tag{4.3}$$

ここで $\kappa, \lambda, \alpha, \beta$ は，定数である。すなわち，情報トレーダーはマーケット・メーカーが (4.2) 式における κ と λ を選択すると予想し，マーケット・メーカーは情報トレーダーが (4.3) 式における α と β を選択すると予想すると仮定する[18]。

---

[17] 線形戦略以外の均衡については，Bagnoli et al. (2001) や Nöldeke and Tröger (2006) などで考察されている。なお，Kyle (1985) のモデルを応用した会計研究では，われわれの知る限り，線形戦略が仮定されている。

[18] 以下でみるように，(4.2) 式を仮定すると，情報トレーダーの取引戦略 $\hat{x}(z)$ は z について

4.2 Kyle (1985) モデル

■**ステップ2：情報トレーダーの取引戦略** まず情報トレーダーの取引戦略を考える。すなわち，均衡の条件 (i) を求めることにしよう。私的情報 z を入手した後の情報トレーダーの期待利得 $E[\tilde{\pi} \mid z]$ は，次のようにあらわすことができる。

$$E[\tilde{\pi} \mid z] = E[(\tilde{v} - \tilde{p})x \mid z] \tag{4.4}$$

なお取引量 x は，情報トレーダー自身が決定するものであるから，確率変数として表記されない点に注意する[19]。ここで，$\tilde{p}$ について (4.2) 式を代入し[20]，さらに $\tilde{y} = x + \tilde{u}$ を代入すると，次のようになる。

$$E[\tilde{\pi} \mid z] = E[(\tilde{v} - \kappa - \lambda\tilde{y})x \mid z] = E[(\tilde{v} - \kappa - \lambda x - \lambda\tilde{u})x \mid z] \tag{4.5}$$

上式において，確率変数は $\tilde{v}$ と $\tilde{u}$ だけであるが，$\tilde{u}$ と $\tilde{z}$ は独立であるから，z を所与としても $\tilde{u}$ の期待値はゼロである。したがって次のようになる。

$$E[\tilde{\pi} \mid z] = (E[\tilde{v} \mid z] - \kappa - \lambda x)x \tag{4.6}$$

ここで $E[\tilde{v} \mid z]$ は，以下でみるように具体的にあらわすことができる。しかし，複雑であること，加えて情報トレーダーによる取引戦略 x には関係しない定数であることから，この表現のままにしておく。なお $E[\tilde{v} \mid z]$ は，情報トレーダーが私的情報 z によってリスク資産の価値 $\tilde{v}$ を予想していること

線形になることから（(4.10) 式参照），(4.3) 式は仮定しなくても以下の結果は変わらない。

[19] 情報トレーダーが私的情報 z を入手した後の取引戦略を選択する時点においては，x は確率変数ではない。しかし後で見るように，x は正規分布にしたがう私的情報 $\tilde{z}$ の実現値 z の線形の関数になる。したがって，私的情報 $\tilde{z}$ が実現する前の時点では，情報トレーダーの取引戦略は正規分布にしたがう確率変数になる。このことから，以下では $\tilde{x}$ という表記も出てくることなる。

[20] 注 16 で述べたように，価格の実現値ではないことを強調するため $\tilde{p}$ と表記している。たとえマーケット・メーカーが (4.2) 式であらわされるように実際の注文量合計（注文量合計の実現値）に依存して価格を設定していると予想していても，その注文量合計がわからない時点では確率変数として扱う必要がある。具体的には，(4.2) 式で実現値として表記されている y を確率変数 $\tilde{y}$ として計算することになる。

を意味するものであり，このモデルの鍵となるものであることに注意しておこう[21]。

(4.6) 式から，情報トレーダーの期待利得最大化の 1 階条件は，次のようになる。

$$\frac{dE[\tilde{\pi} \mid z]}{dx} = -\lambda x + (E[\tilde{v} \mid z] - \kappa - \lambda x) = 0 \tag{4.7}$$

上式から，$(E[\tilde{v} \mid z] - \kappa - \lambda x) = \lambda x$ が成り立つから，(4.6) 式に代入すると，情報トレーダーの期待利得 $E[\tilde{\pi} \mid z]$ が λx^2 とあらわされることに注意しておこう。ただし，この期待利得は，情報トレーダーが私的情報 z を入手した後に最適な x を選択するときのものであり，私的情報 z を入手する前の事前の期待利得 $E(\tilde{\pi})$ は，$\lambda E(\tilde{x}^2)$ となる[22]。また情報トレーダーの期待利得最大化の 2 階条件は，$\lambda > 0$ である。

(4.7) 式を整理する。

$$x = \frac{1}{2\lambda}(E[\tilde{v} \mid z] - \kappa) \tag{4.8}$$

ここで数学付録 D.3 節の (D.9) 式より，次式が成り立つ[23]。

$$E[\tilde{v} \mid z] = E(\tilde{v}) + \frac{\text{Cov}(\tilde{v}, \tilde{z})}{\text{Var}(\tilde{z})}(z - E(\tilde{z})) = \mu + \frac{\sigma^2}{\sigma_z^2}(z - \mu) \tag{4.9}$$

---

[21] 事実，この条件付き期待値が条件付きでない期待値に等しいとき，すなわち $E[\tilde{v} \mid z] = E(\tilde{v}) = \mu$ となるとき，$\lambda = 0$ となることから，情報トレーダーの期待利得は，取引量 x にかかわらずゼロになる。これは私的情報 $\tilde{z}$ がリスク資産の価値 $\tilde{v}$ と相関しない場合，情報トレーダーの取引量にリスク資産の価値に関する情報内容が含まれないため，マーケット・メーカーは注文量の合計 y に対してウェイトを置かない，つまり $\lambda = 0$ とするからである。

[22] **繰り返し期待値の法則** (law of iterated expectation)（数学付録 B.13 節の (B.93) 式参照）から，$E(\tilde{\pi}) = E(E[\tilde{\pi} \mid z])$ という関係が成り立つことに注意しよう。なお次章で取り上げる寡占モデルにおいても，同様の方法によって企業の期待利潤を簡潔にあらわすことができる。

[23] 二つ目の等号では，$\text{Cov}(\tilde{v}, \tilde{z}) = \text{Cov}(\tilde{v}, \tilde{v} + \tilde{\varepsilon}_1) = \text{Cov}(\tilde{v}, \tilde{v}) = \text{Var}(\tilde{v}) = \sigma^2$ となることを用いている。共分散についての計算ルールは数学付録 B.12 節も参照のこと。なお，リスク資産の価値と私的情報の共分散 $\text{Cov}(\tilde{v}, \tilde{z})$ が，リスク資産の価値の分散 σ^2 と一致することに注意しておこう。

この式を (4.8) 式に代入し，注文量 x がシグナル z に依存していることを明示的にあらわすと，次のようになる。

$$x(z) = \frac{1}{2\lambda}\left(\mu + \frac{\sigma^2}{\sigma_z^2}(z-\mu) - \kappa\right) \quad (4.10)$$

■ステップ3：マーケット・メーカーの価格設定ルール　次にマーケット・メーカーによる価格設定を考える。すなわち，均衡の条件 (ii) を求めることにしよう。マーケット・メーカーは，注文量の合計 y に条件付けられたリスク資産の価値の期待値として，リスク資産の価格を設定する。

$$p = E[\tilde{v} \mid y] \quad (4.11)$$

マーケット・メーカーは，(4.3) 式で示されたように，$\hat{x}$ は z について線形であると予想している[24]。このとき，$y = \hat{x} + u$ であり，y は正規分布する変数の和となるから，事前には y も正規分布にしたがうと予想することになる。したがって (4.11) 式が正規分布する変数 $\tilde{y}$ の実現値が $\tilde{y} = y$ であったときの条件付き期待値をあらわしていることから，マーケット・メーカーが設定するリスク資産の価格は，次のように示すことができる。

$$p = E(\tilde{v}) + \frac{\mathrm{Cov}(\tilde{v}, \tilde{y})}{\mathrm{Var}(\tilde{y})}(y - E(\tilde{y})) \quad (4.12)$$

ここで $E(\tilde{v})$，$E(\tilde{y})$，$\mathrm{Cov}(\tilde{v}, \tilde{y})$，および $\mathrm{Var}(\tilde{y})$ は，次のように計算できる[25]。

$$E(\tilde{v}) = \mu \quad (4.13)$$
$$E(\tilde{y}) = E(\tilde{\hat{x}} + \tilde{u}) = E(\alpha + \beta\tilde{z}) = \alpha + \beta\mu \quad (4.14)$$
$$\mathrm{Cov}(\tilde{v}, \tilde{y}) = \mathrm{Cov}(\tilde{v}, \tilde{\hat{x}}) = \mathrm{Cov}(\tilde{v}, \beta\tilde{z}) = \beta\,\mathrm{Cov}(\tilde{v}, \tilde{v}) = \beta\sigma^2 \quad (4.15)$$

---

[24] やや複雑な表現になるが，マーケット・メーカーが「情報トレーダーは，マーケット・メーカーが (4.2) 式における κ と λ を選択すると予想している」ことを知っていれば，情報トレーダーの取引戦略である (4.10) 式を予想することができる。したがって，注18で述べたように，(4.3) 式の仮定は用いなくても以下の分析は変わらない。

[25] 期待値，分散についての計算ルールは数学付録 B.8 節，共分散についての計算ルールは数学付録 B.12 節も参照のこと。

$$\operatorname{Var}(\tilde{y}) = \operatorname{Var}(\tilde{\hat{x}} + \tilde{u}) = \operatorname{Var}(\beta \tilde{z}) + \sigma_u^2 = \beta^2 \sigma_z^2 + \sigma_u^2 \tag{4.16}$$

これらの結果を (4.12) 式に代入し，マーケット・メーカーが設定する価格 p が注文量の合計 y に依存して決まることを明示的にあらわすと，次のようになる。

$$p(y) = \mu + \frac{\beta \sigma^2}{\beta^2 \sigma_z^2 + \sigma_u^2}(y - \alpha - \beta \mu) \tag{4.17}$$

■ステップ 4：合理的期待の条件　合理的期待を意味する均衡の条件 (iii) から，均衡においては，情報トレーダーの取引戦略 x とマーケット・メーカーによる情報トレーダーの取引戦略の予想 $\hat{x}$ は等しくなる。したがって，(4.3) 式と (4.10) 式の係数を比較することにより，次の関係が得られる。

$$\alpha = \frac{1}{2\lambda}(\mu - \kappa) - \beta \mu \tag{4.18}$$

$$\beta = \frac{1}{2\lambda} \frac{\sigma^2}{\sigma_z^2} \tag{4.19}$$

均衡においては，同様にマーケット・メーカーの価格設定ルール p と情報トレーダーによるマーケット・メーカーの価格設定ルールの予想 $\hat{p}$ は等しくなる。したがって，(4.2) 式と (4.17) 式の係数を比較することにより，次の関係が得られる。ここで $E(\tilde{y}) = \alpha + \beta \mu$ であることに注意する。

$$\kappa = \mu - \lambda(\alpha + \beta \mu) \tag{4.20}$$

$$\lambda = \frac{\beta \sigma^2}{\beta^2 \sigma_z^2 + \sigma_u^2} \tag{4.21}$$

(4.19) 式と (4.21) 式から β と λ が，さらに (4.18) 式と (4.20) 式から α と κ が，それぞれ次のように求まる。

$$\alpha = -\beta \mu \tag{4.22}$$

$$\beta = \frac{\sigma_u}{\sigma_z} \tag{4.23}$$

$$\kappa = \mu \tag{4.24}$$

$$\lambda = \frac{\sigma^2}{2\sigma_u \sigma_z} \tag{4.25}$$

情報トレーダーの期待利得最大化の 2 階条件から $\lambda > 0$ となること，さらにこのとき (4.19) 式から $\beta > 0$ となることに注意しよう．これらを (4.2) 式と (4.3) 式に代入すれば，$x(z)$ と $p(y)$ が次のように求まる．

$$x(z) = \alpha + \beta z = \beta(z - \mu) \tag{4.26}$$
$$p(y) = \kappa + \lambda y = \mu + \lambda y \tag{4.27}$$

ただし β および λ は，上記の (4.23) 式と (4.25) 式を満たす． 　　証明終

4.2.3 均衡の特徴

求められた均衡の特徴について，以下，考察していこう．

情報トレーダーの期待利得

まず始めに，情報トレーダーは，どのような要因によって正の期待利得を獲得しているのかを考察する．私的情報 z を受け取る前の時点における情報トレーダーの期待利得は，(4.7) 式の後で指摘したように $E(\tilde{\pi}) = \lambda E(\tilde{x}^2)$ である．さらに λ および $\tilde{x}$ を代入して整理すると，次のようになる[26]．

$$E(\tilde{\pi}) = \frac{\sigma^2}{2\sigma_u \sigma_z} E\left[\left(\frac{\sigma_u}{\sigma_z}(\tilde{z} - \mu)\right)^2\right] = \frac{\sigma^2 \sigma_u}{2\sigma_z} \tag{4.28}$$

したがって情報トレーダーの期待利得は，σ_u^2 が大きいほど，大きくなることがわかる[27]．ノイズ・トレーダーの取引量の分散 σ_u^2 が大きいほど，情報の

---

[26] 二つ目の等号については，$E[(\tilde{z}-\mu)^2] = [E(\tilde{z}-\mu)]^2 + \text{Var}(\tilde{z}-\mu) = \text{Var}(\tilde{z}-\mu) = \sigma_z^2$ という関係を用いている．この書きかえについては，数学付録 B.7 節の分散の箇所で説明している．

[27] 期待利得に含まれるのは，ノイズ・トレーダーの取引量の標準偏差 σ_u であるが，解釈としては分散 σ_u^2 で考えても同じである．以下で考察する情報トレーダーの私的情報の分散 σ_z^2 などについても同様である．

非対称性が大きくなることから、情報トレーダーの期待利得は大きくなる。マーケット・メーカーは、情報トレーダーの取引量とノイズ・トレーダーの取引量を区別して観察することはできないので、情報トレーダーはノイズ・トレーダーによる取引を利用して自身の取引を隠すことができる。したがって、ノイズ・トレーダーの取引量の分散 σ_u^2 の値が大きくなればなるほど、情報トレーダーは自身の取引をより一層隠すことができるため、期待利得は大きくなる。逆に、ノイズ・トレーダーの取引量の分散 σ_u^2 がゼロに非常に近いとき、情報トレーダーの最適な取引量もゼロに非常に近くなる。このような状況では、取引量の合計 y をみることによって、マーケット・メーカーが情報トレーダーの取引量 x をほぼ正確に知ることができる。さらに情報トレーダーの取引量は、私的情報 z に依存しているため、マーケット・メーカーはこの私的情報 z についても間接的に知ることになる。このときマーケット・メーカーが設定する価格は、情報トレーダーの私的情報に条件付けられた期待価値に近似したものになり、その結果、情報トレーダーの期待利得はゼロに近くなる。つまり、情報トレーダーとマーケット・メーカーの**情報の非対称性**が、ここでの鍵となっているのである。

また $\sigma_z^2 = \sigma^2 + \sigma_1^2$ であることから、私的情報に含まれるノイズの分散 σ_1^2 は、上述した σ_u^2 と逆に解釈することができる。つまり私的情報に含まれるノイズの分散 σ_1^2 が小さくなればなるほど、期待利得は大きくなる。私的情報に含まれるノイズの分散 σ_1^2 が小さいほど、情報トレーダーは、より精度の高い情報を持つことになり、したがってマーケット・メーカーよりもますます情報優位になる。ここでも鍵となるのは情報の非対称性の大きさである。しかし σ^2 については、期待利得 $E(\tilde{\pi})$ の分母と分子の両方に含まれるため、その影響は明らかではない。そこで、$E(\tilde{\pi})$ を σ^2 について微分してみる[28]。

$$\frac{\partial E(\tilde{\pi})}{\partial \sigma^2} = \frac{\partial \left(\sigma^2 \sigma_u / 2(\sigma^2 + \sigma_1^2)^{\frac{1}{2}}\right)}{\partial \sigma^2} = \frac{(\sigma^2 + 2\sigma_1^2)\sigma_u}{4(\sigma^2 + \sigma_1^2)^{\frac{3}{2}}} > 0 \qquad (4.29)$$

---

[28] σ ではなく σ^2 について微分していることに注意する。

上式から，リスク資産の価値の分散 σ^2 が大きいほど，情報トレーダーの期待利得 $E(\tilde{\pi})$ は大きくなることがわかる[29]。

さらに情報トレーダーの期待利得の源泉についての理解を深めるため，情報トレーダーの期待利得を以下のように表現し直すことを考えよう。まず，情報トレーダーの取引戦略 $x(z)$ の係数である β を用いて，次のようにあらわすことができる。

$$E(\tilde{\pi}) = \frac{\sigma^2}{2}\beta \qquad (4.30)$$

この表現から，β が大きいほど，つまり情報トレーダーの取引戦略がより私的情報に応じて変化するときほど，期待利得が大きくなることがわかる。

また情報トレーダーの期待利得は，マーケット・メーカーの価格設定ルール $p(y)$ の係数である λ を用いて，次のようにあらわすことができる。

$$E(\tilde{\pi}) = \lambda \sigma_u^2 \qquad (4.31)$$

この表現から，λ が大きいほど，つまりマーケット・メーカーの設定する価格が注文量の合計に応じて変化するときほど，期待利得が大きくなることがわかる。この表現はまた，期待利得がノイズ・トレーダーの期待損失と直接的に関係していることを示すものである。この点は，ノイズ・トレーダーの期待利得 $E(\tilde{\pi}^N)$ を計算することによって明らかとなる。

---

[29] 本章も同様であるが，多くのモデルでは，得られる情報を，真の価値にノイズが加わったもの，つまり $\tilde{z} = \tilde{v} + \tilde{\varepsilon}_1$ と定式化している。注23で述べたように，この場合，リスク資産の価値 $\tilde{v}$ と私的情報 $\tilde{z}$ の共分散 $\text{Cov}(\tilde{v}, \tilde{z})$ が，リスク資産の価値の分散 σ^2 に一致する。このため，リスク資産の価値の分散が大きくなると，情報トレーダーの私的情報がより有用になるという間接的な効果も存在することになる。特に McNichols and Trueman (1994) のモデルでみるように，間接的影響が複雑な場合，リスク資産の価値の不確実性 σ^2 が与える影響は，多くの場合，明確にならない。この点では，前章のように，相関係数を用いた定式化の方が，因果関係がより明確になるかもしれない。ちなみに，リスク資産の価値 $\tilde{v}$ と私的情報 $\tilde{z}$ の相関係数 ρ_{vz} は σ/σ_z であることから，期待利得 $E(\tilde{\pi})$ は $\sigma_u \sigma \rho_{vz}/2$ とも表現することができる。したがって，情報トレーダーの期待利得を考える場合，リスク資産の価値の不確実性が直接的に与える影響と共分散を高めることによる間接的な影響は，ともに期待利得を大きくすることになる。

$$E(\tilde{\pi}^N) = E[(\tilde{v} - \tilde{p})\tilde{u}] = -E(\tilde{p}\tilde{u}) = -\lambda E(\tilde{y}\tilde{u}) = -\lambda E(\tilde{u}^2) = -\lambda \sigma_u^2 \quad (4.32)$$

マーケット・メーカーの期待利得はゼロであることから，情報トレーダーの期待利得はノイズ・トレーダーの期待損失に一致することになる。

さらに情報トレーダーの事前の期待利得は，次のようにあらわすこともできる。

$$E(\tilde{\pi}) = E[(\tilde{v} - \tilde{p})\tilde{x}] = E[(\tilde{v} - \tilde{p})\beta(\tilde{z} - \mu)] = \beta \operatorname{Cov}(\tilde{v} - \tilde{p}, \tilde{z} - \mu) \quad (4.33)$$

最終的な価格はリスク資産の価値 $\tilde{v}$ に等しくなると考えられることに注意して，この表現をみると，情報トレーダーの期待利得は，取引期間における価格変化と自身の私的情報内容との共分散に依存するものであることがわかる。それゆえ，情報トレーダーの私的情報が価格変化を予想するものであればあるほど，情報トレーダーの期待利得は大きくなることが，この表現から明らかとなる。

情報トレーダーの取引戦略

均衡における情報トレーダーの取引戦略 $x(z)$ の β ($= \sigma_u/\sigma_z$) に注目すると，情報トレーダーの取引量は，まずノイズ・トレーダーの注文量の分散 σ_u^2 に依存することがわかる。前述のように，ノイズ・トレーダーの取引量の分散が大きくなると，情報トレーダーとマーケット・メーカーの情報の非対称性は大きくなるため，情報トレーダーは取引量を大きくすることができる[30]。

同様に β は，情報トレーダーの持つ私的情報の分散 σ_z^2 にも依存している。β の分母に σ_z があることから，情報トレーダーの私的情報の分散が小さくなれば，つまり私的情報の精度が高くなり情報トレーダーがマーケット・メーカーよりも情報優位になれば，情報トレーダーは取引量を大きくすることができる。

なお情報トレーダーの取引戦略 $x(z)$ において，証明に際し仮定した α が

---

[30] 情報トレーダーの期待利得 $E(\tilde{\pi})$ に関する (4.30) 式から，取引量を大きくすれば，つまり β を大きくすれば，期待利得は大きくなるという関係があることに注意しよう。

$-\beta\mu$ と等しくなっており,その結果,α を使わずに,$x(z) = \beta(z-\mu)$ と表現できることにも注意しておこう。このことは二つのことを意味している。

第1に,情報トレーダーは,入手した私的情報 z がその事前の期待値 μ とどれだけ異なっているのかに意味を見いだしているということである。つまりリスク中立を仮定している本章のモデルにおいては,私的情報を持っていない場合の評価である事前の期待値 μ と入手した私的情報の差に**情報内容**(information content) があるということである。いいかえれば,この差が追加的な情報内容である。第2に,この差 $z-\mu$ が追加的な情報であると考えると,定数項はゼロになっていると解釈することができる。このことを理解するため,情報トレーダーが私的情報 z を得る前の期待取引量を計算すると,次のようにゼロになる。

$$E[x(\tilde{z})] = E(\alpha + \beta\tilde{z}) = E(-\beta\mu + \beta\tilde{z}) = 0 \tag{4.34}$$

前述したように,このモデルの鍵となるのは,マーケット・メーカーと情報トレーダーとの情報の非対称性である。しかし,情報トレーダーが私的情報 z を入手する前の時点では,両者のあいだに情報の非対称性は存在しない。この時点では,情報トレーダーはリスク資産について何ら情報を持っていないため,期待取引量はゼロになるのである。それゆえ,追加的な情報 $z-\mu$ に対する係数 β の他に定数項は必要ではない。このことは Kyle (1985) モデルを応用した多くのモデルで当てはまるため,最初から私的情報の実現値とその事前の期待値の差に係数を乗じた $x(z) = \beta(z-\mu)$ と表現し,定数項はゼロとすることができる。つまり最初からこのような仮定をおくことによって,上記の Kyle (1985) のモデルをより容易に解くことができることになる。次節で取り上げる McNichols and Trueman (1994) のモデルについては,この点をふまえた分析を行なっている。

マーケット・メーカーの価格設定ルール

次に,均衡におけるマーケット・メーカーの価格設定ルール $p(y)$ の $\lambda\,(= \sigma^2/2\sigma_u\sigma_z)$ に注目してみよう。λ は,注文量の合計 y の影響の程度と考えら

れる。まず、ノイズ・トレーダーの取引量の分散 σ_u^2 が小さくなればなるほど、λ は大きくなることがわかる。このような状況でマーケット・メーカーは、注文量の合計 y に含まれるリスク資産の価値 v に関する情報内容が増加するため、その情報により一層依存して価格を設定することになる。逆に、ノイズ・トレーダーの注文量の分散 σ_u^2 が非常に大きい場合、マーケット・メーカーは注文量の合計 y をほとんど考慮せず、事前のリスク資産の価値の期待値 μ に近い価格を設定することになる。

σ^2 と σ_I^2 については、すでに説明した情報トレーダーの期待利得についての考察とまったく同様である。すなわち、リスク資産の価値の分散 σ^2 が大きくなるほど、また情報トレーダーの私的情報に含まれるノイズの分散 σ_I^2 が小さくなるほど、注文量の合計 y の影響の程度 λ は大きくなる。

マーケット・メーカーの価格設定ルール $p(y)$ において、証明に際し仮定した κ がリスク資産の価値の事前の期待値 μ と等しくなっている点にも注意しよう。このことを理解するため、情報トレーダーの取引量 $\tilde{x}$ とノイズ・トレーダーの取引量 $\tilde{u}$ の合計 $\tilde{y}$ の事前の期待値を計算すると、次のようにゼロになる。

$$E(\tilde{y}) = E(\tilde{x} + \tilde{u}) = E[\beta(\tilde{z} - \mu)] = 0 \tag{4.35}$$

一方、$\tilde{x}$ と $\tilde{u}$ が正規分布にしたがうことから、$\tilde{y}$ も正規分布にしたがう。したがって y に条件付けられたリスク資産の価値 $\tilde{v}$ の期待値は、次のように示される。

$$E[\tilde{v} \mid y] = \mu + \frac{\text{Cov}(\tilde{v}, \tilde{y})}{\text{Var}(\tilde{y})}(y - E(\tilde{y})) \tag{4.36}$$

上式で $E(\tilde{y})$ がゼロとなることから、κ は μ と等しくなることがわかる。このことは Kyle (1985) モデルを応用した多くのモデルに当てはまるため、最初から $\kappa = \mu$ として分析しているモデルも多い。本書においても次節で取り扱う McNichols and Trueman (1994) のモデルについて、この点をふまえた分析を行なっている。

市場の流動性

Kyle (1985) は，λ の逆数を**市場の流動性** (market liquidity)[31]を測る一つの指標と解釈している。市場の流動性とは，一般的にいえば，取引量が価格に及ぼす影響の程度をいう。流動性が高い市場とは，取引量が形成される価格に与える影響の程度が相対的に小さい市場のことである。価格設定ルールの式から明らかなように，λ は市場における注文量の合計が価格に与える限界的な影響を示すものであり，市場の流動性が高ければ高いほど，λ は相対的に小さくなると考えられる。それゆえ，λ の逆数を市場の流動性を測る指標とするのである。

Kyle (1985) モデルにおいて市場の流動性 $1/\lambda$ は，次のようにあらわされる。

$$\frac{1}{\lambda} = \frac{2\sigma_u \sigma_z}{\sigma^2} \qquad (4.37)$$

λ がどのような要因によって影響を受けるのかについてはさきに考察したので，ここでは結果のみを改めて指摘するにとどめておこう。要するに，ノイズ・トレーダーの取引量の分散 σ_u^2 が大きければ大きいほど，情報トレーダーの持つ私的情報に含まれるノイズの分散 σ_1^2 が大きければ大きいほど，またリスク資産の価値の分散 σ^2 が小さければ小さいほど，市場の流動性は高まる。

価格の情報提供性

マーケット・メーカーが設定する価格には，注文量の合計 y から推測された情報トレーダーの私的情報 z の情報内容が反映されている。つまり観察される価格には，リスク資産の価値に関する何らかの情報が含まれているのである。この点を考慮して，価格を観察することによってリスク資産の価値の推測がどの程度可能になるのかを測るための一つの指標として，価格の**情報**

---

[31] **市場の深さ** (market depth) ともよばれる。

提供性 (informativeness) $\psi = \mathrm{Var}(\tilde{v}) - \mathrm{Var}[\tilde{v} \mid p]$ を定義する。この式の意味は，価格に条件付けられた場合のリスク資産の価値の分散が，価格に条件付けられない場合の分散とどの程度異なるのかをみることである。条件付き分散に関する数学付録 D.3 節の (D.10) 式にもとづいて，価格の情報提供性を求めてみよう。

$$\psi = \mathrm{Var}(\tilde{v}) - \mathrm{Var}[\tilde{v} \mid p] = \sigma^2 - \sigma^2(1 - \rho_{pv}^2) = \sigma^2 \rho_{pv}^2 = \frac{1}{2}\frac{\sigma^2 \sigma^2}{\sigma_z^2} \qquad (4.38)$$

ここでリスク資産の価値 $\tilde{v}$ と情報トレーダーの私的情報 $\tilde{z}$ の相関係数 ρ_{vz} は，次のようになる。

$$\rho_{vz} = \frac{\mathrm{Cov}(\tilde{v}, \tilde{z})}{\sigma \sigma_z} = \frac{\sigma}{\sigma_z} \qquad (4.39)$$

上式を (4.38) 式に代入すると，次の結果が得られる。

$$\psi = \frac{1}{2}\sigma^2 \rho_{vz}^2 \qquad (4.40)$$

相関係数 ρ_{vz} は，$0 \leq \rho_{vz} \leq 1$ であることに注意しよう。よって価格の情報提供性 ψ は，最大 $\sigma^2/2$，最小 0 となる。たとえば，リスク資産の価値と情報トレーダーの私的情報の情報内容が等しい場合[32]，つまり $\rho_{vz} = 1$ のとき，私的情報を得ることで，事前のリスク資産の価値の分散 σ^2 が，$\sigma^2/2$ となり，ちょうど半減することがわかる。

なお，ノイズ・トレーダーが取引に参加することに起因するノイズ σ_u^2 は，ここで定義された価格の情報提供性 ψ にはまったく影響を与えていない。

価格の変化度

上述したように，マーケット・メーカーが設定する価格には，注文量の合計 y から推測された情報トレーダーの私的情報 z の情報内容が反映される。市場が開き，取引が行なわれることで，価格がどの程度反応するのかを示す

---

[32] Kyle (1985) は，この場合について分析している。

指標として，**価格の変化度** (price reaction) を測定することがある．価格の変化度は，事前のリスク資産の価値の期待値が μ であることから，μ と設定される価格との差の絶対値の期待値として定義される．価格の変化度を計算すると，次のようになる．

$$E(|\tilde{p} - \mu|) = \frac{\sigma^2}{2\sigma_u \sigma_z} E(|\tilde{x}|) = \frac{\sigma^2}{2\sigma_u \sigma_z} \frac{\sigma_u}{\sigma_z} E(|(\tilde{z} - \mu)|) = \frac{\sigma^2}{2\sigma_z^2} E(|(\tilde{z} - \mu)|) \quad (4.41)$$

ここで $(\tilde{z} - \mu)$ は，平均 0，分散 σ_z^2 の正規分布にしたがう．正規分布にしたがう変数の絶対値の期待値について，数学付録 C.4 節の (C.5) 式を用いて整理してみる．

$$E(|\tilde{p} - \mu|) = \frac{\sigma^2}{2\sigma_z^2} \sqrt{\frac{2\sigma_z^2}{\pi}} = \frac{\sigma^2}{\sqrt{2\pi}\sigma_z} \quad (4.42)$$

これまでと同様に考察すると，リスク資産の価値の分散 σ^2 が大きいほど，また私的情報に含まれるノイズの分散 σ_1^2 が小さいほど，価格の変化度は大きくなることがわかる．なお価格の変化度は，ノイズ・トレーダーの取引量の分散 σ_u^2 には影響を受けていない．理由は，情報トレーダーの取引戦略における β の分子に含まれる σ_u を打ち消すかたちで，マーケット・メーカーの価格設定ルールにおける λ の分母に σ_u が入っているからである．情報トレーダーは，ノイズ・トレーダーの取引量の分散 σ_u^2 が大きければ，自身の取引量を隠すことができ，私的情報をより一層利用して，つまり β を大きくして，取引量を決定するようになる．一方で，マーケット・メーカーが将来のリスク資産の価値を予想する際には，このようなノイズ・トレーダーの取引量の分散は無意味である．したがって，マーケット・メーカーは情報トレーダーの注文量の期待値に対して，ノイズ・トレーダーの取引量の分散を打ち消すように調整して，リスク資産の価値を予想しているわけである．

なお，市場が開き，取引が行なわれることによる価格への影響は，たとえば Kim and Verrecchia (1994) のように，事前のリスク資産の価値の期待値 μ と設定される価格との差の分散で測ることもある．ここでのモデルでいえば，次のようになり，上記の価格の変化度の指標と同様な結果が得られる．

$$\mathrm{Var}(\tilde{p} - \mu) = \frac{\sigma^4}{\sigma_z^2} \tag{4.43}$$

4.3 McNichols and Trueman (1994) の研究

4.3.1 位置づけと特徴

前節でその基本的な枠組みを検討した Kyle (1985) では,情報トレーダーがリスク資産の価値について私的情報をもつと仮定された。一方,一般に会計学は開示を前提とした公的情報を取り扱う[33]。このことから,投資者が私的情報を有し,それを自身の取引に際して戦略的に利用するといった状況を想定する Kyle (1985) モデルを念頭におくと,会計情報を含む公的情報と投資者が私的に保有する私的情報のあいだにはどのような関係があるのかといった論点が自然に浮かび上がってくる。いいかえれば,Kyle (1985) モデルは,市場における私的情報と公的情報の相互関係を分析するための一つ適切な分析モデルであるということになる。

公的情報と投資者の私的情報の相互作用的な影響分析が,会計研究者にとって極めて興味深い論点であることは[34]さきに指摘したが,公的報告書の情報内容の影響は,公的報告書の公表が投資者による私的情報獲得の前か後かという公的報告書の公表のタイミングに依存する。公的報告書が投資者の私的情報獲得に先立って行なわれる場合には,私的情報を獲得する投資者はほとんどいなくなり,自身の私的情報にもとづいて取引しようとする積極性が弱まり,その結果,公的報告書の情報内容の増加は,価格の情報提供性の減少によって部分的に相殺されることになる。つまり公的情報と私的情報と

---

[33] さらにいえば,とりわけ上場企業や大企業にとって,会計情報の開示は強制される公的開示である。McNichols and Trueman (1994) では,経営者による自発的開示が内生的には取り扱われておらず,公的情報に含まれるノイズの分散,あるいはリスク資産の価値と公的情報との共分散によって,開示の影響が分析されている。この点については 4.5 節も参照のこと。

[34] 以下の説明は,Christensen and Feltham (2003, pp. 14-17) を参考にしている。

4.3 McNichols and Trueman (1994) の研究

のあいだには,公的情報が増加すれば私的情報は減少するという代替的な関係が存在することになる。他方,公的報告書が投資者の私的情報獲得の後に公表される場合には,近々公表されるはずの公的報告書に関する私的な情報獲得の有利性が増し,その結果,公的報告書の公表に先立って価格が私的情報を織り込むことになり均衡価格の情報提供性が増加することになる一方で,公的報告書の公表時における価格反応は減少することになると考えられる。つまり公的情報と私的情報とのあいだには,公的情報が増加すれば私的情報も増加するという補完的な関係が存在することになる。ただし投資者による私的情報の獲得は,公的報告書の前後いずれのタイミングにおいてもなされるものであり,より一般的な設定のもとでは双方の関係が併存しているものと考えられる。

すでに指摘したように,資本市場における情報開示を考察する場合,その分析の枠組みを提供する基礎モデルは Kyle (1985) モデル以外にも数多く存在する。また Kyle (1985) モデルが前提であるとしても,研究の焦点に応じてさまざまな方向への拡張が試みられている。本節ではこのような研究の中から,McNichols and Trueman (1994) の研究を取り上げる。McNichols and Trueman (1994) は,Kyle (1985) の資本市場の設定のもとで,公的情報の開示と私的な情報獲得活動を考察したものであり,Kyle (1985) と比較すると次のような二つの特徴がある。まず第 1 に,情報トレーダーが自身のポジションを閉じる前に,リスク資産の価値についての公的情報が開示される可能性が考慮されることである。この特徴は,McNichols and Trueman (1994) が考察する経済にあっては,公的情報の開示に先立って情報トレーダーが,私的情報を獲得しその情報にもとづいて取引を行なうという状況が想定されていることを意味する。したがって,上述のように情報トレーダーは,企業が情報を開示する前に取引することができるため,事前の私的情報獲得のインセンティブは高くなることが,このようなモデルにおいては予想されることになる。このような含意は,McNichols and Trueman (1994) 以前の研究,たとえば,Diamond (1985),Bushman (1991) および Lundholm (1991) などとは対照的である。これらの研究が導いた結論は,公的情報の開示と同時に私的情報

の獲得がなされるため，公的情報の情報内容が高まると，私的情報の価値は相対的に減少し，その結果，私的情報を獲得するインセンティブも低くなるというものであった。特徴の第2は，情報トレーダーは短期的な投資者であり，リスク資産の価値が実現する前に当該リスク資産に関するポジションを手仕舞すると仮定されていることである。もし情報トレーダーが長期的な投資者であれば，つまり価値が明らかになるまでリスク資産を保有すると仮定すれば，情報トレーダーにとって公的情報の開示がなんらの価値も有しないことになる。そこで情報トレーダーに対し，私的情報獲得の後になされる公的情報の開示にある種の価値をもたせるためには，リスク資産の価値が明らかになる先立って情報トレーダーが自身のポジションを閉じることが必要になる。

4.3.2 モデルの設定と均衡の導出

本節では，Kyle (1985) モデルを拡張し，公的報告書の公表が投資者による私的情報獲得の後に行なわれる状況を分析した McNichols and Trueman (1994) モデルを説明する。想定される経済は，Kyle (1985) とかなり共通しているが，もう一度，全体を記述しておこう。

情報トレーダーとノイズ・トレーダーがリスク資産に対する注文を出し，マーケット・メーカーがリスク資産の価格づけをする市場を考える。リスク資産の価値は事前には不確実であり，この価値を $\tilde{v}$ であらわす。ここでリスク資産の価値 $\tilde{v}$ は，平均 μ，分散 σ^2 の正規分布にしたがうものと仮定する。このリスク資産に対する情報トレーダーの取引量を x，ノイズ・トレーダーの取引量を $\tilde{u}$ とする。

情報トレーダーが持つ情報は，リスク資産の価値 $\tilde{v}$ に関連する次のようなシグナル $\tilde{z}$ であるとする。

$$\tilde{z} = \tilde{v} + \tilde{\varepsilon}_1 \tag{4.44}$$

$\tilde{\varepsilon}_1$ は平均 0，分散 σ_1^2 の正規分布にしたがい，また $\tilde{\varepsilon}_1$ は，$\tilde{v}$ および $\tilde{u}$ と独

4.3 McNichols and Trueman (1994) の研究

立であると仮定する。このとき，$\tilde{z}$ は平均 μ，分散 $\sigma_z^2 (= \sigma^2 + \sigma_1^2)$ の正規分布にしたがう。

ノイズ・トレーダーの取引量 $\tilde{u}$ は，平均 0，分散 σ_u^2 の正規分布にしたがうものと仮定する。なお，$\tilde{v}$ と $\tilde{u}$ は独立であるとする。

情報トレーダーの取引量 x とノイズ・トレーダーの取引量 $\tilde{u}$ の合計は，マーケット・メーカーに出される注文量の合計であり，これを $\tilde{y}(= x + \tilde{u})$ とあらわす。マーケット・メーカーは，この注文量の合計の実現値 y を観察し，これにもとづいてリスク資産の価格 p_1 をリスク資産の価値の条件付き期待値に等しく設定する。すなわち，$p_1 = E[\tilde{v} \mid y]$ と設定する。なお，マーケット・メーカーが注文量合計 y を観察して価格を設定することを明示する場合には $p_1(y)$ とも表記する。

以上の設定は，前節で説明した Kyle (1985) と同じであるが，McNichols and Trueman (1994) では，情報トレーダーとノイズ・トレーダーの注文量の合計に対して，マーケット・メーカーが価格 p_1 を設定し取引が成立した後に，企業が公的情報 $\tilde{s}$ を開示する状況が想定されている。この公的情報は，リスク資産の価値についての情報を有するため，これが観察されれば，価格はその情報内容に応じて変化することになる。まず公的情報 $\tilde{s}$ を，次のように仮定する。

$$\tilde{s} = \tilde{v} + \tilde{\varepsilon}_2 \tag{4.45}$$

ここで $\tilde{\varepsilon}_2$ は，$\tilde{v}$ とは独立で，平均 0，分散 σ_2^2 の正規分布にしたがう確率変数である。なお，このとき，$\tilde{s}$ は平均 μ，分散 $\sigma_s^2 (= \sigma^2 + \sigma_2^2)$ の正規分布にしたがう。また，情報トレーダーの私的情報に含まれるノイズ $\tilde{\varepsilon}_1$ と，この公的情報に含まれるノイズ $\tilde{\varepsilon}_2$ の共分散を σ_{12} とする。ここで，私的情報 $\tilde{z}$ と公的情報 $\tilde{s}$ の共分散を σ_{zs} とすると，$\sigma_{zs} = \mathrm{Cov}(\tilde{z}, \tilde{s}) = \mathrm{Cov}(\tilde{v} + \tilde{\varepsilon}_1, \tilde{v} + \tilde{\varepsilon}_2) = \sigma^2 + \sigma_{12}$ とあらわすことができる。この共分散 σ_{zs} を，ここでは非負と仮定する[35]。共分散 σ_{zs} がゼロでないときとは，情報トレーダーが明示的に取引

---

[35] McNichols and Trueman (1994) では，私的情報に含まれるノイズ $\tilde{\varepsilon}_1$ と公的情報に含まれ

量を決定するのは，公的情報が開示される前であるが，その時点において後から開示される予定の公的情報についての情報を一部知っていることを意味する。このような設定，つまり公的情報の開示に先立って情報トレーダーが，私的情報を獲得しその情報にもとづいて取引を行なうという状況の想定は，投資者が公的な会計報告書の公表以前に，会計報告書の情報内容の一部をすでに知っているといった Ball and Brown (1968) の研究に代表される実証研究における証拠と整合的である。

次に，公的情報が開示されると，リスク資産の価値の期待値は変化することになる。したがってマーケット・メーカーは，この時点で価格を設定しなおすと考えるのが適切である。この場合，マーケット・メーカーは，時点1における注文量の合計 y に加えて，時点2において企業が開示する公的情報 s を観察して価格を設定するので，これを $p_2(y, s)$ とあらわすことにする。

なお，この時点2において，情報トレーダーとノイズ・トレーダーは自身のポジションを手仕舞いすると仮定されていることに注意しよう。つまり情報トレーダーが，期待利得を最大化するようにもう一度，取引量を決めるということはなく，公的情報が開示される前に購入（売却）したものを清算すると仮定するのである。もし情報トレーダーが長期的な投資者であり，リスク資産の価値 $\tilde{v}$ が実現されてから清算するのであれば，情報トレーダーの持つ私的情報に Kyle (1985) モデルで分析した以上の価値はなく，公的情報の役割が十分に分析できなくなる。情報トレーダーが私的情報を利用して行動する側面を捉えるため，McNichols and Trueman (1994) では，トレーダーは短期的な投資者であると仮定しているのである[36]。

情報トレーダーは，リスク中立的であり，自己の期待利得を最大にするよ

るノイズ $\tilde{\varepsilon}_2$ の共分散 σ_{12} を非負と仮定しているが，以下の分析でより重要となるのは，ノイズの共分散ではなく，シグナルの共分散である。ノイズの共分散 σ_{12} を非負とした場合，シグナルの共分散 σ_{zs} は σ^2 以上という制約がかかり一般性を失うことになる。このため，ここではシグナルの共分散 σ_{zs} を非負としている。なお，このとき，ノイズの共分散 σ_{12} は，$-\sigma^2 \leq \sigma_{12}$ となり負になることもある。

[36] このような短期的な投資者は，Brown and Jennings (1989)，Vives (1995)，Fischer and Stocken (2004)，Allen et al. (2006) などにおいても考察されている。

4.3 McNichols and Trueman (1994) の研究

う行動すると仮定する。うえで述べたように，情報トレーダーはリスク資産が清算される前の価格 p_2 が設定された時点で自身のポジションを手仕舞いするので，期待利得 $E[\tilde{\pi} \mid z]$ は，$E[(\tilde{\hat{p}}_2 - \tilde{\hat{p}}_1)x \mid z]$ となる。ここで $\hat{p}_1$ および $\hat{p}_2$ は，マーケット・メーカーの価格設定ルールに対する情報トレーダーの予想をあらわしている。したがって情報トレーダーは，この期待利得が最大になるように取引量 x を決定する。

モデルの流れをここで明示的に述べておこう。まず，時点 0 において，情報トレーダーはリスク資産の価値に関する情報 z を私的に観察する。そして時点 1 において，情報トレーダーはこの私的情報にもとづいて，取引量 x を決定する。これと同時に，ノイズ・トレーダーの取引量 u が正規分布にしたがって決定される。これらの合計 $y(=x+u)$ がマーケット・メーカーに対する注文量の合計であり，マーケット・メーカーは，この注文量の合計を観察して，価格 p_1 を設定する。その後，時点 2 において，企業がリスク資産の価値についての情報 s を公的に開示する。マーケット・メーカーは，これを観察して，価格 p_2 を設定する。このとき，情報トレーダーとノイズ・トレーダーは自身のポジションを手仕舞いする。最後に，時点 3 において，リスク資産の価値 v が実現する。図表 4.2 は，このモデルのタイムラインをあらわしたものである。

図表 4.2　モデルのタイムライン

情報トレーダーが私的情報 z を観察する。	情報トレーダーが取引量 x を決定する。ノイズ・トレーダーの取引量 u が正規分布にしたがって決定される。	マーケット・メーカーが注文量合計 $y=x+u$ を観察して，価格 p_1 を決定する。	公的情報 s が開示される。	マーケット・メーカーが公的情報 s を観察して，価格 p_2 を決定する。	リスク資産の価値 v が実現する。

均衡の定義

前節と同じように均衡を定義することができるので，ここでは詳細は

省略して，簡潔に均衡の定義を記述しておく．情報トレーダーの取引戦略は，価格設定ルールに対する期待にもとづき決定され，またマーケット・メーカーの価格設定ルールは，情報トレーダーの取引戦略とノイズ・トレーダーの取引量に対する期待にもとづいて決定されることは前節と同様である．ただし，マーケット・メーカーは価格を 2 度設定することに注意しておこう．したがって，このモデルにおける均衡を次の四つの条件を満たす $(x, \hat{x}, p_1, \hat{p}_1, p_2, \hat{p}_2)$ に対して定義する．

(i) 任意の $z \in \mathbb{R}$ について，$x(z) \in \mathrm{argmax}_{x \in \mathbb{R}} E[(\tilde{\hat{p}}_2(y,s) - \tilde{\hat{p}}_1(y))x \mid z]$ となること．

(ii) 任意の $y \in \mathbb{R}$ について，$p_1(y) = E[\tilde{v} \mid y = \hat{x} + u]$ となること．

(iii) 任意の $y \in \mathbb{R}$ および $s \in \mathbb{R}$ について，$p_2(y,s) = E[\tilde{v} \mid y = \hat{x} + u, s]$ となること．

(iv) 任意の $z \in \mathbb{R}$，$y \in \mathbb{R}$，および $s \in \mathbb{R}$ について，$\hat{x} = x$，$\hat{p}_1 = p_1$，および $\hat{p}_2 = p_2$ となること．

条件 (i) は，情報トレーダーは，マーケット・メーカーの価格設定ルールに対する期待 $\hat{p}_1$ および $\hat{p}_2$ を所与として，期待利得が最大になるように，取引戦略 $x(z)$ を決めることを意味している．条件 (ii) と (iii) は，マーケット・メーカーは，一般に入手可能なすべての情報を織り込んで価格設定することを意味している．ここでは，一般に入手可能なすべての情報には，p_1 については注文量の合計 y，p_2 については注文量の合計 y と公的情報 s が含まれる．また（条件付き）期待値で評価していることは，マーケット・メーカーがリスク中立的であることを反映したものである．条件 (iv) は，情報トレーダーもマーケット・メーカーも相手の行動に対して合理的期待を持つことを意味している．

分　析

この設定のもとで，情報トレーダーの取引戦略，およびマーケット・メーカーの価格決定ルールについて，次の命題が得られる．

4.3 McNichols and Trueman (1994) の研究

命題 4.2. 次の条件を満たす $(x, \hat{x}, p_1, \hat{p}_1, p_2, \hat{p}_2)$ が,均衡となる。

$$x(z) = \hat{x}(z) = \beta(z - \mu) \quad \text{for any } z$$
$$p_1(y) = \hat{p}_1(y) = \mu + \lambda_1 y \quad \text{for any } y$$
$$p_2(y, s) = \hat{p}_2(y, s) = \mu + \lambda_2 y + \lambda_3(s - \mu) \quad \text{for any } y \text{ and } s$$

ただし,β, λ_1, λ_2, および λ_3 は,次式を満たす。

$$\beta = \text{sign}(\lambda_3) \frac{\sigma_u}{\sigma_z}$$

$$\lambda_1 = \text{sign}(\lambda_3) \frac{\sigma^2}{2\sigma_u \sigma_z}$$

$$\lambda_2 = \text{sign}(\lambda_3) \frac{\sigma^2 \sigma_z (\sigma_s^2 - \sigma_{zs})}{\sigma_u (2\sigma_z^2 \sigma_s^2 - \sigma_{zs}^2)}$$

$$\lambda_3 = \frac{\sigma^2 (2\sigma_z^2 - \sigma_{zs})}{2\sigma_z^2 \sigma_s^2 - \sigma_{zs}^2}$$

証明. 前節と同様に,いくつかのステップに分けて証明していこう。

■**ステップ 1:線形戦略の仮定** 情報トレーダーは $\hat{p}_1(y)$ および $\hat{p}_2(y, s)$ について,マーケット・メーカーは $\hat{x}(z)$ について,次のような線形戦略を仮定する。

$$\hat{p}_1(y) = \mu + \lambda_1 y \tag{4.46}$$
$$\hat{p}_2(y, s) = \mu + \lambda_2 y + \lambda_3(s - \mu) \tag{4.47}$$
$$\hat{x}(z) = \beta(z - \mu) \tag{4.48}$$

ここで λ_1, λ_2, λ_3, および β は,定数である。すなわち,情報トレーダーは,マーケット・メーカーが (4.46) 式における λ_1,(4.47) 式における λ_2 と λ_3 を選択すると予想し,マーケット・メーカーは情報トレーダーが (4.48) 式における β を選択すると予想する,と仮定する[37]。

---

[37] ここでの解き方のポイントは,Kyle (1985) モデルを分析したときのように,$\hat{x}(z) = \alpha + \beta z$ とせずに,$\hat{x}(z) = \beta(z - \mu)$ としていることである。また,このことを前提にすると,注文量の合計 $\tilde{y}$ の事前の期待値も,$\tilde{x} + \tilde{u}$ の期待値に等しいことからゼロとなる。このとき,

■**ステップ2：情報トレーダーの取引戦略**　まず，情報トレーダーの取引戦略を考える。すなわち，均衡の条件 (i) を求めることにしよう。私的情報 z を入手した後の情報トレーダーの期待利得 $E[\tilde{\pi} \mid z]$ は次のようにあらわすことができる。

$$E[\tilde{\pi} \mid z] = E[(\tilde{p}_2 - \tilde{p}_1)x \mid z] \tag{4.49}$$

ここで，$\hat{p}_1$ および $\hat{p}_2$ についての (4.46) 式および (4.47) 式を代入し，さらに $\tilde{y} = x + \tilde{u}$ に注意して整理すると次のようになる。

$$\begin{aligned} E[\tilde{\pi} \mid z] &= E[(\lambda_2 \tilde{y} + \lambda_3(\tilde{s} - \mu) - \lambda_1 \tilde{y})x \mid z] \\ &= [-(\lambda_1 - \lambda_2)x + \lambda_3(E[\tilde{s} \mid z] - \mu)]x \end{aligned} \tag{4.50}$$

上式における $E[\tilde{s} \mid z]$ は，以下でみるように具体的にあらわすことができる。しかし，複雑であること，加えて情報トレーダーによる取引戦略 x には関係しない定数であることから，この表現のままにしておく。なお $E[\tilde{s} \mid z]$ は，情報トレーダーが私的情報 z を得ることによって，将来の公的情報 $\tilde{s}$ を予想していることを意味する部分であり，このモデルの鍵となるものであることには注意しておこう[38]。

(4.50) 式より，情報トレーダーの期待利得最大化の 1 階条件は，次のようになる。

正規分布をする変数の条件付き期待値について，$\hat{p}_1(y)$ および $\hat{p}_2(y, s)$ で仮定しているように，最初の項が事前の期待値 μ となる。4.2.3 節の情報トレーダーの取引戦略の項，およびマーケット・メーカーの価格設定ルールの項を参照のこと。

[38] 実際，この条件付き期待値が条件付きでない期待値と等しいとき，すなわち $E[\tilde{s} \mid z] = E(\tilde{s}) = \mu$ となるとき，(4.53) 式でみるように，私的情報と公的情報の共分散がゼロとなり，両者は相関しないことになる。このとき，(4.50) 式から期待利得は $-(\lambda_1 - \lambda_2)x^2$ となる。さらに，このような状況では，$\lambda_1 = \lambda_2$ となることから，情報トレーダーの期待利得は，取引量 x に関わらずゼロになる。$\lambda_1 = \lambda_2$ となる理由は，私的情報が公的情報と相関しない場合，情報トレーダーの取引量に将来の公的情報の情報内容が含まれないため，マーケット・メーカーは時点 1 においても時点 2 においても，注文量の合計 y に同じウェイトをおいて価格を設定することになるからである。この点は，4.3.4 節の最初のマーケット・メーカーの価格設定ルールを検討する際にもう一度詳しく説明している。

$$\frac{dE[\tilde{\pi}\mid z]}{dx} = -(\lambda_1 - \lambda_2)x - (\lambda_1 - \lambda_2)x + \lambda_3(E[\tilde{s}\mid z] - \mu) = 0 \qquad (4.51)$$

上式から,$-(\lambda_1 - \lambda_2)x + \lambda_3(E[\tilde{s}\mid z] - \mu) = (\lambda_1 - \lambda_2)x$ が成り立つから,(4.50)式に代入すると,情報トレーダーの期待利得 $E[\tilde{\pi}\mid z]$ が $(\lambda_1 - \lambda_2)x^2$ とあらわされることに注意しておこう。ただし,Kyle (1985) モデルにおいて説明したように,私的情報 z を入手する前の事前の期待利得 $E(\tilde{\pi})$ は,$(\lambda_1 - \lambda_2)E(\tilde{x}^2)$ となる。また情報トレーダーの期待利得最大化の2階条件は,$\lambda_1 > \lambda_2$ である。

(4.51) 式を整理すれば,次のようになる。

$$x = \frac{\lambda_3}{2(\lambda_1 - \lambda_2)}(E[\tilde{s}\mid z] - \mu) \qquad (4.52)$$

この式から,情報トレーダーは,私的情報を得ることによって,$\tilde{s}$ の事前の期待値 μ から事後の期待値 $E[\tilde{s}\mid z]$ がどれだけ異なるのかに応じて取引量を決めることがわかる。

ここで数学付録 D.3 節の (D.9) 式より,次式が成り立つ。

$$E[\tilde{s}\mid z] = E(\tilde{s}) + \frac{\mathrm{Cov}(\tilde{s}, \tilde{z})}{\mathrm{Var}(\tilde{z})}(z - E(\tilde{z})) = \mu + \frac{\sigma_{zs}}{\sigma_z^2}(z - \mu) \qquad (4.53)$$

上式を (4.52) 式に代入して整理し,注文量 x がシグナル z に依存していることを明示すれば,次のようにあらわすことができる。

$$x(z) = \frac{\lambda_3}{2(\lambda_1 - \lambda_2)}\frac{\sigma_{zs}}{\sigma_z^2}(z - \mu) \qquad (4.54)$$

■ステップ3:マーケット・メーカーの時点1における価格設定ルール

次に,マーケット・メーカーによる時点1における価格設定ルールを考えよう。すなわち,均衡の条件 (ii) を求めることにしよう。マーケット・メーカーは,注文量の合計 y に条件付けられたリスク資産の価値の期待値として,リスク資産の価格を設定するというものであった。またマーケット・メーカーは,(4.48) 式のように,$\hat{x}$ は z について線形であると予想している。この場合,すでに説明したように,事前には y も正規分布にしたがうと予想

することになる。これらを考慮すると，時点1における価格設定ルールは次のようになる。

$$p_1 = E[\tilde{v} \mid y] = \mu + \frac{\mathrm{Cov}(\tilde{v}, \tilde{y})}{\mathrm{Var}(\tilde{y})}(y - E(\tilde{y})) \tag{4.55}$$

ここで $E(\tilde{y})$, $\mathrm{Cov}(\tilde{v}, \tilde{y})$, $\mathrm{Var}(\tilde{y})$ は，次のように計算できる[39]。

$$E(\tilde{y}) = E(\tilde{x} + \tilde{u}) = E(\beta(\tilde{z} - \mu)) = 0 \tag{4.56}$$

$$\mathrm{Cov}(\tilde{v}, \tilde{y}) = \mathrm{Cov}(\tilde{v}, \tilde{x}) = \mathrm{Cov}(\tilde{v}, \beta\tilde{z}) = \beta\,\mathrm{Cov}(\tilde{v}, \tilde{v}) = \beta\sigma^2 \tag{4.57}$$

$$\mathrm{Var}(\tilde{y}) = \mathrm{Var}(\tilde{x} + \tilde{u}) = \mathrm{Var}(\beta\tilde{z}) + \sigma_u^2 = \beta^2\sigma_z^2 + \sigma_u^2 \tag{4.58}$$

なお表記を簡潔にするため，しばらくのあいだ，$\mathrm{Var}(\tilde{y}) = \sigma_y^2$ として計算を進めることにする。

これらの結果を (4.55) 式に代入し，マーケット・メーカーが設定する価格 p_1 が注文量の合計 y に依存して決まることを明示すれば，次のようにあらわすことができる。

$$p_1(y) = \mu + \frac{\beta\sigma^2}{\sigma_y^2}y \tag{4.59}$$

この式は，Kyle (1985) モデルとまったく同じであることに注意しておこう。

■ステップ4：マーケット・メーカーの時点2における価格設定ルール

次に，マーケット・メーカーによる時点2における価格設定ルールを考える。すなわち，均衡の条件 (iii) を求めることにしよう。マーケット・メーカーは，注文量の合計 y と公的情報 s に条件付けられたリスク資産の価値の期待値として，リスク資産の価格を設定する。この計算のため，まず $\mathrm{Cov}(\tilde{v}, \tilde{s})$ と $\mathrm{Cov}(\tilde{y}, \tilde{s})$ を求める。

$$\mathrm{Cov}(\tilde{v}, \tilde{s}) = \mathrm{Cov}(\tilde{v}, \tilde{v} + \tilde{\varepsilon}_2) = \sigma^2 \tag{4.60}$$

---

[39] 期待値，分散についての計算ルールは数学付録 B.8 節，共分散についての計算ルールは数学付録 B.12 節も参照のこと。

4.3 McNichols and Trueman (1994) の研究

$$\text{Cov}(\tilde{y}, \tilde{s}) = \text{Cov}(\tilde{x}, \tilde{s}) = \text{Cov}(\beta \tilde{z}, \tilde{s}) = \beta \sigma_{zs} \tag{4.61}$$

これまでに求めた分散と共分散に関する式と，条件付き期待値についての数学付録 E.4 節の (E.5) 式とを用いて，時点 2 における価格設定ルールは，次のようにあらわすことができる。また，マーケット・メーカーが設定する価格 p_2 が注文量の合計 y と公的情報 s に依存して決まることも明示しておく[40]。

$$p_2(y, s) = E[\tilde{v} \mid y, s] \tag{4.62}$$

$$= \mu + \frac{\text{Cov}(\tilde{v}, \tilde{y}) - \frac{\text{Cov}(\tilde{v}, \tilde{s})\text{Cov}(\tilde{y}, \tilde{s})}{\text{Var}(\tilde{s})}}{\text{Var}(\tilde{y}) - \frac{(\text{Cov}(\tilde{y}, \tilde{s}))^2}{\text{Var}(\tilde{s})}} (y - E(\tilde{y}))$$

$$+ \frac{\text{Cov}(\tilde{v}, \tilde{s}) - \frac{\text{Cov}(\tilde{v}, \tilde{y})\text{Cov}(\tilde{y}, \tilde{s})}{\text{Var}(\tilde{y})}}{\text{Var}(\tilde{s}) - \frac{(\text{Cov}(\tilde{y}, \tilde{s}))^2}{\text{Var}(\tilde{y})}} (s - \mu) \tag{4.63}$$

$$= \mu + \frac{\beta \sigma^2 - \frac{\sigma^2 \beta \sigma_{zs}}{\sigma_s^2}}{\sigma_y^2 - \frac{\beta^2 \sigma_{zs}^2}{\sigma_s^2}} y + \frac{\sigma^2 - \frac{\beta \sigma^2 \beta \sigma_{zs}}{\sigma_y^2}}{\sigma_s^2 - \frac{\beta^2 \sigma_{zs}^2}{\sigma_y^2}} (s - \mu) \tag{4.64}$$

$$= \mu + \frac{\beta \sigma^2 (\sigma_s^2 - \sigma_{zs})}{\sigma_y^2 \sigma_s^2 - \beta^2 \sigma_{zs}^2} y + \frac{\sigma^2 (\sigma_y^2 - \beta^2 \sigma_{zs})}{\sigma_y^2 \sigma_s^2 - \beta^2 \sigma_{zs}^2} (s - \mu) \tag{4.65}$$

■ステップ 5：合理的期待の条件　合理的期待をあらわす均衡の条件 (iv) から，均衡においては，情報トレーダーの取引戦略 x とマーケット・メーカーによる情報トレーダーの取引戦略の予想 $\hat{x}$ は，等しくなる。したがって，(4.48) 式と (4.54) 式の係数を比較することにより，次の関係が得られる。

$$\beta = \frac{\lambda_3}{2(\lambda_1 - \lambda_2)} \frac{\sigma_{zs}}{\sigma_z^2} \tag{4.66}$$

同様に均衡においては，マーケット・メーカーの価格設定ルール p_1 および p_2 と情報トレーダーによるマーケット・メーカーの価格設定ルールの予

---

[40] 以下の式は複雑であるが，このモデルの鍵となるところである。この式の解釈については，4.3.4 節の最初に詳しく検討する。

想 $\hat{p}_1$ および $\hat{p}_2$ は,それぞれ等しくなる。したがって,(4.46) 式と (4.59) 式,および (4.47) 式と (4.65) 式の係数をそれぞれ比較することにより,次の関係が得られる。

$$\lambda_1 = \frac{\beta\sigma^2}{\sigma_y^2} \qquad (4.67)$$

$$\lambda_2 = \frac{\beta\sigma^2(\sigma_s^2 - \sigma_{zs})}{\sigma_y^2\sigma_s^2 - \beta^2\sigma_{zs}^2} \qquad (4.68)$$

$$\lambda_3 = \frac{\sigma^2(\sigma_y^2 - \beta^2\sigma_{zs})}{\sigma_y^2\sigma_s^2 - \beta^2\sigma_{zs}^2} \qquad (4.69)$$

(4.67) 式から (4.69) 式によって,$\lambda_3/(\lambda_1 - \lambda_2)$ を計算すると次のようになる[41]。

$$\frac{\lambda_3}{\lambda_1 - \lambda_2} = \frac{\sigma_y^2}{\beta\sigma_{zs}} \qquad (4.70)$$

これを (4.66) 式に代入し,$\sigma_y^2 = \beta^2\sigma_z^2 + \sigma_u^2$ であることにも注意して整理すると,β は次のように求まる。

$$\beta = \pm\frac{\sigma_u}{\sigma_z} \qquad (4.71)$$

ここで情報トレーダーの期待利得最大化の 2 階条件から,$\lambda_1 - \lambda_2 > 0$ となることに注意しよう。(4.70) 式から,この 2 階条件は,次のようにあらわされる。

$$\lambda_1 - \lambda_2 = \lambda_3\beta\frac{\sigma_{zs}}{\sigma_y^2} > 0 \qquad (4.72)$$

σ_y^2 は仮定により正となり,σ_{zs} は仮定により非負であるが,ゼロのときにはこの条件を満たさないので,以下では特に断らない限り $\sigma_{zs} > 0$ とする[42]。

---

[41] 以下で指摘しているように,情報トレーダーの期待利得最大化の 2 階条件から,$\lambda_1 - \lambda_2 > 0$ となることから,$\lambda_1 \neq \lambda_2$ である。

[42] ただし,4.3.3 節の (1) のケースにおいては,$\sigma_{zs} = 0$ と仮定している。

したがって，このことを前提にすると，情報トレーダーの期待利得最大化の2階条件は，λ_3 と β が同じ符号のときに満たされることになる。そこで(4.71)式を，次のようにあらわすことにする。

$$\beta = \text{sign}(\lambda_3)\frac{\sigma_u}{\sigma_z} \tag{4.73}$$

この β を，(4.67)式から(4.69)式に代入すると，λ_1, λ_2, λ_3 は次のように求まる。

$$\lambda_1 = \text{sign}(\lambda_3)\frac{\sigma^2}{2\sigma_u\sigma_z} \tag{4.74}$$

$$\lambda_2 = \text{sign}(\lambda_3)\frac{\sigma^2\sigma_z(\sigma_s^2 - \sigma_{zs})}{\sigma_u(2\sigma_z^2\sigma_s^2 - \sigma_{zs}^2)} \tag{4.75}$$

$$\lambda_3 = \frac{\sigma^2(2\sigma_z^2 - \sigma_{zs})}{2\sigma_z^2\sigma_s^2 - \sigma_{zs}^2} \tag{4.76}$$

以上から，命題が得られる。　　　　　　　　　　　　　　　　証明終

4.3.3　三つの単純なケース

一般的なケースにおける均衡の特徴を検討するに先立って，単純であるが興味深いいくつかのケースをまず検討する。なおここでは，$\lambda_3 > 0$ を仮定する[43]。

(1)　私的情報と公的情報が無相関のケース

極めて単純であるが，他のケースを考える際のベンチマークとなる私的情報と公的情報が無相関のケースをまずは考えてみる。具体的にいえば，$\sigma_{zs} = 0$ のケースである。この場合，マーケット・メーカーが設定する価格ルールにおけるウェイトは，$\lambda_1 = \lambda_2 = \sigma^2/2\sigma_u\sigma_z$，および $\lambda_3 = \sigma^2/\sigma_s^2$ となり，λ_1 と λ_2 は Kyle (1985) モデルにおける λ と等しくなっている。

---

[43] これがどのような状況を意味するのかについては，次の4.3.4節で説明する。

また私的情報と公的情報が無相関であれば，私的情報を得たときの公的情報の条件付き期待値 $E[\tilde{s}\,|\,z]$ は，条件付きでない期待値 μ に等しくなる。$\lambda_1 = \lambda_2$ であることも考慮すると，(4.50)式から情報トレーダーの期待利得はゼロになることがわかる。つまり私的情報が，後から公表される公的情報とは関係のない場合には，情報トレーダーは正の期待利得を得ることはできない。

(2) 公的情報が私的情報の情報内容を含むケース

後から開示される公的情報が私的情報の情報内容をすべて含み，かつ情報に含まれるノイズがより小さいケースを次に考える。具体的にいえば，私的情報と公的情報が次のようであると仮定し，

$$\tilde{z} = \tilde{v} + \tilde{\varepsilon}_1 = \tilde{v} + \tilde{\varepsilon}_2 + \tilde{\varepsilon}_3 \tag{4.77}$$

$$\tilde{s} = \tilde{v} + \tilde{\varepsilon}_2 \tag{4.78}$$

$\tilde{\varepsilon}_1 = \tilde{\varepsilon}_2 + \tilde{\varepsilon}_3$ となるケースである。ここで $\tilde{\varepsilon}_3$ は，他の確率変数とは独立で，平均0，分散 σ_3^2 の正規分布にしたがう確率変数であると仮定する。このとき，$\sigma_{zs} = \sigma^2 + \sigma_2^2 = \sigma_s^2$ となり，私的情報と公的情報の共分散が，公的情報の分散に等しくなることに注意する。このケースは，たとえば私的情報が近々公開されるはずの利益についての情報を提供し，公的情報が実現した利益を公表するといった場合のように，公的情報と私的情報とのあいだにしばしば存在するある種の関係を反映したものである。

この場合，マーケット・メーカーが時点2において設定する価格ルールにおけるウェイトは，$\lambda_2 = 0$ および $\lambda_3 = \sigma^2/\sigma_s^2$ となる。注文量の合計 y に対するウェイト λ_2 がゼロに等しいということは，公的情報を所与としたときの注文量の合計とリスク資産の価値との条件付き共分散がゼロに等しいことを意味している[44]。つまり公的情報が私的情報の情報内容を含むこのケースでは，ひとたび公的情報が開示されれば，注文量の合計に含まれる私的情報

---

[44] いいかえれば，(4.83)式の y の係数がゼロになるということである。

を推測することに意味はない。また λ_3 は，公的情報の条件付きでない分散が分母に，公的情報とリスク資産の価値の条件付きでない共分散が分子になっている。ここでも私的情報はまったく考慮されていない。

情報トレーダーの期待利得は，(4.51) 式の後で述べたように $E(\tilde{\pi}) = (\lambda_1 - \lambda_2)E(\tilde{x}^2)$ とあらわされる。この式に，λ_1, λ_2, および $\tilde{x}$ を代入して整理すると，次のようになる。

$$E(\tilde{\pi}) = \frac{\sigma^2 \sigma_u}{2\sigma_z} \quad (4.79)$$

つまり情報トレーダーの期待利得は，公的情報の分散（および公的情報の分散と等しい私的情報と公的情報の共分散）には影響を受けないことがわかる。またこの期待利得は，Kyle (1985) モデルの期待利得と等しくなっている。

(3) 私的情報が公的情報の情報内容を含むケース

情報トレーダーが持つ私的情報が，後から開示される公的情報の情報内容をすべて含み，かつ公的情報に比べて情報に含まれるノイズがより小さいというケースを最後に考えてみよう。具体的にいえば，私的情報と公的情報とが次のようであると仮定し，

$$\tilde{z} = \tilde{v} + \tilde{\varepsilon}_1 \quad (4.80)$$

$$\tilde{s} = \tilde{v} + \tilde{\varepsilon}_2 = \tilde{v} + \tilde{\varepsilon}_1 + \tilde{\varepsilon}_4 \quad (4.81)$$

$\tilde{\varepsilon}_2 = \tilde{\varepsilon}_1 + \tilde{\varepsilon}_4$ となるケースである。ここで $\tilde{\varepsilon}_4$ は，他の確率変数ととは独立で，平均 0，分散 σ_4^2 の正規分布にしたがう確率変数であると仮定する。このとき，$\sigma_{zs} = \sigma^2 + \sigma_1^2 = \sigma_z^2$ となり，私的情報と公的情報の共分散が，私的情報の分散に等しくなることに注意する。このケースが想定するのは，たとえば情報トレーダーが企業の内部情報を十分に有し[45]，近々公開される利益はそのような私的情報の一部の情報内容しか持たないといった状況である。

---

[45] このことは特に，企業内部の経営者が情報トレーダーである状況にあてはまるだろう。

この場合，情報トレーダーの期待利得は，次のようになる。

$$E(\tilde{\pi}) = \frac{\sigma^2 \sigma_u \sigma_z}{2(2\sigma_s^2 - \sigma_z^2)} \quad (4.82)$$

このケースにおける情報トレーダーの期待利得は，公的情報の分散が小さくなると，大きくなる。また私的情報の分散（および私的情報の分散と等しい私的情報と公的情報の共分散）が大きくなると，期待利得が大きくなる。

4.3.4 均衡の特徴

次に一般的なケースにおいて，求められた均衡の特徴を順に考察していくことにしよう。前節で Kyle (1985) モデルの均衡の特徴を考察する際には，情報トレーダーの期待利得をまず取り上げたが，ここではこのモデルの解釈の鍵となるマーケット・メーカーの価格設定ルールからみていくことにする。

マーケット・メーカーの価格設定ルール

時点 1 における価格設定ルールは Kyle (1985) モデルと変わりはないため，ここでは時点 2 における価格設定ルールについて少し詳しく検討する。時点 2 における価格設定ルールは，次のようであった[46]。

$$\begin{aligned} p_2 = E[\tilde{v} \mid y, s] = \mu &+ \frac{\mathrm{Cov}(\tilde{v},\tilde{y}) - \frac{\mathrm{Cov}(\tilde{v},\tilde{s})\mathrm{Cov}(\tilde{y},\tilde{s})}{\mathrm{Var}(\tilde{s})}}{\mathrm{Var}(\tilde{y}) - \frac{(\mathrm{Cov}(\tilde{y},\tilde{s}))^2}{\mathrm{Var}(\tilde{s})}} y \\ &+ \frac{\mathrm{Cov}(\tilde{v},\tilde{s}) - \frac{\mathrm{Cov}(\tilde{v},\tilde{y})\mathrm{Cov}(\tilde{y},\tilde{s})}{\mathrm{Var}(\tilde{y})}}{\mathrm{Var}(\tilde{s}) - \frac{(\mathrm{Cov}(\tilde{y},\tilde{s}))^2}{\mathrm{Var}(\tilde{y})}} (s - \mu) \quad (4.83) \end{aligned}$$

上式は複雑であるが，このモデルの鍵となるものである。まず情報がまったく得られなければ第1項のみとなり，時点2における価格 p_2 は，リスク資産の価値 $\tilde{v}$ の事前の期待値 μ となる。しかしマーケット・メーカーは，二

---

[46] この式の導出については，数学付録 E.4 節で説明している。

つの情報から，リスク資産の価値を推測することができる。一つは，時点1における情報トレーダーとノイズ・トレーダーの注文量の合計 y である。マーケット・メーカーは，情報トレーダーがリスク資産の価値と関係する私的情報 z に依存して取引量を決める場合，この注文量の合計 y を観察することにより，情報トレーダーの持つ私的情報 z についての情報を推測することができ，その結果，リスク資産の価値 $\tilde{v}$ の期待値を修正することになる。それゆえ，注文量の合計に対する事前の期待値 $E(\tilde{y})$ と実際の注文量の合計 y との差に**情報内容**があるということになる[47]。これが第2項の意味である。マーケット・メーカーが得るもう一つの情報は，時点2において企業が開示する公的情報 s である。公的情報 s はリスク資産の価値 $\tilde{v}$ を含む情報であり，したがって，公的情報の事前の期待値 μ と実際に開示された値 s との差に情報内容が存在することになる。このことを意味するのが第3項である。

次に第2項と第3項の係数について考えてみよう。二つの情報がある場合，これらの相関が重要となる。たとえば，得られる二つの情報のそれぞれがリスク資産の価値についての情報を持っているとしても，一方の情報を知ることで他方の情報がほとんどわかってしまうような状況では，一つの情報を得たときとさほど変わらないことになる。したがって得られる二つの情報，ここでは注文量の合計 y と公的情報 s とが，どの程度相関しているのかが問題となる。このことを反映して，第2項と第3項の係数は，得られる情報が一つの場合と比べて，複雑になっている。事実，これら二つの情報に相関がない場合，つまり $\text{Cov}(\tilde{y}, \tilde{s}) = 0$ であるとき，それぞれの係数は情報が一つしか得られない場合と変わることがない。具体的にいえば，これまで何度も指摘してきたように，得られる情報の分散が分母に，その情報とリスク資産の価値との共分散が分子になる。これに対して得られる二つの情報が相関している場合，数学付録 E.4 節で説明しているように，分母は他方の情報を所与とした条件付き分散，分子は他方の情報を所与とした条件付き共分散になるのである。

---

[47] $E(\tilde{y})$ はゼロになるため，(4.83) 式には現れていない。

さらに証明において示したように，$\mathrm{Cov}(\tilde{y}, \tilde{s})$ は私的情報と公的情報の共分散 σ_{zs} の定数 (β) 倍になる。マーケット・メーカーが得る情報は，注文量の合計 y と公的情報 s であり，この相関が重要であることは上述したとおりであるが，注文量の合計 y と公的情報 s の相関は，結局のところ，情報トレーダーが得る私的情報と企業が開示する公的情報との共分散 σ_{zs} に依存する。事実，この共分散がゼロになれば，注文量の合計 y には私的情報の情報内容は含まれるが，後に開示される公的情報に関する情報内容は含まれなくなる。このとき，時点 2 で設定される価格 p_2 において注文量の合計 y に対しておかれるウェイト λ_2 は，時点 1 で設定される価格 p_1 における λ_1 と同じになり，情報トレーダーの期待利得はゼロになる。以上が (4.83) 式の第 2 項と第 3 項の係数の意味である。

また，共分散 σ_{zs} と σ_{vs} については正になると仮定していたが，条件付き共分散，したがって λ_2 および λ_3 は，負になる可能性があることに注意しよう。つまり，得られる情報のあいだには正の相関があるとしても，ある情報を所与としたときの共分散は負になる可能性がある。条件付き共分散が，したがって λ_2 および λ_3 が，負になる可能性があることから，命題 4.2 で示されているように，いくつかの符号は変わる可能性がある。特に λ_3 の符号は，次式で示すように，注文量の合計 y を所与としたときのリスク資産の価値 $\tilde{v}$ と公的情報 $\tilde{s}$ の条件付き共分散の符号に一致する。この点は重要である。

$$\mathrm{sign}\left(\mathrm{Cov}(\tilde{v}, \tilde{s}) - \frac{\mathrm{Cov}(\tilde{v}, \tilde{y})\,\mathrm{Cov}(\tilde{y}, \tilde{s})}{\mathrm{Var}(\tilde{y})}\right) = \mathrm{sign}\left(\sigma^2 - \frac{\sigma_{zs}\sigma^2}{2\sigma_u^2}\frac{\sigma_u^2}{\sigma_z^2}\right)$$
$$= \mathrm{sign}(2\sigma_z^2 - \sigma_{zs}) \qquad (4.84)$$

上式の解釈を容易にするため，情報トレーダーの私的情報 z を所与としたときの，リスク資産の価値 $\tilde{v}$ と公的情報 $\tilde{s}$ の条件付き共分散の符号を考えてみよう。

$$\mathrm{sign}\left(\mathrm{Cov}(\tilde{v}, \tilde{s}) - \frac{\mathrm{Cov}(\tilde{z}, \tilde{s})\,\mathrm{Cov}(\tilde{z}, \tilde{v})}{\mathrm{Var}(\tilde{z})}\right) = \mathrm{sign}\left(\sigma^2 - \frac{\sigma^2 \sigma_{zs}}{\sigma_z^2}\right)$$
$$= \mathrm{sign}(\sigma_z^2 - \sigma_{zs}) \qquad (4.85)$$

4.3 McNichols and Trueman (1994) の研究

(4.85) 式は，(4.84) 式に比べて，σ_z^2 の係数が 1 であることから，より負になりやすい。ここで，たとえば，それぞれ正の相関を持つ，私的情報，（利益といった）公的情報，および企業価値を考えよう。この場合，(4.85) 式の符号が負になるとすると，私的情報を所与としたときに，公的情報としての利益と企業価値とが負の相関を持つことを意味する。しかし，このような状況にあてはまる私的情報を具体的にイメージするのは困難であるように思われる。加えて，(4.85) 式であらわされる条件付き共分散が負になる状況よりも，(4.84) 式であらわされる λ_3 の符号が負になる状況はさらにまれである。したがって以下では，特に断りのない限り，λ_3 は正である，すなわち $(2\sigma_z^2 - \sigma_{zs}) > 0$，と仮定することにする[48]。

次に私的情報の分散 σ_z^2 と公的情報の分散 σ_s^2 の変化が，時点 2 における価格設定ルール，特に λ_2 および λ_3 にどのような影響を与えるのかを検討しておこう[49]。以下，結果のみ示す。

$$\frac{\partial \lambda_2}{\partial \sigma_z^2} < 0 \tag{4.86}$$

$$\frac{\partial \lambda_2}{\partial \sigma_s^2} > 0 \tag{4.87}$$

$$\frac{\partial \lambda_3}{\partial \sigma_z^2} > 0 \tag{4.88}$$

$$\frac{\partial \lambda_3}{\partial \sigma_s^2} < 0 \tag{4.89}$$

λ_2 は時点 2 における注文量の合計 y に対する係数であるが，この y には

---

[48] この点は，実証研究の証拠を参照しながら，注意深く考察する必要があるだろう。その結果，注文量の合計 y を所与としたときのリスク資産の価値 $\tilde{v}$ と公的情報 $\tilde{s}$ の条件付き共分散が負になることがあてはまるような現実的状況が明らかになるかもしれない。なお，二変量正規分布における条件付き期待値は，**回帰分析** (regression analysis) における**線形回帰** (linear regression) の式に対応していることは，数学付録 D.3 節において指摘している。同様に，ここでの三変量正規分布における条件付き期待値も，説明変数が二つの線形回帰の式に対応している。

[49] $\sigma_z^2 = \sigma^2 + \sigma_1^2$ であるが，ここでは σ_1^2 だけが変化したと考えている。したがって σ^2 は，定数として扱う。σ_s^2 および次に検討する σ_{zs} についても同様である。

情報トレーダーが私的情報を用いて決定した取引量 x が含まれていることに注意しよう。最初の不等式は，私的情報の分散 σ_z^2 が小さくなるほど，したがって私的情報の精度が高くなるほど，注文量の合計 y に対するウェイト λ_2 は大きくなることを意味している。また最後の不等式は，公的情報の分散 σ_s^2 が小さくなるほど，したがって公的情報の精度が高くなるほど，公的情報に対するウェイト λ_3 は大きくなることを示している。要するに，ある情報の精度が高くなれば，その情報に対するウェイトを高めるように価格が設定されるわけである。しかし，二つ目と三つ目の不等式があらわしているように，それぞれのウェイトは他方のシグナルの精度にも依存する。二つ目の不等式は，公的情報の分散 σ_s^2 が小さくなるほど，したがって公的情報の精度が高くなるほど，注文量の合計 y に対するウェイト λ_2 は小さくなることを意味し，また三つ目の不等式は，私的情報の分散 σ_z^2 が小さくなるほど，したがって私的情報の精度が高くなるほど，公的情報に対するウェイト λ_3 は小さくなることを示している。

私的情報と公的情報の共分散 σ_{zs} の変化が，λ_2 と λ_3 に与える影響も検討しておこう。

$$\frac{\partial \lambda_2}{\partial \sigma_{zs}} = \frac{\sigma^2 \sigma_z}{\sigma_u} \frac{\sigma_{zs}(\sigma_s^2 - \sigma_{zs}) - \sigma_s^2(2\sigma_z^2 - \sigma_{zs})}{(2\sigma_z^2 \sigma_s^2 - \sigma_{zs}^2)^2} \tag{4.90}$$

$$\frac{\partial \lambda_3}{\partial \sigma_{zs}} = \sigma^2 \frac{\sigma_{zs}(2\sigma_z^2 - \sigma_{zs}) - 2\sigma_z^2(\sigma_s^2 - \sigma_{zs})}{(2\sigma_z^2 \sigma_s^2 - \sigma_{zs}^2)^2} \tag{4.91}$$

明らかに，いずれの式の符号も正にも負にもなりうる。これらの符号が正負のいずれになるのかを決める一つの要因は，$(\sigma_s^2 - \sigma_{zs})$ と $(2\sigma_z^2 - \sigma_{zs})$ の大きさである。後者の方が十分に大きいとき，$\partial \lambda_2 / \partial \sigma_{zs}$ は負になる。また前者の方が大きいとき，$\partial \lambda_3 / \partial \sigma_{zs}$ は負になる。ここで $(\sigma_s^2 - \sigma_{zs})$ と $(2\sigma_z^2 - \sigma_{zs})$ が，λ_2 および λ_3 の分子にあらわれる条件付き共分散の符号を決めることに注意しよう[50]。したがって，λ_2 および λ_3 の分子にあらわれる条件付き共分

---

[50] $(2\sigma_z^2 - \sigma_{zs})$ が λ_3 の符号を決めることについては，上述の (4.84) 式で示したとおりである。次式より，$(\sigma_s^2 - \sigma_{zs})$ が λ_2 の符号を決めることがわかる。

4.3 McNichols and Trueman (1994) の研究

散の大きさが，私的情報と公的情報の共分散 σ_{zs} が変化した場合に，λ_2 と λ_3 の増減を決める一つの要因であるといえる。

最後に，時点1における価格設定ルールと時点2における価格設定ルールにおける注文量の合計 y に対するウェイトを比較しておこう。この点については，(4.51) 式を x について微分して得られる情報トレーダーの期待利得最大化の2階条件から，$\lambda_1 > \lambda_2$ となることがわかる。つまり注文量の合計 y の1単位の増加は，時点2の価格に比較して時点1の価格への影響の方が大きい。この含意は，利益公表前における取引量の価格への影響は，利益公表後の取引量の価格への影響に比べて有意に大きいとする Daley et al. (1995) による実証研究の証拠とも整合的である。

情報トレーダーの取引戦略

情報トレーダーの取引戦略 $x(z)$ における $\beta(=\sigma_u/\sigma_z)$ は，Kyle (1985) モデルとまったく等しい。つまりノイズ・トレーダーの注文量の分散 σ_u^2 が大きくなるほど，また私的情報の分散 σ_z^2 が小さくなるほど，情報トレーダーの取引量は大きくなる。また後に公表される公的情報の分散 σ_s^2 および私的情報と公的情報の共分散 σ_{zs} は，取引戦略には関係していない[51]。

情報トレーダーの期待利得

どのような要因によって，情報トレーダーが正の期待利得を獲得するのかを次に考察する。私的情報 z を受け取る前の時点における情報トレーダーの期待利得は，(4.51) 式の後で述べたように，$E(\tilde{\pi}) = (\lambda_1 - \lambda_2)E(\tilde{x}^2)$ とあら

$$\text{sign}(\lambda_2) = \text{sign}\left(\text{Cov}(\tilde{v}, \tilde{y}) - \frac{\text{Cov}(\tilde{v}, \tilde{s})\text{Cov}(\tilde{y}, \tilde{s})}{\text{Var}(\tilde{s})}\right)$$

$$= \text{sign}\left(\frac{\sigma_u}{\sigma_z}\frac{\sigma^2}{\sigma_s^2}(\sigma_s^2 - \sigma_{zs})\right) = \text{sign}(\sigma_s^2 - \sigma_{zs})$$

[51] 後の節で考察するように，情報トレーダーが私的情報の精度を選択できるモデルに拡張した場合，公的情報の分散が取引戦略に影響を与えることが示されることから，この点については注意しておこう。

わされた。この式に, λ_1, λ_2 および $\tilde{x}$ を代入して整理すると, 次のようになる。

$$E(\tilde{\pi}) = \frac{\sigma^2 \sigma_u \sigma_{zs}(2\sigma_z^2 - \sigma_{zs})}{2\sigma_z(2\sigma_z^2 \sigma_s^2 - \sigma_{zs}^2)} \tag{4.92}$$

期待利得をあらわす上式の分母は正であり[52], $2\sigma_z^2 - \sigma_{zs}$ の符号は λ_3 の符号と等しいことから仮定により正である。したがって期待利得は正である。

情報トレーダーの期待利得については, Kyle (1985) モデルと同様に以下のようなさまざまな表現が得られる。まず情報トレーダーの期待利得は, 次のように λ_3 と β を用いてあらわすことができる。

$$E(\tilde{\pi}) = \lambda_3 \beta \frac{\sigma_{zs}}{2} \tag{4.93}$$

この表現から, λ_3 と β が大きいほど, 期待利得が大きくなることがわかる。マーケット・メーカーが公的情報に対してより大きなウェイトをおくほど, また情報トレーダーが私的情報に応じて取引戦略をより大きく変化させるほど, 期待利得は大きくなるのである。

情報トレーダーの期待利得は, また λ_1 および λ_2 を用いて, 次のようにあらわすこともできる。

$$E(\tilde{\pi}) = (\lambda_1 - \lambda_2)\sigma_u^2 \tag{4.94}$$

上式の表現から, λ_1 と λ_2 の差が大きいほど, つまりマーケット・メーカーが, 注文量の合計 y に応じて変化させる程度が大きく変化するときほど, 期待利得が大きくなることがわかる。またこの表現は, 情報トレーダーの期待利得がノイズ・トレーダーの期待損失と直接的に関係していることを示すものである。この点は, 次のようにノイズ・トレーダーの期待利得 $E(\tilde{\pi}^N)$ を計算することにより明らかとなる。

---

[52] (4.92) 式の分母における $2\sigma_z^2 \sigma_s^2 - \sigma_{zs}^2$ の符号は, λ_2 あるいは λ_3 の分母に出てくる条件付き分散の符号と一致し, 条件付き分散の定義から正であることがわかる。あるいは $\tilde{z}$ と $\tilde{s}$ の相関係数 ρ_{zs} が 1 以下であること ($\rho_{zs} = \sigma_{zs}/\sigma_z \sigma_s \leq 1$) からも成り立つことがわかる。

4.3 McNichols and Trueman (1994) の研究

$$E(\tilde{\pi}^N) = E[(\tilde{p}_2 - \tilde{p}_1)\tilde{u}] = E[(\lambda_2 - \lambda_1)\tilde{y}\tilde{u}] = -(\lambda_1 - \lambda_2)\sigma_u^2 \quad (4.95)$$

このような関係は，Kyle (1985) モデルの特徴と同様にマーケット・メーカーの期待利得はゼロであることから，情報トレーダーの期待利得がノイズ・トレーダーの期待損失に一致することから生じる。

さらに情報トレーダーの期待利得は，次のようにあらわすこともできる。

$$E(\tilde{\pi}) = E[(\tilde{p}_2 - \tilde{p}_1)\tilde{x}] = E((\tilde{p}_2 - \tilde{p}_1)\beta(\tilde{z} - \mu)] = \beta \operatorname{Cov}(\tilde{p}_2 - \tilde{p}_1, \tilde{z}) \quad (4.96)$$

この表現は，情報トレーダーの期待利得が，私的情報と取引期間における価格変化との共分散に依存することを示すものと解釈することができる。したがってこの表現から，情報トレーダーの私的情報が価格変化を予想するために有用であればあるほど，情報トレーダーの期待利得は増加することがわかる。この特徴もまた，Kyle (1985) モデルと同様である。

以上，情報トレーダーの期待利得について，さまざまな表現を得た。以下では，より具体的にどのような要因によって情報トレーダーの期待利得が影響を受けるのかを考察していこう。まず情報トレーダーの期待利得は，(4.92) 式から，σ_u^2 が大きいほど，大きくなることがわかる。この理由は Kyle (1985) モデルの場合とまったく同じである。つまりノイズ・トレーダーの取引量の分散 σ_u^2 が大きいほど**情報の非対称性**が大きくなり，その結果，情報トレーダーの期待利得は大きくなるのである。また私的情報と公的情報の分散や共分散が情報トレーダーの期待利得に及ぼす影響は，次の命題のようにまとめることができる。

命題 4.3.

(a) $\sigma_z^2 \geq \sigma_{zs} \geq \sigma_s^2$ のとき，私的情報の精度が高いほど，情報トレーダーの期待利得は大きくなる。すなわち，$\sigma_z^2 > \sigma_{zs} > \sigma_s^2$ のとき，$\partial E(\tilde{\pi})/\partial \sigma_z^2 < 0$ となる。

(b) 公的情報の精度が高いほど，情報トレーダーの期待利得は大きくなる。すなわち，$\partial E(\tilde{\pi})/\partial \sigma_s^2 < 0$ となる。

(c) 私的情報と公的情報の共分散 σ_{zs} が大きいほど，情報トレーダーの期待利得は大きくなる。すなわち，$\partial E(\tilde{\pi})/\partial \sigma_{zs} > 0$ となる。

証明. (a) については，$\sigma_z^2 \geq \sigma_{zs} \geq \sigma_s^2$ のとき，$\partial E(\tilde{\pi})/\partial \sigma_z^2 < 0$ となることを示せばよい。まず (4.92) 式であらわされる期待利得を，私的情報の分散 σ_z^2 で微分する。

$$\frac{\partial E(\tilde{\pi})}{\partial \sigma_z^2} = -\frac{\sigma^2 \sigma_u \sigma_{zs}}{2} \frac{2\sigma_z^2[2\sigma_s^2(\sigma_z^2 - \sigma_{zs}) + \sigma_{zs}(\sigma_{zs} - \sigma_s^2)] + \sigma_{zs}^3}{[\sigma_z(2\sigma_z^2\sigma_s^2 - \sigma_{zs}^2)]^2} \quad (4.97)$$

上式より，$\sigma_z^2 \geq \sigma_{zs} \geq \sigma_s^2$ のとき，分子のカッコ内は正になることから，全体としては負になることがわかる。これで (a) が示された。なお，たとえば $\sigma_{zs} < \sigma_s^2$ であっても，σ_z^2 が十分に大きければ，全体としては負になる。よって命題の $\sigma_z^2 \geq \sigma_{zs} \geq \sigma_s^2$ という条件は一つの十分条件であり，これ以外の範囲においても，命題の内容が成り立つ可能性があることに注意する。

(b) については，情報トレーダーの期待利得の式において公的情報の分散 σ_s^2 は分母に一度出てくるだけであるから，公的情報の分散 σ_s^2 が小さくなれば，期待利得 $E(\tilde{\pi})$ が大きくなることは容易にわかる。よって (b) が示された。

最後の (c) であるが，(4.92) 式の期待利得を，私的情報と公的情報の共分散 σ_{zs} で微分する。

$$\frac{\partial E(\tilde{\pi})}{\partial \sigma_{zs}} = \frac{\sigma^2 \sigma_u[\sigma_z^2(2\sigma_z^2\sigma_s^2 - \sigma_{zs}^2) + \sigma_{zs}^2(2\sigma_z^2 - \sigma_{zs})]}{[\sigma_z(2\sigma_z^2\sigma_s^2 - \sigma_{zs}^2)]^2} > 0 \quad (4.98)$$

分子のカッコ内のうち，一つ目は相関係数の関係から，二つ目は λ_3 を正と仮定したことから，いずれも正である。したがって (c) が示された。

証明終

この命題 4.3 の含意について，もう少し詳しく検討しておこう。まず命題 4.3(a) の結果から，あるパラメータの範囲では，私的情報の精度が高いほど情報トレーダーの期待利得は大きくなる。ただし，この制約はやや厳しいも

4.3 McNichols and Trueman (1994) の研究

のである。マーケット・メーカーの価格設定ルールにおいて考察したように，情報トレーダーの私的情報 z を所与としたときのリスク資産の価値 $\tilde{v}$ と公的情報 $\tilde{s}$ の条件付き共分散の符号は，$(\sigma_z^2 - \sigma_{zs})$ の符号に一致する。それゆえ，この符号を正，つまり $\sigma_z^2 > \sigma_{zs}$ とすることは，これまで議論してきたように現実的であると考えられる。一方，企業が開示する公的情報 s を所与としたときのリスク資産の価値 $\tilde{v}$ と私的情報 $\tilde{z}$ の条件付き共分散の符号は，$(\sigma_s^2 - \sigma_{zs})$ の符号に一致する[53]。したがって，$(\sigma_s^2 - \sigma_{zs})$ の符号を正，つまり $\sigma_s^2 > \sigma_{zs}$ と考えることが現実的であるとすれば，命題 4.3(a) の条件は現実には成り立たなくなる。もちろん，証明において記述したように，この符号が正であっても小さいか，私的情報の分散 σ_z^2 が十分に大きければ，命題 4.3(a) の内容は成立することになる。

このような情報トレーダーの持つ私的情報の分散 σ_z^2 が期待利得に与える影響の複雑さは，直感に反するかもしれない。というのも，より精度が高い私的情報が得られれば，情報トレーダーはより優位になり，したがって期待利得は常に大きくなると考えられるからである。確かに，私的情報の分散 σ_z^2 が小さくなり精度が高くなると，β は大きくなることはすでにみた。この結果，期待利得が $\lambda_3 \beta \sigma_{zs}/2$ とあらわされることから，期待利得も大きくなる方向に働く。しかし他方で，私的情報の分散 σ_z^2 は λ_3 にも影響を与える。この点もマーケット・メーカーの価格設定ルールにおいてすでに検討したが，(4.88) 式が示すように，私的情報の分散 σ_z^2 が小さくなり精度が高くなると，λ_3 は小さくなる。つまり，私的情報の精度が高くなると，時点 2 において，マーケット・メーカーは公的情報を軽視するようになり，この結果，公的情報に対して価格があまり変化しなくなる。このようなトレード・オフが存在するため，前者の影響が後者の影響よりも大きい場合に限って，私的情報の精度が高くなったとき，情報トレーダーの期待利得は大きくなる。

命題 4.3(b) から，公的情報の精度が高いほど，情報トレーダーの期待利得は大きくなることが示された。情報トレーダーの期待利得 $E(\tilde{\pi})$ は，$\lambda_3 \beta \sigma_{zs}/2$

---

[53] これは注 50 において示している。

ともあらわせることを念頭におくと，公的情報の精度が影響を及ぼすのは λ_3 だけである。マーケット・メーカーの価格設定ルールを検討した際の (4.89) 式で示したように，公的情報の精度が大きくなると，公的情報に対するウェイトを示す λ_3 は大きくなる。このことから期待利得も大きくなる。ここでの注意点は，公的情報の精度が高まれば，時点 2 における情報トレーダーとマーケット・メーカーの情報の非対称性は小さくなるということである。さきに説明した Kyle (1985) モデルでは，情報の非対称性が大きいほど情報トレーダーの期待利得は大きくなるのに対して，このモデルでは情報の非対称性が小さくなるという状況のもとで情報トレーダーの期待利得が大きくなるという反対の結果になっている。McNichols and Trueman (1994) のモデルにおける情報トレーダーの期待利得の源泉は，マーケット・メーカーよりも早い時点に私的情報を入手することによって，将来のリスク資産の価格 p_2 の変化をどれだけ予測できるのかにかかっている。したがって情報トレーダーにとっては，時点 1 での情報の非対称性は大きいほど望ましいが，時点 2 での情報の非対称性は関係せず，事前に情報トレーダーが予測していたとおりに価格が変化することが自身の期待利得にとって重要になる。事実，公的情報の精度がゼロに近いとき，マーケット・メーカーは公的情報からリスク資産の価値に関する情報を得られないため，価格は変化せず，したがって情報トレーダーの期待利得はゼロになる。

最後にもっとも重要と考えられる命題 4.3(c) の結果を検討しておこう。これまで説明してきたように，このモデルでは私的情報と公的情報の共分散 σ_{zs} が非常に重要な役割を果たしている。私的情報と公的情報の共分散 σ_{zs} がゼロであるとき，情報トレーダーの期待利得はゼロとなることも，期待利得が $\lambda_3 \beta \sigma_{zs}/2$ とあらわされることから明らかである。ここで期待利得は，λ_3 と β にも影響を受けるが，まず $\beta (= \sigma_u/\sigma_z)$ は私的情報と公的情報の共分散 σ_{zs} には影響を受けない。一方 λ_3 については，さきにマーケット・メーカーの価格設定ルールにおいて考察したように，私的情報と公的情報の共分散 σ_{zs} が大きくなったときに増加するのか減少するのかは明らかではない。しかし，命題 4.3(c) が示すように，全体としては，私的情報と公的情報の共

分散 σ_{zs} が大きくなるとき,情報トレーダーの期待利得は増加することがわかる。

価格の変化度

Kyle (1985) モデルを検討したときと同様に,このモデルについても**価格の変化度**に関するさまざまな指標を考えることができる。しかし,価格が二度設定されることを反映して,かなり複雑になるものが多い。ここでは,時点1における価格の変化度に注目することにする。

事前のリスク資産の価値の期待値 μ から,時点1において設定される価格 p_1 への変化がどの程度なのかをみるため,その差の絶対値の期待値で定義される価格の変化度を求める。

$$E(|\tilde{p}_1 - \mu|) = \frac{\sigma^2}{\sqrt{2\pi}\sigma_z} \tag{4.99}$$

結果は,Kyle (1985) モデルの場合とまったく同じである。このモデルにおいても,リスク資産の価値の分散 σ^2 が大きいほど,また私的情報の分散 σ_z^2 が小さいほど,価格の変化度は大きくなる[54]。

4.3.5 情報トレーダーによる私的情報獲得

これまでの議論では,情報トレーダーが保有する私的情報は外生的に与えられていると仮定してきた。以下では,情報トレーダー自身の**私的情報獲得**によって,得られる私的情報の性質を変化させることができると想定してみよう。本節で展開したモデルでいえば,情報トレーダーの私的情報獲得によって,私的情報の分散 σ_z^2 あるいは私的情報と公的情報の共分散 σ_{zs} を変化させることができると考えるのが自然である。なお議論の内容は変わら

---

[54] なお,後に公表される公的情報の分散および私的情報と公的情報の共分散 σ_{zs} は,取引戦略には関係していない。この点は,後の節で考察するように,情報トレーダーが私的情報の精度を選択できるモデルに拡張した場合,公的情報の分散が価格の変化度に影響を与えることが示されることになるので注意しておこう。

ないが，解釈のわかりやすさを考慮して，以下では，分散 σ_z^2 ではなく精度 $1/\sigma_z^2$ で考察することにする。

公的情報が私的情報獲得に与える影響

これまでのモデルを拡張して，時点 0 において，情報トレーダーは私的情報を得る前に私的情報獲得を行い，コストをかけて私的情報の精度 $1/\sigma_z^2$ を選択することができると仮定しよう。情報トレーダーが $1/\sigma_z^2$ の精度をもつ私的情報を獲得するために必要となる投資額ないしは努力コストを $C_1(1/\sigma_z^2)$ とあらわす。またこの関数は，$C_1'(1/\sigma_z^2) > 0$，$C_1''(1/\sigma_z^2) > 0$ を満たすものとし，$C_1'(1/\sigma_z^2)$ は $(1/\sigma_z^2)$ がゼロに近づくにつれゼロに近づき，∞ に近づくにつれ，∞ に近づくと仮定する。これらの条件は，より大きな精度をもつ私的情報は，より小さな精度をもつ私的情報に比べてその獲得により大きなコストがかかること，精度の増加にともなうコストの増加は逓増的であることを意味し，また選択される精度の水準が内点解として存在することを保証するものである。さらにここでは，私的情報の精度が高いほど，情報トレーダーの時点 1 における期待利得は大きくなる状況を考える。これはたとえば，命題 4.3(a) に示した $\sigma_z^2 > \sigma_{zs} > \sigma_s^2$ という条件を仮定することを意味する。

時点 0 における情報トレーダーの期待利得は，すでに求めた期待利得 (4.92) 式から，上記の**情報獲得コスト**を差し引けばよい。したがって情報トレーダーの選択する私的情報の精度 $1/\sigma_z^{2*}$ は，次のようにあらわすことができる[55]。

$$\frac{1}{\sigma_z^{2*}} = \underset{1/\sigma_z^2}{\mathrm{argmax}}\ E(\tilde{\pi}) - C_1(1/\sigma_z^2)$$

---

[55] 私的情報獲得の費用関数 $C_1(1/\sigma_z^2)$ について，いくつか仮定をしているが，(4.100) 式は二つ以上の**極大値** (local maximum) を持つかもしれない。その場合には，**最大値** (global maximum) になっているものを $1/\sigma_z^{2*}$ とする。なお，次の共分散を選択する (4.101) 式についても同様である。

4.3 McNichols and Trueman (1994) の研究

$$= \operatorname*{argmax}_{1/\sigma_z^2} \frac{\sigma^2 \sigma_u \sigma_{zs}(2\sigma_z^2 - \sigma_{zs})}{2\sigma_z(2\sigma_z^2\sigma_s^2 - \sigma_{zs}^2)} - C_1(1/\sigma_z^2) \qquad (4.100)$$

次に上記のケースとは異なり，時点 0 において情報トレーダーは，私的情報を得る前に私的情報獲得を行ない，コストをかけて私的情報と公的情報の共分散 σ_{zs} を選択することができると仮定しよう。情報トレーダーが σ_{zs} の精度をもつ私的情報を獲得するために必要となる投資額ないし努力コストを $C_2(\sigma_{zs})$ とあらわす。またこの関数は，$C_2'(\sigma_{zs}) > 0$，$C_2''(\sigma_{zs}) > 0$ を満たすものとし，$C_2'(\sigma_{zs})$ は σ_{zs} がゼロに近づくにつれゼロに近づき，$\sigma_z \sigma_s$ に近づくにつれ，∞ に近づくと仮定する[56]。これらの条件は，公的情報との共分散がより大きな私的情報は，共分散がより小さな私的情報に比べてその獲得により大きなコストがかかること，共分散の増加にともなうコストの増加は逓増的であることを意味し，また選択される共分散の水準が内点解として存在することを保証するものである。

時点 0 における情報トレーダーの期待利得は，すでに求めた期待利得 (4.92) 式から，上記の情報獲得コストを差し引けばよい。したがって情報トレーダーの選択する公的情報と私的情報の共分散 σ_{zs}^* は，次のようにあらわすことができる。

$$\begin{aligned}\sigma_{zs}^* &= \operatorname*{argmax}_{\sigma_{zs}} E(\tilde{\pi}) - C_2(\sigma_{zs}) \\ &= \operatorname*{argmax}_{\sigma_{zs}} \frac{\sigma^2 \sigma_u \sigma_{zs}(2\sigma_z^2 - \sigma_{zs})}{2\sigma_z(2\sigma_z^2\sigma_s^2 - \sigma_{zs}^2)} - C_2(\sigma_{zs}) \end{aligned} \qquad (4.101)$$

このとき，次の命題を示すことができる。

命題 4.4.

(a) 情報トレーダーが私的情報の精度 $1/\sigma_z^2$ を選択できるとする。また私的情報の精度 $1/\sigma_z^2$ が高いほど，情報トレーダーの時点 1 における期

---

[56] 相関係数が 1 以下になるという条件から，共分散 σ_{zs} は $\sigma_z\sigma_s$ 以下になる。またこのことから，共分散を選択するというよりも，0 から 1 の範囲をとる相関係数 ρ_{zs} を選択していると考えた方がわかりやすいかもしれない。

待利得は高くなると仮定する。すなわち，$\partial E(\tilde{\pi})/\partial(1/\sigma_z^2) > 0$ とする。このとき，公的情報の精度 $1/\sigma_s^2$ が高いほど，情報トレーダーが選択する私的情報の精度 $1/\sigma_z^{2*}$ は高くなる。すなわち，$\partial(1/\sigma_z^{2*})/\partial(1/\sigma_s^2) > 0$ となる。

(b) 情報トレーダーが私的情報と公的情報の共分散 σ_{zs} を選択できるとする。このとき，公的情報の精度 $1/\sigma_s^2$ が高いほど，情報トレーダーが選択する公的情報と私的情報の共分散 σ_{zs}^* は高くなる。すなわち，$\partial \sigma_{zs}^*/\partial(1/\sigma_s^2) > 0$ となる。

証明． (a) については，私的情報の精度を高めることによる情報トレーダーの限界的な便益は，時点 1 における情報トレーダーの期待利得の変化分 $\partial E(\tilde{\pi})/\partial(1/\sigma_z^2)$ であり，限界的なコストは $C_1'(1/\sigma_z^2)$ であることに注意しよう。したがって，公的情報の精度 $1/\sigma_s^2$ が高まっても，限界的コストは変化しないことから，限界的な便益である時点 1 における情報トレーダーの期待利得の変化分 $\partial E(\tilde{\pi})/\partial(1/\sigma_z^2)$ が増加すれば，命題が示されることになる。よって $\partial^2 E(\tilde{\pi})/\partial(1/\sigma_z^2)\,\partial(1/\sigma_s^2) > 0$，つまり $\partial^2 E(\tilde{\pi})/\partial\sigma_z^2\,\partial\sigma_s^2 > 0$ を示せばよい。

情報トレーダーの期待利得 $E(\tilde{\pi})$ は，次のようであった。

$$E(\tilde{\pi}) = \frac{\sigma^2 \sigma_u \sigma_{zs}(2\sigma_z^2 - \sigma_{zs})}{2\sigma_z(2\sigma_z^2\sigma_s^2 - \sigma_{zs}^2)} \tag{4.102}$$

ここで，$\partial E(\tilde{\pi})/\partial\sigma_s^2$ をさきに求める。

$$\frac{\partial E(\tilde{\pi})}{\partial \sigma_s^2} = -E(\tilde{\pi})\frac{2\sigma_z^2}{2\sigma_z^2\sigma_s^2 - \sigma_{zs}^2} \tag{4.103}$$

これを σ_z^2 について微分して，次式を得る。

$$\frac{\partial^2 E(\tilde{\pi})}{\partial\sigma_z^2\,\partial\sigma_s^2} = -\frac{\partial E(\tilde{\pi})}{\partial\sigma_z^2}\frac{2\sigma_z^2}{2\sigma_z^2\sigma_s^2 - \sigma_{zs}^2} + E(\tilde{\pi})\frac{2\sigma_{zs}^2}{(2\sigma_z^2\sigma_s^2 - \sigma_{zs}^2)^2} \tag{4.104}$$

ここで，命題の仮定より $\partial E(\tilde{\pi})/\partial\sigma_z^2 < 0$，また情報トレーダーの期待利得 $E(\tilde{\pi})$ は正であるから，(4.104) 式は正になる。以上で (a) が示された。

(b) についても (a) と同じように考えると，$\partial^2 E(\tilde{\pi})/\partial\sigma_{zs}\,\partial(1/\sigma_s^2) > 0$，つまり $\partial E(\tilde{\pi})/\partial\sigma_{zs}\,\partial\sigma_s^2 < 0$ を示せばよいことがわかる．よって (4.103) 式において求めた $\partial E(\tilde{\pi})/\partial\sigma_s^2$ を σ_{zs} で微分すればよい．

$$\frac{\partial^2 E(\tilde{\pi})}{\partial\sigma_{zs}\,\partial\sigma_s^2} = -\frac{\partial E(\tilde{\pi})}{\partial\sigma_{zs}}\frac{2\sigma_z^2}{2\sigma_z^2\sigma_s^2 - \sigma_{zs}^2} - E(\tilde{\pi})\frac{4\sigma_z^2\sigma_{zs}}{(2\sigma_z^2\sigma_s^2 - \sigma_{zs}^2)^2} \qquad (4.105)$$

ここで，命題 4.3 より $\partial E(\tilde{\pi})/\partial\sigma_{zs} > 0$，また情報トレーダーの期待利得 $E(\tilde{\pi})$ は正であるから，(4.105) 式は負になる．以上で (b) が示された．

証明終

命題 4.4 は，McNichols and Trueman (1994) の研究によって得られた主要な結果である．つまり，企業による公的情報の開示が予定されていると，投資者は事前に私的情報をより活発に獲得するということである．この結果は Diamond (1985) などの結果とは対照的である．このような対照的な結果が得られる理由が，情報トレーダーが公的情報開示前に私的情報を用いて取引することを考慮したことによる．このような状況のもとでは，公的情報の精度が高いほど，公的情報開示前になされる情報トレーダーの私的情報獲得はより活発になる．

公的情報が価格の変化度に与える影響

情報トレーダーが私的情報の精度を選択できるモデルに戻って，公的情報が**価格の変化度**に与える影響を考えよう．この場合，時点 1 における価格の変化度について，次の命題が得られる．

命題 4.5. 情報トレーダーが私的情報の精度 $1/\sigma_z^2$ を選択できるケースを考える．この場合，公的情報の精度 $1/\sigma_s^2$ が高いほど，公的情報開示前の価格の変化度は大きくなる．すなわち，$\partial E(|\tilde{p}_1 - \mu|)/\partial(1/\sigma_s^2) > 0$ となる．

証明． 命題 4.4. で示したように，公的情報の精度 $1/\sigma_s^2$ が高くなると，情報トレーダーが選択する私的情報の精度 $1/\sigma_z^2$ も高くなる．このとき，(4.99)

式で示したように $\sigma^2/\sqrt{2\pi}\sigma_z$ とあらわさる価格の変化度 $E(|\tilde{p}_1 - \mu|)$ は，大きくなる。よって命題は示された。　　　　　　　　　　　　　　　　**証明終**

　公的情報開示前の価格変化は，私的情報を持つ情報優位の投資家が市場に情報を流したとき，あるいは情報優位の投資家が事前に取引を行なったときに生じると一般には考えられている。Kyle (1985) モデルにおいて示されているように，このような要因によってもとより価格は反応する。しかしここでの分析は，この他にも価格が反応する要因が存在することを示している。具体的には，より精度の高い公的情報が開示されることが予定されている場合，このことによって投資家が情報獲得活動をより活発に行なうため，価格の変化度はより大きくなるのである。このような結果は，Kyle (1985) モデルのように私的情報のみが存在するケースと異なり，私的情報と公的情報の双方を考慮することにより初めて得られるものである。ただし，私的情報の精度 $1/\sigma_z^2$ が外生的である場合には，公的情報の精度 $1/\sigma_s^2$ は，時点 1 における価格の変化度とは無関係であったことに注意する。

　私的情報と公的情報の共分散 σ_{zs} は，時点 1 における価格の変化度に影響を与えない。それゆえ，情報トレーダーが私的情報と公的情報の共分散 σ_{zs} が選択できるケースにおいては，公的情報の精度は価格の変化度に影響しない。

4.4　実験研究

　「資本市場における情報開示モデル」についての実験研究は，1990 年代前半から実施されている。ここでは，一連の実験結果を報告している Charles R. Schnitzlein と彼のグループによる実験を中心に，この分野の研究の展開を跡づける。Schnitzlein (1996, p. 615) は，「資本市場における情報開示モデル」の論点を実証する際の実験手法の優位性について，(i) 取引制度を構成するルールと手続のコントロールが可能であること，(ii) 市場参加者ごとに異なる情報を付与し，情報の非対称性が存在する環境を創設できること，お

よび (iii) 流動性動機のみにもとづきランダムに取引するノイズ・トレーダーを市場に導入できることを指摘している。これらの優位性は，株価あるいは財務諸表数値といった現実世界のデータを用いるアーカイバル手法のデータ入手の制約を克服し，理論モデルの直接的な検証を可能とするものである。さらに，マーケット・マイクロストラクチャー研究の目的であり，ほとんどすべての実験研究のテーマでもある代替的な複数の取引制度のパフォーマンスの比較が可能となること (Freihube, Krahnen and Theissen, 2002, p. 257 なども参照)，リスク資産の真の価値を実験研究者自らが事前に設定できること (Theissen, 2000, p. 337 参照) なども実験の手法を用いることからもたらされる優位性であるといえる。[57]

4.4.1 Schnitzlein (1996) の研究

Schnitzlein (1996) は，Kyle (1985) モデルを実験によって検証した先駆的な研究である。彼の資本市場は，4人のヒトの実験参加者がその役割を担うことになる，情報トレーダー（1人），マーケット・メーカー（3人），およびコンピュータのノイズ・トレーダーから構成される。彼の実験の主たる目的は，Kyle (1985) モデルに沿った実験市場環境において，一定期間の注文すべてが単一の価格で一括処理されるバッチ取引の仕組み（**コール・オークション処理**とよばれる）と，個々の注文が提出されるつど逐次的に執行される取引の仕組み（**連続オークション処理**とよばれる）のパフォーマンスを比較検証することであった。

以下では，コール・オークション処理の実験市場の具体的な取引の流れを説明した後，連続オークション処理での実験市場の変更点を指摘するものと

---

[57] F. Black は，その著作 Black (1982, p. 122) において「物理学，化学または工学において，因果を発見するため，われわれは実験を用いる。経済学においては，実験は稀にしか実施されない。しかし，おそらく，相関から学びえるものがいかに少ないかを認識するならば，われわれはもっと実験を実施するだろう」と述べ，計量経済学的研究を補完するための経済実験の実施を奨励している。

する。なお分析に必要なデータ収集のため，それぞれの処理で各 6 市場，合計で 12 市場が実施され，次の手順 1 から手順 4 からなる取引は各市場で 10 回繰り返された。

1. 1 人の情報トレーダーは，リスク資産の事後的な価値 v を私的に通知される。リスク資産の価値 $\tilde{v}$ は，平均 100，分散 42.5 の「近似 (approximate)」正規分布にしたがう。つまりリスク資産の価値 $\tilde{v}$ の分布は正規分布に近似しているものの，離散型のサポート $[78, 79, \ldots, 122]$ を持ち，実現値 v として整数値のみをとることになる。

2. 情報トレーダーは，リスク資産についての売買注文を提出する。一つの注文で指定できる取引量は 1，2 または 3 単位のいずれかに限定されるものの，空売りや提出する注文の個数には制約は課されず，したがって情報トレーダーは，複数の売り注文と買い注文を同時に提出することが可能である。

3. 情報トレーダーが提出した取引量 x は，コンピュータが決定するノイズ・トレーダーのランダムな取引量 $\tilde{u}$ の実現値 u と合計され，市場の合計の注文量 $y (= x + u)$ が 3 人のマーケット・メーカーに通知される。

   コンピュータは，強度（intensity，いわゆる生起率 λ) 4 の「近似」ポアソン分布にしたがう[58]売り注文数と買い注文数をもたらし，それぞれの売買注文の取引量は，1，2 または 3 単位をそれぞれ 25%，50% または 25% の確率でとるように決定される。

4. 3 人のマーケット・メーカーは，市場を清算するため，合計の注文量 y の「逆の」ポジションをとり，それぞれ購入価格または売却価格をビッドする。危険資産の清算価格 p は，情報トレーダーとノイズ・トレーダーの合計の注文量 y が売りポジションであれば 3 人のうち最高の購入価格を提示したマーケット・メーカーのビッド額，買いポジ

---

[58] すなわち，分布は，注文数の最大値が 10，期待値が 4 となるように調整される (Schnitzlein, 1996, p. 617, footnote 5)。

ションであれば3人のうち最低の売却価格を提示したマーケット・メーカーのビッド額となる。

その期間の取引についての情報が全市場参加者に明らかにされ，清算価格 p とリスク資産の真の価値 v の差額や取引量 (x および y) から利得が算定され，引き続き，新たな取引期間が開始される。10回の取引の利得合計が大きいほど実験の報酬額も多くなることで，参加者の経済的インセンティブがコントロールされる。

もう一つの実験の処理である連続オークション実験市場では，情報トレーダーとノイズ・トレーダーの売買注文は提出のつど3人のマーケット・メーカーに通知され，コール・オークション処理と同様の第1価格封印入札による価格決定後に清算される。マーケット・メーカーは，注文状況についてはリアルタイムに知ることができるが，ある売買注文が情報トレーダーまたはノイズ・トレーダーのいずれから提出されたものかは知らないままで，「逆の」ポジションをとるべく価格についてビッドすることになる。

二つの異なる取引制度の資本市場の（実験）モデルの均衡は，数値計算を通じて分析的に解かれていない (Schnitzlein, 1996, p. 624, footnote 13)。したがって実験結果の分析は，モデルの均衡予測と実験データとの比較ではなく，コール・オークション市場と連続オークション市場の実験データの比較によってなされることになる。Schnitzlein (1996) の主たる予測は，連続オークション市場においては，小口の売買注文を頻繁に提出することでより多くの「独占」利益の獲得が可能であり，またノイズ・トレーダーのランダムな注文とその帰結を観察したうえでこれに対応して自らの戦略を決定できるため，コール・オークション市場におけるよりも，情報トレーダーの利得は大きく，反対にノイズ・トレーダーの利得は小さくなるというのである。

実験結果は，一般に当該予測と整合的なものであった。10の試行回数の後半5回の検定期間の実験データによれば，情報トレーダーの利得の平均は連続（コール）オークション市場で 0.86 (0.51)，これ対するノイズ・トレーダーの利得の平均は連続（コール）オークション市場で −1.99 (−0.69)

であった[59]。取引量 1 単位当たりの価格変化の平均で算定された市場の流動性[60]は，連続オークション市場 (0.0224) では，コール・オークション市場 (0.0062) よりも高く，また情報トレーダーが提出した平均注文数をみると，連続オークション市場 (9.3) はコール・オークション市場 (4.6) の約 2 倍であった。さらにリスク資産の真の価値と価格との差の平均で測定された市場の価格効率性 (price efficiency) の指標[61]は，連続オークション市場 (4.76) においてコール・オークション市場 (5.41) よりも低く，よって連続オークション市場の方が効率性が高く，特に連続オークション市場における取引の進展につれてこの傾向は強まった。

Schnitzlein (1996, pp. 630-631) では，Kyle (1985) モデルのバッチ取引の仮定にしたがうコール・オークション市場の実験データを用いて，Kyle (1985) モデルの均衡導出における線形戦略の仮定の妥当性，すなわちさきの (4.2) 式および (4.3) 式に対応する $p = \kappa + \lambda y$ と $x = \alpha + \beta(v - u)$ の 2 式への実験データの当てはまりのよさが，追加的に検証されている。以前に同様の実験市場の経験がある参加者による 2 市場のデータの回帰分析の結果，情報トレーダーの取引戦略とマーケット・メーカーの価格設定ルールはともに線形に近いことが示された。具体的には，κ と α の推定値はそれぞれ資産の事前の期待値またはゼロから統計的な有意差が認められなかったのに対し，λ と β の係数の推定値はそれぞれ 0.57 ($t = 8.88$) と 0.52 ($t = 14.08$) と統計的に有意なものであり，また回帰式の決定係数 R^2 はそれぞれ 0.91 と 0.96 と高いものであった。

---

[59] 後者のノイズ・トレーダーの利得の市場間の平均の差は統計的に有意であったが ($P <$ 0.01)，前者の情報トレーダーの利得の市場間の平均の差は統計的に有意ではなかった ($P < 0.11$)。

[60] 実験市場の流動性（または市場の深さ）は，取引制度によってはビッド・アスク・スプレッドで測定されることもある (Krahnen, Rieck and Theissen, 1999, p. 45, footnote 8 参照)。

[61] この指標は，平均価格誤差 (mean price error: MPE) とよばれる。実験市場における市場の価格（または情報）効率性のその他の指標については，Theissen (2000, p. 343) に詳しい。

以上，Schnitzlein (1996) の実験は，マーケット・マイクロストラクチャー研究における取引制度の重要性を，コントロールされた実験市場で改めて示唆したものであり，また Kyle (1985) モデルの線形戦略の仮定が実験データで実証されたという意味で，この分野における実験研究のその後の展開に対して大きな影響を与えるものであった．

4.4.2 Schnitzlein(1996) 以降の実験研究の展開

「資本市場における情報開示モデル」に関連する実験研究における主たる論点と実験デザインの特徴を，ここで簡潔に紹介しておこう．Charles A. Schnitzlein が共著者である Lamoureux and Schnitzlein (1997)，Lamoureux and Schnitzlein (2004)，および Jong et al. (2006) は，ノイズ・トレーダーの役割をコンピュータではなくヒトの参加者が担う[62]という点を除き，Schnitzlein (1996) と類似する実験デザインを採用する．Lamoureux and Schnitzlein (1997) は，(i) マーケット・メーカーがビッドとアスクを市場に提示し，トレーダーが受容する純粋なディーラー・メカニズム (pure dealer mechanism) と，(ii) 市場を通じた (i) の環境に加え，特定の市場参加者間での双方向的な (birateral) フロア外の取引が許容される探査付きディーラー・メカニズム (dealer-cum-search mechanism) とを比較する．Lamoureux and Schnitzlein (2004) は，(i) 単一のリスク資産の取引を 3 人のマーケット・メーカーが競合する取引制度と，(ii) 三つのリスク資産を 1 人のマーケット・メーカーが独占的に取引する取引制度について，マーケット・メーカーの収益性への影響を調査する．Jong et al. (2006) では，リスク資産のコール・オプションが同時に市場で取引される場合に，コール・オプションのない市場と比べて，市

---

[62] たとえば，Lamoureux and Schnitzlein (2004) 実験においては，ノイズ・トレーダーに求められる取引量 u は $[-5, -4, \ldots, 5]$ の離散型一様分布から無作為に引き出され，取引期間内にこの取引量が達成できなかった場合にはペナルティが課されることによって，リスク資産への非弾力的な需要が創出される．ペナルティは，達成できなかった取引量 1 単位につき，リスク資産の事前の期待価値と等しいものとされた．

場の価格効率性，ボラティリティやノイズ・トレーダーの損失といった指標で測定される原資産の市場の質が改善するかどうかが調査される。

Bloomfield and O'Hara (2000) は，成立した取引についての情報の観察可能性を参加者間で操作することで，透明性の異なる取引制度を比較する実験市場の結果を報告している。彼らのデザインした実験のディーラー市場は，ヒトの参加者である情報トレーダー（1人），マーケット・メーカー（4人），ヒト（1人）とコンピュータ（2）が担当するノイズ・トレーダーからなる8の関係者で構成され，また Schnitzlein らの実験とは異なる変数の独自の分布や実験報酬の決定方法が用いられている。

Theissen (2000) と Freihube et al. (2002) では，コール・オークション市場，連続オークション市場，およびディーラー市場という三つの取引制度のパフォーマンス，特に取引コストの大小が比較されている。彼らの実験市場は，(i) リスク資産の取引が複数期間にわたって実施され，リスク資産の真の価値が期間ごとにランダム・ウォークで変動する，(ii) リスク資産の真の価値にノイズを含んだ私的情報が開示される，(iii) ノイズ・トレーダーが存在しないなど，他の実験のデザインとは異なる特徴を有している。

4.5 要約と文献案内

本章では，マーケット・マイクロストラクチャーの代表的な分析の一つと位置づけられる Kyle (1985) のモデル，およびその Kyle (1985) のモデルにもとづいた応用研究のなかで，私的情報に加えて公的情報が存在する状況を考察した McNichols and Trueman (1994) を取り上げた。

会計分野において，Kyle (1985) モデルの設定を応用した研究は，McNichols and Trueman (1994) 以外にも存在する。Kim and Verrecchia (1994) は，複数の情報トレーダーが存在し，またそれぞれの情報トレーダーが異なる私的情報を持つ状況において，会計情報といった公的情報の開示が，情報の非対称性を増大させ，流動性を低め，そして取引量を大きくすることを示した。McNichols and Trueman (1994) の焦点は，私的情報と公的情報の役割と

4.5 要約と文献案内　**143**

いった次元の論点の分析におかれているが，前章で考察したような経営者による自発的開示を内生的に扱っている研究に Zhang (2001) がある。この他，McNichols and Trueman (1994) と同じく短期的な投資者を仮定したうえで**利益マネジメント** (earnings management) を考察した Fischer and Stocken (2004)，厳格な**会計基準** (accounting standards) と柔軟な会計基準を比較した Dye and Sridhar (2008) などがある。

　本書では，資本市場の設定として Kyle (1985) モデルを取り上げたが，同様に資本市場に注目する場合であっても，研究目的に応じてさまざまなモデルが用いられることも指摘しておくべきである。**合理的期待モデル**と総称されるモデルには，たとえば Grossman and Stiglitz (1980)，Hellwig (1980)，Verrecchia (1982) などの研究が含まれ[63]，これらのモデルにもとづいて資本市場についての会計情報の役割を検討した研究も数多い。これらの文献については，たとえば Verrecchia (2001) や Christensen and Feltham (2003, Chapter 11) を参照されたい。さらにこれ以外にも，たとえば近年の研究として Shin (2006)，Lambert et al. (2007)，Hughes et al. (2007)，Gao (2008, 2010) など，さまざまな資本市場モデルにおいて会計情報を分析する試みがなされている。

---

[63] 第 1 章でも指摘したように Kyle (1985) と Grossman and Stiglitz (1980) のモデルの相違点の一つは，Kyle (1985) ではプライス・テイカーとして行動しない投資者（情報トレーダー）の存在が仮定されるのに対して，Grossman and Stiglitz (1980) における投資者はプライス・テイカーとして行動すると仮定されることである。合理的期待モデルにもさまざまな設定のものがあり，対象とする問題によって使い分けられている。

第5章　製品市場における情報開示モデル

5.1　はじめに

　少数の企業からなる市場は**寡占市場** (oligopoly market) とよばれるが，そのうちとりわけ二つの企業からなる市場形態が**複占市場** (duopoly market) である。複占市場にあっては企業の相互依存関係のもとで相手企業の戦略を予想して自社の戦略を決定する必要がある。各企業にとって情報の取り扱いが重要となるのはこの文脈であり，事実，複占市場のモデルでは比較的古くから情報が注目され，その意義が分析されてきた。この意味で，複占モデルはまた会計分野における企業の開示政策の分析においても極めて重要な分析モデルの一つである。なお，企業の相互依存関係のもとでの経営者なり企業の開示戦略という意味で，主に念頭におかれる市場は，前章の資本市場というより，製品市場がふさわしい。「製品市場における情報開示モデル」と題した本章では，この寡占市場におけるディスクロージャーの問題を取り扱うモデルに注目し，以下ではまず Darrough (1993) に依拠して複占市場における企業なり経営者の情報開示行動についての分析の成果を概観した後，この文脈に沿ったモデルの一つを詳しく説明する[1]。

---

[1] 寡占市場についての大学院レベルの標準的な参考文献としては，Tirole (1988), Mas-Colell et al. (1995, Chapter 12), Vives (2001) などがある。また，不確実性の存在する寡占市場での情報開示モデルについては，Vives (2001, Chapter 6) において詳しくサーベイされている。なお本章では，寡占市場での情報開示について，会計分野で行なわれた研究を中心に取り上げている。

第 5 章 製品市場における情報開示モデル

　複占を前提とした製品市場における情報開示モデルの検証もまた，実験経済学の得意とするところであり，これまで数多くの実験が実施されてきた。本章では，そのうちの代表的な一つの文献を取り上げ，実験経済学の手法によって，モデルの予測がどのように検証されるのかを詳しく跡づける。

　2社のみの存在を仮定する複占市場は，両社の行動が相互に影響しあいまた相互に依存するといった企業間相互の戦略的状況の分析によく適合したものであり，ゲーム理論においても様々なタイプの複占市場のモデルがしばしば取り上げられる。経済主体が保有する私的情報の観点からいえば，私的情報を有する二つの企業の経営者の開示政策とはいかなるものであるのか，つまり開示するのかしないの，開示するのはどのような場合においてなのかが本章での関心事となる。

　複占モデルは，企業の意思決定の対象，つまり企業の戦略変数が生産数量であるのか販売価格であるのか，また各企業が同時に戦略を選択する**同時手番ゲーム** (simultaneous-move game) であるのか，順番に戦略を選択する**逐次手番ゲーム** (sequential-move game) であるのかによって分類される[2]。ただし，情報が完備でない状況として，企業は二つのタイプの不確実性に直面すると想定されるのは，いずれのモデルであれ同じである。つまり当該製品市場における**需要の不確実性**と相手企業の**費用構造の不確実性**である。それゆえ本書の関心事である情報からみば，市場の需要に関する**産業レベルでの情報**と費用構造という**企業固有の情報**という二つのタイプの私的情報が分析の対象となるということになる。この結果，開示か非開示かといった情報開示戦略

---

　[2] このようなモデルは，ゲーム理論の枠組みが確立される前に分析されていたことから，各企業が同時に数量を選択するモデルは**クールノー・モデル** (Cournot model)，同時に価格を選択する競争は**ベルトラン・モデル** (Bertrand model)，また逐次に選択するモデルは**シュタッケルベルク・モデル** (Stackelberg model) とよばれることもある。また，それぞれの均衡は，クールノー均衡，ベルトラン均衡，シュタッケルベルク均衡とよばれることもあるが，クールノー均衡とベルトラン均衡は，ゲーム理論の枠組みでのナッシュ均衡に一致し（このことからクールノー・ナッシュ均衡，ベルトラン・ナッシュ均衡とよばれることもある），またシュタッケルベルク均衡は，ゲーム理論の枠組みでの**サブゲーム完全均衡** (sub-game perfect equilibrium) に一致する。

5.1 はじめに **147**

の均衡は，基本的に，企業の戦略変数としての数量と価格，および不確実性の源泉としての需要と費用構造の 2×2 の計四つのケースについてそれぞれ導かれることになる。

複占市場に関する会計分野における包括的な情報開示分析の一つは，Darrough (1993) である[3]。Darrough (1993) は，企業が第 1 段階で開示政策（開示・非開示）についての意思決定を行ない，第 2 段階で数量または価格の意思決定を行うという 2 段階ゲームを用い，(i) 需要または費用構造に関する私的情報を企業が受け取る前に開示政策についての態度を明らかにする，開示政策についてプレコミットメントが存在する場合，および (ii) 需要または費用構造に関する私的情報を企業が受け取った後で自発的に開示するかどうかを意思決定する，開示政策についてプレコミットメントが存在しない場合の二つのケースを分析した。Darrough (1993) では，前者を「**事前の (ex ante) 開示のインセンティブ分析**」，後者を「**事後の (ex post) 開示のインセンティブ分析**」とよぶ。

「事前の開示のインセンティブ分析」について得られた均衡開示政策は，図表 5.1 のようである (Darrough, 1993, p. 547)[4]。

図表 **5.1** 事前の均衡開示政策

		競争タイプ	
		数量	価格
情報タイプ	需要	非開示	開示
	費用	開示	非開示

Darrough (1993, pp. 547-554) のいう「事後の開示のインセンティブ分析」とは，第 1 段階で企業が私的情報を一定の確率で受け取るといった状況のもとで，私的情報を受け取った後で自社の開示政策 (開示・非開示) を選択し，第

---

[3] 会計分野における複占市場での情報開示モデルについては，Christensen and Feltham (2003, Chapter 15) においてもサーベイされている。

[4] 同様の表は，Christensen and Feltham (2003, p. 562) においても示されている。

2段階で数量または価格を決定するというものである。この場合，企業は私的情報を受け取らない可能性も当然に存在しうるが，受け取る・受け取らないという事前確率は共有知識であると仮定されている。この事後の開示設定の場合，開示政策についての態度は私的情報を受け取るに先立っては明らかにはされないことから，自発的開示の裁量が企業に与えられることになる。

この事後の開示設定の場合，さきに事前の開示設定での均衡開示政策が「開示」であった数量/費用および価格/需要のケースについては，同様に「開示」が均衡開示政策となる。なぜなら，望ましい情報を得た企業は開示によって期待利潤が増加するのであり，また望ましくない情報を得た企業についても第3章で説明した完全開示の結果をもたらす市場の諸力が作動することになるからである。

事後の開示設定のもとで問題となるのは，事前の場合に「非開示」とされた数量/需要および価格/費用の二つのケースである。Darrough (1993) の分析によると，この場合の開示のベネフィットは私的情報の実現値に依存することから，均衡開示政策は分かれる。第1に，私的情報を獲得する可能性がないと相手企業がみている場合，望ましい情報を受け取った企業は事前に選択された開示政策と等しい開示政策を選択するであろうし，(最も極端な場合を除き) 望ましくない情報を受け取った企業は事前に選択された開示政策とは反対の開示政策を選択するであろう。第2に，私的情報を獲得する可能性が高いと相手企業がみている場合，非開示は，例によって完全開示の結果を導く市場の諸力が作動する結果，高い確率で極端に望ましくない情報を受け取ったと解釈されることから，企業は開示せざるをえない状況に追い込まれる可能性が高まる。Darrough (1993) の分析結果のみをいえば，数量/需要のケースでは，企業は実際のところ常に開示が強いられることになる一方で，価格/費用のケースにあっては開示の可能性は低いというものである。後者の場合，開示の可能性および開示される私的情報の値の範囲は市場の需要に関連した私的情報の散らばりと製品の代替性の程度に依存し，需要の不確実性パラメータの分散および製品代替性の程度が高まれば高まるほど開示の可能性は低下し，両者の製品が代替的である場合には開示はめったに生じない

というものである (Darrough, 1993, p. 555)。

いずれにせよ**複占モデル**によれば，開示のインセンティブは，大きく，企業が活動する**市場の競争タイプ**（数量競争か価格競争か），および企業が受け取る**私的情報タイプ**（需要に関するものか費用構造に関するものか）に決定的に依存することになるが，このモデルの魅力の一つは，開示に起因した経済的厚生上の含意が明解に導かれることである。いわゆる**生産者余剰** (producer surplus)，**消費者余剰** (consumer surplus) およびそれらを合計した**総余剰**である。これらの経済的厚生上の含意をふまえて，たとえば，社会的にみて望ましい開示政策を導く，あるべき開示規制についての一つの指針が得られることになると期待することもできる[5]。

これまで概観してきた Darrough (1993) は，複占モデルを用いた包括的な分析である一方で，情報一般の分析の域を超えるものではなく，会計情報を特に念頭においた分析というわけではない。本章の 5.5 節でみるように，その後，より具体的に会計情報に固有の環境なり特性をふまえた分析が展開されてきているが，本章の以下では，これらの分析に共通してみられる複占市場の情報開示モデルの基礎を詳しく説明するという目的から，Arya and Mittendorf (2007) に注目し，Arya and Mittendorf (2007) の表記にしたがって，需要についての不確実性が存在するもとでの数量競争のモデルを取り上げる。Arya and Mittendorf (2007) では，企業は需要に関する私的情報を受け取る一方で，生産数量の意思決定に先立ってまずは開示政策（開示・非開示）の態度を表明するものと仮定されている。これは Darrough (1993) にいう開示政策についてプレコミットメントが存在する「事前の開示のインセンティブ分析」に該当するものであり，この場合の数量/需要のケースにおける均衡開示政策は非開示であった。よって次の 5.2 節では，この非開示という結

---

[5] 本節で概観した Darrough (1993) は，自身の分析をふまえ，開示の強制ルールがもっとも効果的であるのは，開示政策についてプレコミットメントが存在する場合に企業が非開示というインセンティブを有する場合，および開示政策についてプレコミットメントが存在しない場合に企業が自発的開示をしそうにない場合である，と指摘している (Darrough, 1993, p. 538)。

果がどのように導出されているのかを詳しく跡づけることになる。Arya and Mittendorf (2007) では，さらに企業とは独立した情報提供者としての**アナリスト** (analyst) の存在を複占モデルに組み込み，アナリストの存在によって経営者による開示政策がどのように変化するのかを分析している。本章では，このケースについての詳細な計算の記述は省略しているが，会計研究での応用例を示す意味で，アナリストの行動が企業の開示政策に与える影響の分析についての結果もあわせて紹介する。

5.2 需要不確実のもとでの数量競争モデルにおける情報開示

5.2.1 設　　定[6]

差別化された製品を生産する企業 1 と企業 2 の 2 企業が存在する製品市場を考える。これら 2 社の企業は数量競争，すなわち各企業は利潤を最大にするように数量を決定するものとする。企業 i の製品の需要は，次式で示される線形の**逆需要関数** (inverse demand function) であらわされるものとする。

$$P_i = a + \Gamma - q_i - kq_j, \qquad i, j = 1, 2, \quad i \neq j \tag{5.1}$$

ここで P_i は企業 i の製品価格，q_i は企業 i の生産量をあらわす。また $k \in (0, 1]$ は競争の激しさをあらわすパラメータである。つまり k が 0 に近づけば，両製品はより独立しており両企業はライバル関係にはないといえる。逆に k が 1 に近づけば，両製品はより代替的であり極めて激しい競争状況をあらわす。さらに需要関数の切片について，不確実性が存在していると仮定する。つまり，需要のパラメータ a は既知であるが，Γ は確率変数であ

---

[6] 本節の設定および記号は Arya and Mittendorf (2007) にしたがっているが，より一般的に，需要不確実のもとでの数量競争である場合には同じ結果が成り立つ。より一般的なモデル設定については，たとえば Darrough (1993) を参照のこと。なお，記号の表記についても Arya and Mittendorf (2007) にしたがっているため，確率変数や条件付き期待値など，他の章と異なるあらわし方をしているところがある。

5.2 需要不確実のもとでの数量競争モデルにおける情報開示

り $\Gamma \in \{-\gamma, \gamma\}$ とする[7]。

両企業とも事前には需要のパラメータ Γ について同じ信念をもっており，γ と $-\gamma$ は同じ確率で生じると予想するものとする。各企業は生産前に独立に Γ についての情報を得る，具体的にいえば，企業 i は私的情報 $s_i \in \{-\gamma, \gamma\}$ を入手するものとする。私的情報の精度は，s_i と Γ が一致する確率 p であらわされ，$\Pr(s_i = \gamma \mid \Gamma = \gamma) = \Pr(s_i = -\gamma \mid \Gamma = -\gamma) = p$ とする。ここで $1/2 < p < 1$ とし，私的情報は完全ではないものの需要についての有用な情報をもたらすと仮定する。企業は私的情報を入手する前に，その情報を開示するか開示しないかを選択する。さらに企業の開示政策は，両企業が同時に決定するものとする。なお，需要のパラメータ Γ と各企業の入手するシグナル s_i, s_j の関係を図示すれば，次の図表 5.2 のようになる。

図表 5.2　需要のパラメータ Γ と各企業の入手するシグナル s_i, s_j の関係

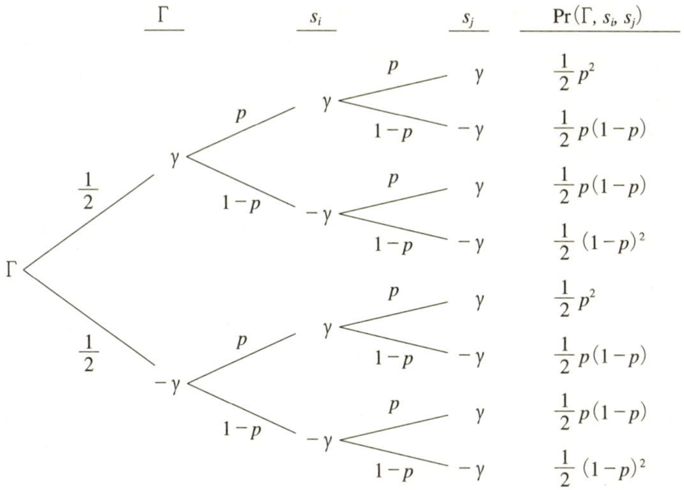

[7] 注 6 で指摘したように，本章は Arya and Mittendorf (2007) にしたがっているため，他の章と異なり，確率変数に~（チルダ）を付けていない。なお，確率変数の表記については，数学付録 B.5 節も参照のこと。

企業は事前に決定した開示政策にしたがって情報を開示し，その後に生産量を決定する。最後に，需要のパラメータ Γ が実現し，均衡価格が決まり，各企業の利潤が実現する。モデルのタイムラインは，図表 5.3 のように示すことができる。

図表 5.3 モデルのタイムライン

| 各企業が，同時に開示政策を決定する。 | 各企業が，私的情報 s_i (s_j) を入手する。 | 各企業が，事前に決定した開示政策にしたがって，情報を開示する（開示しない）。 | 各企業が，同時に生産量 $q_i(q_j)$ を決定する。 | 各企業の利潤が実現する。 |

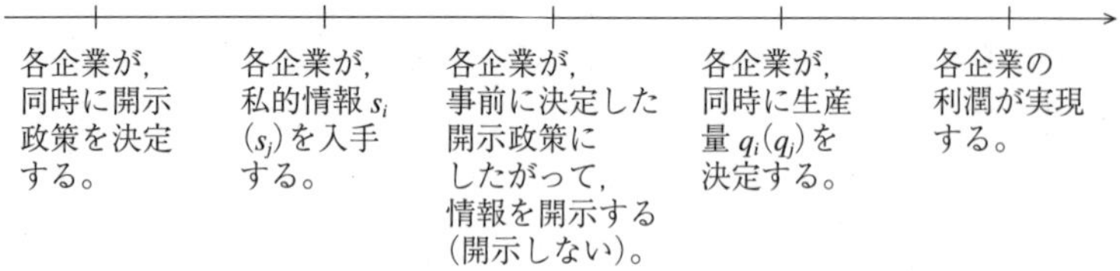

5.2.2 製品市場における企業の情報開示行動

本節では，ゲーム理論の標準的な解き方である**バックワード・インダクション** (backward induction)[8]にしたがって，つまり図表 5.3 の時間の流れと逆向きに解いていく。よって以下では，まず (1-i) 両企業ともに情報を開示するケース，(1-ii) 一方の企業だけが情報を開示するケース，(1-iii) 両企業ともに情報を開示しないケースについて，企業の生産量の意思決定を順に考察し，その後に (2) 企業の開示政策についての意思決定を検討する。

(1-i) 両企業ともに情報を開示するケース

両企業ともに情報を開示する場合，各企業はそれらの情報に依存して生産量を決定することが可能となる。この場合，$q_i(s_i, s_j)$ を企業 i が選択する生産量とすれば，企業 i の目的は，利潤 $\Pi_i^{dd}(s_i, s_j)$ を最大化することであり，次のようにあらわすことができる[9]。

---

[8] 後ろ向き帰納法と訳されることもある。

[9] Arya and Mittendorf (2007) にしたがっているため，利潤のあらわし方も他の章と異なっている点に注意が必要である。この利潤 $\Pi_i^{dd}(s_i, s_j)$ というあらわし方には期待値記号が用いられていないが，これは情報 s_1 と s_2 が開示されその情報に依存して数量決定

5.2 需要不確実のもとでの数量競争モデルにおける情報開示

$$\max_{q_1} \Pi_1^{dd}(s_1, s_2)$$
$$= \max_{q_i(s_i,s_j)} \sum_{\Gamma} \Pr(\Gamma \mid s_i, s_j)(a + \Gamma - q_i(s_i, s_j) - kq_j(s_i, s_j))q_i(s_i, s_j),$$
$$i, j = 1, 2, \quad i \neq j \quad (5.2)$$

二つの上添え字は，企業が情報を開示した場合には d，開示しなかった場合には ϕ として，企業1と企業2の順で並んでいる。たとえば，Π_i^{dd} は両企業が情報を開示した場合の企業 i の利潤，$\Pi_i^{d\phi}$ は企業1は情報を開示し，企業2は情報を開示しなかった場合の企業 i の利潤といった具合である。また $\Pr(\Gamma \mid s_i, s_j)$ は，企業 i が不確実な需要パラメータについての信念を，情報を観察したことによって改訂したことをあらわす。

■**企業の利潤最大化の条件** (5.2) 式をもう少し具体的にあらわすことにしよう。たとえば企業1が直面する問題は次のようである。なおここでは，$\Pr(\Gamma = \gamma \mid s_1, s_2) = \Pr(\gamma \mid s_1, s_2), \ q_1(s_1, s_2) = q_1, \ q_2(s_1, s_2) = q_2$ と表記している。

$$\begin{aligned}
\max_{q_1} \Pi_1^{dd}(s_1, s_2) &= \max_{q_1} \sum_{\Gamma} \Pr(\Gamma \mid s_1, s_2)(a + \Gamma - q_1 - kq_2)q_1 \\
&= \max_{q_1} \ [\Pr(\gamma \mid s_1, s_2)(a + \gamma - q_1 - kq_2) \\
&\qquad + \Pr(-\gamma \mid s_1, s_2)(a - \gamma - q_1 - kq_2)]q_1 \\
&= \max_{q_1} \ [(a - q_1 - kq_2) + \Pr(\gamma \mid s_1, s_2)\gamma \\
&\qquad + \Pr(-\gamma \mid s_1, s_2)(-\gamma)]q_1 \\
&= \max_{q_1} \ [(a - q_1 - kq_2) + (2\Pr(\gamma \mid s_1, s_2) - 1)\gamma]q_1 \quad (5.3)
\end{aligned}$$

これを q_1 について微分すると，1階条件は次のようになる[10]。

$$-q_1 + (a - q_1 - kq_2) + (2\Pr(\gamma \mid s_1, s_2) - 1)\gamma = 0 \quad (5.4)$$

がなされたときの条件付きの期待利潤である。したがって，$E[\Pi_i^{dd} \mid s_i, s_j]$ あるいは $E[\tilde{\Pi}_i \mid s_i, s_j]$ などとあらわした方が，わかりやすいかもしれない。

[10] 2階条件は，$\Pi_1^{dd}(s_1, s_2)$ を q_1 で2回微分すると -2 で負になることから満たされている。

ここで, (5.4) 式をさきの (5.3) 式の目的関数に代入すると, 情報が開示された後の事後的な利潤は, $\Pi_1^{dd}(s_1, s_2) = q_1^2$ となることがわかる[11]。(5.4) 式より, 企業 2 が選択する数量 q_2 を所与としたときの企業 1 の最適な数量選択 q_1 は, 次式であらわされることになる。

$$q_1 = \frac{1}{2}[a - kq_2 + (2\Pr(\gamma \mid s_1, s_2) - 1)\gamma] \tag{5.5}$$

同様に, 企業 1 が選択する数量 q_1 を所与としたときの企業 2 の最適な数量選択 q_2 は, 次式であらわされる。

$$q_2 = \frac{1}{2}[a - kq_1 + (2\Pr(\gamma \mid s_1, s_2) - 1)\gamma] \tag{5.6}$$

(5.5) 式と (5.6) 式の連立方程式を解き, 企業 i の数量 q_i の選択が, 両企業が入手し開示する情報 s_1 と s_2 に依存して決定されることを明示すれば, 次のようになる。

$$q_i(s_i, s_j) = \frac{1}{2+k}[a + (2\Pr(\gamma \mid s_1, s_2) - 1)\gamma] \tag{5.7}$$

次に, 両企業の情報が開示されたときの需要パラメータ Γ が γ である確率, つまり $\Pr(\gamma \mid s_1, s_2)$ は, 数学付録 B.4 節のベイズの定理から, 具体的に次のように計算できる[12]。

---

[11] 第 4 章における Kyle (1985) のモデルを分析したときと同様である。(4.7) 式の後の議論を参照のこと。

[12] たとえば $\Pr(\gamma \mid \gamma, \gamma)$ について, もう少し詳しく記述すれば, 次のようである。

$\Pr(\gamma \mid \gamma, \gamma)$
$= \Pr(\Gamma = \gamma \mid s_1 = \gamma, s_2 = \gamma)$
$= \dfrac{\Pr(\Gamma = \gamma) \times \Pr(s_1 = \gamma, s_2 = \gamma \mid \Gamma = \gamma)}{\Pr(\Gamma = \gamma) \times \Pr(s_1 = \gamma, s_2 = \gamma \mid \Gamma = \gamma) + \Pr(\Gamma = -\gamma) \times \Pr(s_1 = \gamma, s_2 = \gamma \mid \Gamma = -\gamma)}$
$= \dfrac{\frac{1}{2} \times p^2}{\frac{1}{2} \times p^2 + \frac{1}{2} \times (1-p)^2}$
$= \dfrac{p^2}{p^2 + (1-p)^2}$

5.2 需要不確実のもとでの数量競争モデルにおける情報開示

$$\Pr(\gamma \mid \gamma, \gamma) = \frac{p^2}{p^2 + (1-p)^2} > \frac{1}{2} \tag{5.8}$$

$$\Pr(\gamma \mid \gamma, -\gamma) = \Pr(\gamma \mid -\gamma, \gamma) = \frac{1}{2} \tag{5.9}$$

$$\Pr(\gamma \mid -\gamma, -\gamma) = \frac{(1-p)^2}{p^2 + (1-p)^2} < \frac{1}{2} \tag{5.10}$$

なお $\Pr(\Gamma = \gamma \mid s_1 = \gamma, s_2 = \gamma)$ を,上式では $\Pr(\gamma \mid \gamma, \gamma)$ といったふうに表記している。

これらを (5.7) 式に代入することにより,各企業が入手し開示した情報に依存して選択する数量を,次のように具体的に示すことができる。

$$q_i(\gamma, \gamma) = \frac{a}{2+k} + \frac{\gamma(2p-1)}{(2+k)(p^2 + (1-p)^2)} \tag{5.11}$$

$$q_i(\gamma, -\gamma) = q_i(-\gamma, \gamma) = \frac{a}{2+k} \tag{5.12}$$

$$q_i(-\gamma, -\gamma) = \frac{a}{2+k} - \frac{\gamma(2p-1)}{(2+k)(p^2 + (1-p)^2)} \tag{5.13}$$

■期待利潤　情報が開示された後の事後的な利潤は,(5.4) 式の後で指摘したように $\Pi_i^{dd}(s_i, s_j) = q_i(s_i, s_j)^2$ である。このことを念頭におき,情報を入手する前の時点における企業 i の期待利潤 $E[\Pi_i^{dd}]$ を計算すると,次のようになる[13]。なお $\Pr(\Gamma = \gamma \mid s_1 = \gamma, s_2 = \gamma)$ を,$\Pr(\gamma \mid \gamma, \gamma)$ といったふうに表記している。

---

[13] ここで $E[\Pi_i^{dd}]$ と $E[\Pi_i^{dd}(s_i, s_j)]$ は似ているが意味する内容は異なることに注意する必要がある。Π_i^{dd} は情報を得る前の利潤であり,その期待値を $E[\Pi_i^{dd}]$ とあらわしている一方,$\Pi_i^{dd}(s_i, s_j)$ は情報 s_i と s_j が開示され,その情報に依存して数量決定がなされたときの条件付きの期待利潤である。そして,数学付録 B.13 節の繰り返し期待値の法則から,事前の期待利潤 $E[\Pi_i^{dd}]$ は条件付き期待利潤の期待値 $E[\Pi_i^{dd}(s_i, s_j)]$ に等しい。なお,$E[\Pi_i^{dd}(s_i, s_j)]$ は,$E[q_i(s_i, s_j)^2]$ に等しいことから,数量の 2 乗の期待値とみて,期待値の 2 乗 ($E[q_i(s_i, s_j)]^2$) と分散 ($\mathrm{Var}(q_i(s_i, s_j))$) の和として求めることもできる。この方法での具体的計算は,$E[\Pi_i^{\phi\phi}(s_i, s_j)]$ のケース,つまり両企業ともに情報を開示しないケースについて,数学付録 B.13 節に示している。

$E[\Pi_i^{dd}]$

$= E[\Pi_i^{dd}(s_i, s_j)]$

$= [\Pr(\gamma, \gamma, \gamma) + \Pr(-\gamma, \gamma, \gamma)] \times E[\Pi_i^{dd}(\gamma, \gamma)]$
$\quad + [\Pr(\gamma, \gamma, -\gamma) + \Pr(-\gamma, \gamma, -\gamma)] \times E[\Pi_i^{dd}(\gamma, -\gamma)]$
$\quad + [\Pr(\gamma, -\gamma, \gamma) + \Pr(-\gamma, -\gamma, \gamma)] \times E[\Pi_i^{dd}(-\gamma, \gamma)]$
$\quad + [\Pr(\gamma, -\gamma, -\gamma) + \Pr(-\gamma, -\gamma, -\gamma)] \times E[\Pi_i^{dd}(-\gamma, -\gamma)]$

$= \dfrac{1}{2}(p^2 + (1-p)^2)[q_i(\gamma, \gamma)^2 + q_i(-\gamma, -\gamma)^2]$
$\quad + p(1-p)[q_i(\gamma, -\gamma)^2 + q_i(-\gamma, \gamma)^2]$

$= \dfrac{1}{2}(p^2 + (1-p)^2) \times \left\{ \left[\dfrac{a}{2+k} + \dfrac{(2p-1)\gamma}{(2+k)(p^2+(1-p)^2)} \right]^2 \right.$
$\quad \left. + \left[\dfrac{a}{2+k} - \dfrac{(2p-1)\gamma}{(2+k)(p^2+(1-p)^2)} \right]^2 \right\} + 2p(1-p) \times \left(\dfrac{a}{2+k} \right)^2$

$= \left(\dfrac{a}{2+k} \right)^2 + \left[\dfrac{(2p-1)\gamma}{2+k} \right]^2 \left[\dfrac{1}{p^2 + (1-p)^2} \right]$ \hfill (5.14)

(5.14)式から,企業の期待利潤は,需要のパラメータ a についての増加関数であり,競争の激しさをあらわす k についての減少関数であることがわかる。さらに企業の期待利潤は,p についての増加関数である。このことは,より正確な需要情報が開示されることにより利潤は大きくなることを意味している。

(1-ii) 一方の企業だけが情報を開示するケース

次に,一方の企業 i だけが情報を開示したケースを考える。このケースでは,企業 i は自身の情報だけに依存して生産量を決定し,企業 $j (\neq i)$ は両方の私的情報に依存して生産量を決定することができる。したがって,企業 i が選択する生産量を $q_i(s_i)$,企業 j が選択する生産量を $q_j(s_j, s_i)$ と示すことにすれば,企業 i の目的は利潤 $\Pi_i^{d\phi}$ を最大にすることであり,次のようにあらわすことができる[14]。

---

[14] 条件付き確率 $\Pr(\Gamma, s_j \mid s_i)$ の計算については数学付録 B.3 節において詳しく説明している。また,和記号 Σ は s_j と Γ についてとっているので,$q_i(s_i)$ は外に出せることに注意

5.2 需要不確実のもとでの数量競争モデルにおける情報開示

$$\max_{q_i(s_i)} \sum_{s_j, \Gamma} \Pr(\Gamma, s_j \mid s_i)(a + \Gamma - q_i(s_i) - kq_j(s_i, s_j))q_i(s_i)$$

$$= \max_{q_i(s_i)} q_i(s_i) \sum_{s_j, \Gamma} \Pr(\Gamma \mid s_i)\Pr(s_j \mid \Gamma)(a + \Gamma - q_i(s_i) - kq_j(s_i, s_j)) \quad (5.15)$$

また，企業 j の目的は利潤 $\Pi_j^{d\phi}$ を最大にすることであり，次のようにあらわすことができる．

$$\max_{q_j(s_i, s_j)} \sum_{\Gamma} \Pr(\Gamma \mid s_i, s_j)(a + \Gamma - q_j(s_i, s_j) - kq_i(s_i))q_j(s_i, s_j)$$

$$= \max_{q_j(s_i, s_j)} q_j(s_i, s_j) \sum_{\Gamma} \Pr(\Gamma \mid s_i, s_j)(a + \Gamma - q_j(s_i, s_j) - kq_i(s_i)) \quad (5.16)$$

■**企業の利潤最大化の条件** まず企業 i の利潤 $\Pi_i^{d\phi}$ を q_i について微分して 1 階条件を求める．

$$-q_i(s_i) + \sum_{s_j, \Gamma} \Pr(\Gamma \mid s_i)\Pr(s_j \mid \Gamma)(a + \Gamma - q_i(s_i) - kq_j(s_i, s_j)) = 0 \quad (5.17)$$

(5.17) 式を (5.15) 式に代入することにより，企業 i が情報 s_i を開示した後の企業 i の利潤は，次のようになる．

$$\Pi_i^{d\phi}(s_i) = q_i(s_i)^2 \quad (5.18)$$

さきの (5.17) 式の左辺を整理する．

$$\sum_{s_j, \Gamma} \Pr(\Gamma \mid s_i)\Pr(s_j \mid \Gamma)(-q_i(s_i) + a + \Gamma - q_i(s_i) - kq_j(s_i, s_j))$$

$$= a - 2q_i(s_i) + \sum_{s_j, \Gamma} \Pr(\Gamma \mid s_i)\Pr(s_j \mid \Gamma)(\Gamma - kq_j(s_i, s_j)) \quad (5.19)$$

よって企業 i の選択する $q_i(s_i)$ は，次のようになる．

$$q_i(s_i) = \frac{1}{2}\left[a + \sum_{s_j, \Gamma} \Pr(\Gamma \mid s_i)\Pr(s_j \mid \Gamma)(\Gamma - kq_j(s_i, s_j))\right] \quad (5.20)$$

しよう．この点については，数学付録 A.7 節を参照のこと．

次に，企業 j について考える。企業 j の利潤 $\Pi_j^{d\phi}$ を q_j について微分すると，次のようになる。

$$-q_j(s_i, s_j) + \sum_{\Gamma} \Pr(\Gamma \mid s_i, s_j)(a + \Gamma - q_j(s_i, s_j) - kq_i(s_i)) = 0 \qquad (5.21)$$

さきの企業 i の場合と同様に，(5.21) 式を (5.16) 式に代入することにより，企業 i が情報 s_i を開示した後の企業 j の利潤は，次のように示されることになる。

$$\Pi_j^{d\phi}(s_i, s_j) = q_j(s_i, s_j)^2 \qquad (5.22)$$

また，企業 j は次式の $q_j(s_i, s_j)$ を選択する。

$$q_j(s_i, s_j) = \frac{1}{2}\left[a - kq_i(s_i) + \sum_{\Gamma} \Pr(\Gamma \mid s_i, s_j)\Gamma\right] \qquad (5.23)$$

■$s_i = \gamma$ のケース　まず $s_i = \gamma$ のケースを考えよう。このケースにおける (5.20) 式は，次のようになる。

$$\begin{aligned}
q_i(\gamma) &= \frac{1}{2}\left[a + \sum_{s_j, \Gamma} \Pr(\Gamma \mid s_i = \gamma) \Pr(s_j \mid \Gamma)(\Gamma - kq_j(\gamma, s_j))\right] \\
&= \frac{1}{2}\Bigl[a + \sum_{s_j, \Gamma} \Pr(\Gamma \mid s_i = \gamma) \Pr(s_j \mid \Gamma)\Gamma \\
&\quad - k \sum_{s_j, \Gamma} \Pr(\Gamma \mid s_i = \gamma) \Pr(s_j \mid \Gamma) q_j(\gamma, s_j)\Bigr] \qquad (5.24)
\end{aligned}$$

上式の $\sum_{s_j, \Gamma} \Pr(\Gamma \mid s_i = \gamma) \Pr(s_j \mid \Gamma)\Gamma$ の項は，次のように計算できる。

$$\begin{aligned}
&\sum_{s_j, \Gamma} \Pr(\Gamma \mid s_i = \gamma) \Pr(s_j \mid \Gamma)\Gamma \\
&= \sum_{s_j}\Bigl[\Pr(\Gamma = \gamma \mid s_i = \gamma) \Pr(s_j \mid \Gamma = \gamma)\gamma \\
&\quad + \Pr(\Gamma = -\gamma \mid s_i = \gamma) \Pr(s_j \mid \Gamma = -\gamma)(-\gamma)\Bigr]
\end{aligned}$$

5.2 需要不確実のもとでの数量競争モデルにおける情報開示

$$
\begin{aligned}
&= \left[\sum_{s_j} p \Pr(s_j \mid \Gamma = \gamma) - \sum_{s_j}(1-p)\Pr(s_j \mid \Gamma = -\gamma)\right]\gamma \\
&= \left[p\sum_{s_j}\Pr(s_j \mid \Gamma = \gamma) - (1-p)\sum_{s_j}\Pr(s_j \mid \Gamma = -\gamma)\right]\gamma \\
&= [p-(1-p)]\gamma \\
&= (2p-1)\gamma
\end{aligned}
\tag{5.25}
$$

また $\sum_{s_j, \Gamma} \Pr(\Gamma \mid s_i = \gamma)\Pr(s_j \mid \Gamma)q_j(\gamma, s_j)$ の項は，次のように計算できる。

$$
\begin{aligned}
&\sum_{s_j, \Gamma} \Pr(\Gamma \mid s_i = \gamma)\Pr(s_j \mid \Gamma)q_j(\gamma, s_j) \\
&= \sum_{s_j}\Big[\Pr(\Gamma = \gamma \mid s_i = \gamma)\Pr(s_j \mid \Gamma = \gamma) \\
&\qquad\quad + \Pr(\Gamma = -\gamma \mid s_i = \gamma)\Pr(s_j \mid \Gamma = -\gamma)\Big]q_j(\gamma, s_j) \\
&= \sum_{s_j}\big[p\Pr(s_j \mid \Gamma = \gamma) + (1-p)\Pr(s_j \mid \Gamma = -\gamma)\big]q_j(\gamma, s_j) \\
&= [p\Pr(s_j = \gamma \mid \Gamma = \gamma) + (1-p)\Pr(s_j = \gamma \mid \Gamma = -\gamma)]q_j(\gamma, \gamma) \\
&\quad + [p\Pr(s_j = -\gamma \mid \Gamma = \gamma) + (1-p)\Pr(s_j = -\gamma \mid \Gamma = -\gamma)]q_j(\gamma, -\gamma) \\
&= (p^2 + (1-p)^2)q_j(\gamma, \gamma) + [p(1-p) + (1-p)p]q_j(\gamma, -\gamma) \\
&= (p^2 + (1-p)^2)q_j(\gamma, \gamma) + 2p(1-p)q_j(\gamma, -\gamma)
\end{aligned}
\tag{5.26}
$$

以上，$q_i(\gamma)$ は次のようにあらわされることになる。

$$
q_i(\gamma) = \frac{1}{2}\Big[a + (2p-1)\gamma - k(p^2 + (1-p)^2)q_j(\gamma, \gamma) - 2kp(1-p)q_j(\gamma, -\gamma)\Big]
\tag{5.27}
$$

また (5.23) 式から，$q_j(\gamma, \gamma)$ は次のようになる。

$$
\begin{aligned}
q_j(\gamma, \gamma) &= \frac{1}{2}\left[a - kq_i(\gamma) + \sum_{\Gamma}\Pr(\Gamma \mid \gamma, \gamma)\Gamma\right] \\
&= \frac{1}{2}\big[a - kq_i(\gamma) + \Pr(\Gamma = \gamma \mid \gamma, \gamma)\gamma + \Pr(\Gamma = -\gamma \mid \gamma, \gamma)(-\gamma)\big]
\end{aligned}
$$

$$=\frac{1}{2}\left[a - kq_i(\gamma) + \frac{p^2}{p^2+(1-p)^2}\gamma + \frac{(1-p)^2}{p^2+(1-p)^2}(-\gamma)\right]$$

$$=\frac{1}{2}\left[a - kq_i(\gamma) + \frac{2p-1}{p^2+(1-p)^2}\gamma\right] \tag{5.28}$$

同様に (5.23) 式から，$q_j(\gamma, -\gamma)$ は次のようにあらわされる。

$$q_j(\gamma, -\gamma) = \frac{1}{2}\left[a - kq_i(\gamma) + \sum_{\Gamma}\Pr(\Gamma \mid \gamma, -\gamma)\Gamma\right]$$

$$=\frac{1}{2}\left[a - kq_i(\gamma) + \Pr(\Gamma = \gamma \mid \gamma, -\gamma)\gamma + \Pr(\Gamma = -\gamma \mid \gamma, -\gamma)(-\gamma)\right]$$

$$=\frac{1}{2}\left[a - kq_i(\gamma) + \frac{1}{2}\gamma + \frac{1}{2}(-\gamma)\right]$$

$$=\frac{1}{2}(a - kq_i(\gamma)) \tag{5.29}$$

(5.28) 式と (5.29) 式を (5.27) 式に代入すると，$q_i(\gamma)$ は次のように求まる。

$$q_i(\gamma) = \frac{a}{2+k} + \frac{(2p-1)\gamma}{2+k} \tag{5.30}$$

また，この (5.30) 式を (5.28) 式と (5.29) 式に代入すると，$q_j(\gamma, \gamma)$ と $q_j(\gamma, -\gamma)$ が次のように求まる。

$$q_j(\gamma, \gamma) = \frac{a}{2+k} + \frac{(2p-1)(1+kp(1-p))\gamma}{(2+k)(p^2+(1-p)^2)} \tag{5.31}$$

$$q_j(\gamma, -\gamma) = \frac{a}{2+k} - \frac{k(2p-1)\gamma}{2(2+k)} \tag{5.32}$$

■$s_i = -\gamma$ のケース　$s_i = -\gamma$ のケースも，これまで説明した $s_i = \gamma$ のケースと同様である。このとき $q_i(-\gamma)$, $q_j(-\gamma, \gamma)$, $q_j(-\gamma, -\gamma)$ は，次のようになる。

$$q_i(-\gamma) = \frac{a}{2+k} - \frac{(2p-1)\gamma}{2+k} \tag{5.33}$$

$$q_j(-\gamma, \gamma) = \frac{a}{2+k} + \frac{k(2p-1)\gamma}{2(2+k)} \tag{5.34}$$

$$q_j(-\gamma, -\gamma) = \frac{a}{2+k} - \frac{(2p-1)(1+kp(1-p))\gamma}{(2+k)(p^2+(1-p)^2)} \tag{5.35}$$

5.2 需要不確実のもとでの数量競争モデルにおける情報開示

■**期待利潤** (5.18) 式で示したように，情報が開示された後の企業 i の利潤は，$\Pi_i^{d\phi}(s_i) = q_i(s_i)^2$ である。このことを念頭におき，情報を入手する前の時点における企業 i の期待利潤を計算すると，次のようになる。

$$\begin{aligned}
E[\Pi_i^{d\phi}] &= E[\Pi_i^{d\phi}(s_i)] \\
&= [\Pr(\Gamma = \gamma, s_i = \gamma) + \Pr(\Gamma = -\gamma, s_i = \gamma)] \times E[\Pi_i^{d\phi}(\gamma)] \\
&\quad + [\Pr(\Gamma = \gamma, s_i = -\gamma) + \Pr(\Gamma = -\gamma, s_i = -\gamma)] \times E[\Pi_i^{d\phi}(\gamma)] \\
&= \frac{1}{2}(q_i(\gamma))^2 + \frac{1}{2}(q_i(-\gamma))^2 \\
&= \frac{1}{2}\left[\frac{a}{2+k} + \frac{(2p-1)\gamma}{2+k}\right]^2 + \frac{1}{2}\left[\frac{a}{2+k} - \frac{(2p-1)\gamma}{2+k}\right]^2 \\
&= \left(\frac{a}{2+k}\right)^2 + \left[\frac{(2p-1)\gamma}{2+k}\right]^2
\end{aligned} \tag{5.36}$$

また (5.22) 式で示したように，情報が開示された後の企業 j の利潤は，$\Pi_j^{d\phi}(s_i, s_j) = q_j(s_i, s_j)^2$ である。このことを念頭におき，情報を入手する前の時点における企業 j の期待利潤を計算すると，次のようになる。なお，$\Pr(\Gamma = \gamma \mid s_1 = \gamma, s_2 = \gamma)$ を $\Pr(\gamma \mid \gamma, \gamma)$ といったふうに表記している。

$$\begin{aligned}
E[\Pi_j^{d\phi}] &= E[\Pi_j^{d\phi}(s_i, s_j)] \\
&= [\Pr(\gamma, \gamma, \gamma) + \Pr(-\gamma, \gamma, \gamma)] \times E[\Pi_i^{d\phi}(\gamma, \gamma)] \\
&\quad + [\Pr(\gamma, \gamma, -\gamma) + \Pr(-\gamma, \gamma, -\gamma)] \times E[\Pi_i^{d\phi}(\gamma, -\gamma)] \\
&\quad + [\Pr(\gamma, -\gamma, \gamma) + \Pr(-\gamma, -\gamma, \gamma)] \times E[\Pi_i^{d\phi}(-\gamma, \gamma)] \\
&\quad + [\Pr(\gamma, -\gamma, -\gamma) + \Pr(-\gamma, -\gamma, -\gamma)] \times E[\Pi_i^{d\phi}(-\gamma, -\gamma)] \\
&= \frac{1}{2}(p^2 + (1-p)^2)\left[\left(q_j(\gamma, \gamma)\right)^2 + \left(q_j(-\gamma, -\gamma)\right)^2\right] \\
&\quad + p(1-p)\left[\left(q_j(\gamma, -\gamma)\right)^2 + \left(q_j(-\gamma, \gamma)\right)^2\right]
\end{aligned}$$

$$= \frac{1}{2}(p^2 + (1-p)^2)\left\{\left[\frac{a}{2+k} + \frac{(2p-1)(1+kp(1-p))\gamma}{(2+k)(p^2+(1-p)^2)}\right]^2\right.$$
$$\left. + \left[\frac{a}{2+k} - \frac{(2p-1)(1+kp(1-p))\gamma}{(2+k)(p^2+(1-p)^2)}\right]^2\right\}$$
$$+ p(1-p)\left\{\left[\frac{a}{2+k} - \frac{k(2p-1)\gamma}{2(2+k)}\right]^2 + \left[\frac{a}{2+k} + \frac{k(2p-1)\gamma}{2(2+k)}\right]^2\right\}$$
$$= \left(\frac{a}{2+k}\right)^2 + \left[\frac{(2p-1)\gamma}{2+k}\right]^2 \left[1 + \frac{(2+k)^2(1-p)p}{2(p^2+(1-p)^2)}\right] \tag{5.37}$$

(5.36) 式と (5.37) 式とを比較すると，$E[\Pi_i^{d\phi}] < E[\Pi_j^{d\phi}]$ となり，一方の企業 i だけが情報を開示した場合，開示しなかった企業の方がより高い利潤を得ることがわかる。直観的にいえば，情報を開示しなかった企業 j は，企業 i の情報を得ることによって生産量をより適切に調整することができる一方で，企業 i にはそのような機会が与えられないからである。

(1-iii) 両企業ともに情報を開示しないケース

両企業ともに私的情報を開示しない場合，各企業は自分が得た私的情報だけに依存して生産量を決定することになる。したがって，企業 i が選択する生産量を $q_i(s_i)$ と示すことにすれば，企業 i の目的は利潤 $\Pi_i^{\phi\phi}$ を最大化することであり，次のようにあらわすことができる。

$$\max_{q_i(s_i)} \sum_{s_j, \Gamma} \Pr(\Gamma \mid s_i) \Pr(s_j \mid \Gamma)(a + \Gamma - q_i(s_i) - kq_j(s_j))q_i(s_i), \quad i,j = 1,2, i \neq j \tag{5.38}$$

■**企業の利潤最大化の条件**　まず，企業 i の利潤 $\Pi_i^{\phi\phi}$ を q_i について微分して 1 階条件を求める。

$$\sum_{s_j, \Gamma} \Pr(\Gamma \mid s_i) \Pr(s_j \mid \Gamma)(-q_i(s_i) + a + \Gamma - q_i(s_i) - kq_j(s_j)) = 0 \tag{5.39}$$

(5.39) 式を (5.38) 式に代入することにより，企業 i が情報 s_i を入手した後の企業 i の事後的な利潤は，次のようにあらわされる。

5.2 需要不確実のもとでの数量競争モデルにおける情報開示

$$\Pi_i^{\phi\phi}(s_i) = q_i(s_i)^2 \tag{5.40}$$

(5.39) 式から, 企業 i の選択する $q_i(s_i)$ は, 次のようになる.

$$q_i(s_i) = \frac{1}{2}\left[a + \sum_{s_j, \Gamma} \Pr(\Gamma \mid s_i)\Pr(s_j \mid \Gamma)(\Gamma - kq_j(s_j))\right] \tag{5.41}$$

ここで, $s_i = \gamma$, $s_i = -\gamma$, $s_j = \gamma$, $s_j = -\gamma$ のすべてのケースを考慮する. まず $s_i = \gamma$ のケースの生産量 $q_i(\gamma)$ は, (5.41) 式から, 次のようにあらわすことができる.

$$\begin{aligned}
q_i(\gamma) &= \frac{1}{2}\left[a + \sum_{s_j, \Gamma} \Pr(\Gamma \mid s_i = \gamma)\Pr(s_j \mid \Gamma)(\Gamma - kq_j(s_j))\right] \\
&= \frac{1}{2}\Big[a + \sum_{s_j, \Gamma} \Pr(\Gamma \mid s_i = \gamma)\Pr(s_j \mid \Gamma)\Gamma \\
&\quad - k\sum_{s_j, \Gamma} \Pr(\Gamma \mid s_i = \gamma)\Pr(s_j \mid \Gamma)q_j(s_j)\Big]
\end{aligned} \tag{5.42}$$

上式の $\sum_{s_j, \Gamma} \Pr(\Gamma \mid s_i)\Pr(s_j \mid \Gamma)\Gamma$ の項は, 次のように計算できる.

$$\begin{aligned}
&\sum_{s_j, \Gamma} \Pr(\Gamma \mid s_i = \gamma)\Pr(s_j \mid \Gamma)\Gamma \\
&= \sum_{s_j} \Pr(\Gamma = \gamma \mid s_i = \gamma)\Pr(s_j \mid \Gamma = \gamma)\gamma \\
&\quad + \sum_{s_j} \Pr(\Gamma = -\gamma \mid s_i = \gamma)\Pr(s_j \mid \Gamma = -\gamma)(-\gamma) \\
&= \left[\sum_{s_j} p\Pr(s_j \mid \Gamma = \gamma) - \sum_{s_j}(1-p)\Pr(s_j \mid \Gamma = -\gamma)\right]\gamma \\
&= [p - (1-p)]\gamma \\
&= (2p - 1)\gamma
\end{aligned} \tag{5.43}$$

また (5.41) 式の $\sum_{s_j, \Gamma} \Pr(\Gamma \mid s_i = \gamma)\Pr(s_j \mid \Gamma)q_j(s_j)$ の項は, 次のように計算できる.

$$\sum_{s_j, \Gamma} \Pr(\Gamma \mid s_i = \gamma) \Pr(s_j \mid \Gamma) q_j(s_j)$$

$$= \sum_{s_j} \Big[\Pr(\Gamma = \gamma \mid s_i = \gamma) \Pr(s_j \mid \Gamma = \gamma)$$

$$\qquad + \Pr(\Gamma = -\gamma \mid s_i = \gamma) \Pr(s_j \mid \Gamma = -\gamma) \Big] q_j(s_j)$$

$$= \sum_{s_j} \Big[p \Pr(s_j \mid \Gamma = \gamma) + (1-p) \Pr(s_j \mid \Gamma = -\gamma) \Big] q_j(s_j)$$

$$= \Big[p \Pr(s_j = \gamma \mid \Gamma = \gamma) + (1-p) \Pr(s_j = \gamma \mid \Gamma = -\gamma) \Big] q_j(\gamma)$$

$$\qquad + \Big[p \Pr(s_j = -\gamma \mid \Gamma = \gamma) + (1-p) \Pr(s_j = -\gamma \mid \Gamma = -\gamma) \Big] q_j(-\gamma)$$

$$= (p^2 + (1-p)^2) q_j(\gamma) + [p(1-p) + (1-p)p] q_j(-\gamma)$$

$$= (p^2 + (1-p)^2) q_j(\gamma) + 2p(1-p) q_j(-\gamma) \tag{5.44}$$

以上,$q_i(\gamma)$ は次のようにあらわされることになる.

$$q_i(\gamma) = \frac{1}{2} \Big[a + (2p-1)\gamma - k(p^2 + (1-p)^2) q_j(\gamma) - 2kp(1-p) q_j(-\gamma) \Big] \tag{5.45}$$

同様に,$q_i(-\gamma)$ は次のようになる.

$$q_i(-\gamma) = \frac{1}{2} \Big[a - (2p-1)\gamma - 2kp(1-p) q_j(\gamma) - k(p^2 + (1-p)^2) q_j(-\gamma) \Big] \tag{5.46}$$

q_i についての (5.45) 式と (5.46) 式に対応する q_j についての2式,つまり $q_j(\gamma)$ および $q_j(-\gamma)$,を加えた四元連立方程式を解くと,次のようになる.

$$q_i(\gamma) = \frac{a}{2+k} + \frac{(2p-1)\gamma}{2+k(2p-1)^2} \tag{5.47}$$

$$q_i(-\gamma) = \frac{a}{2+k} - \frac{(2p-1)\gamma}{2+k(2p-1)^2} \tag{5.48}$$

さきの (5.40) 式で示されているように,情報を入手した後の企業 i の事後的な利潤は,$\Pi_i^{\phi\phi}(s_i) = q_i(s_i)^2$ である.このことを念頭におき,情報を入手する前の時点における企業 i の期待利潤を計算すると,次のようになる.

5.2　需要不確実のもとでの数量競争モデルにおける情報開示

$E[\Pi_i^{\phi\phi}]$

$= E[\Pi_i^{\phi\phi}(s_i)]$

$= [\Pr(\Gamma = \gamma, s_i = \gamma) + \Pr(\Gamma = -\gamma, s_i = \gamma)] \times E[\Pi_i^{\phi\phi}(\gamma)]$

$\quad + [\Pr(\Gamma = \gamma, s_i = -\gamma) + \Pr(\Gamma = -\gamma, s_i = -\gamma)] \times E[\Pi_i^{\phi\phi}(-\gamma)]$

$= \dfrac{1}{2}(q_i(\gamma))^2 + \dfrac{1}{2}(q_i(-\gamma))^2$

$= \dfrac{1}{2}\left[\dfrac{a}{2+k} + \dfrac{(2p-1)\gamma}{2+k(2p-1)^2}\right]^2 + \dfrac{1}{2}\left[\dfrac{a}{2+k} - \dfrac{(2p-1)\gamma}{2+k(2p-1)^2}\right]^2$

$= \left(\dfrac{a}{2+k}\right)^2 + \left[\dfrac{(2p-1)\gamma}{2+k(2p-1)^2}\right]^2 \qquad (5.49)$

(2)　企業の情報開示行動

これまでの分析から，企業 1 と企業 2 の期待利潤は次の図表 5.4 のようにあらわすことができる。図表 5.4 は，モデルにおける意思決定者である**プレーヤー** (player)，各プレーヤーが選択することができる**戦略** (strategy)，および各戦略の組に対する期待利潤である**利得** (payoff) を示したものであり，ゲーム理論では利得表 (payoff matrix) とよばれている。

図表 5.4　利得表

		企業 2	
		開示 (d)	非開示 (ϕ)
企業 1	開示 (d)	$E[\Pi_1^{dd}],\ E[\Pi_2^{dd}]$	$E[\Pi_1^{d\phi}],\ E[\Pi_2^{d\phi}]$
	非開示 (ϕ)	$E[\Pi_1^{\phi d}],\ E[\Pi_2^{\phi d}]$	$E[\Pi_1^{\phi\phi}],\ E[\Pi_2^{\phi\phi}]$

企業 i の期待利潤を比較すると，$E[\Pi_i^{dd}] < E[\Pi_i^{\phi d}]$，$E[\Pi_i^{d\phi}] < E[\Pi_i^{\phi\phi}]$ となっている。つまり，相手企業 j が開示するかしないかにかかわらず，企業 i は開示しない方が利潤が大きくなる[15]。この結果を次の命題にまとめて

---

[15] ゲーム理論では，このようにある戦略が相手がどのような戦略をとろうと最適になると

おく。

命題 5.1. 需要不確実のもとでの数量競争モデルにおいて，各企業は需要についての情報を開示しない。

なお $k < 2/3$ のとき，任意の p の値について，企業は「**囚人のジレンマ** (prisoners' dilemma)」の状況，つまり両企業ともに情報を開示したときの方が利潤が高くなるにもかかわらず，両企業ともに情報を開示しないという選択が均衡になっている。いいかえれば，第 2 章の「はじめに」で説明したパレート効率性を満たさない状況が出現する。

5.3 Arya and Mittendorf (2007) の研究

本節では，前節のモデルを拡張することによって，**アナリスト**の役割について考察した Arya and Mittendorf (2007) の研究内容を紹介する。ただし Arya and Mittendorf (2007) のモデルは，2 企業による情報開示に加えて，アナリストによる情報開示も含んでおり，計算過程の記述はこれまで以上に複雑になる。ここでは，前節のような複占市場における企業の情報開示モデルが，会計分野においてどのように応用されるのかの一つの例として紹介することを目的とし，計算過程の詳細についてはあえて記述しない。

前節では命題 5.1 として，需要不確実のもとでの数量競争モデルにおいて，各企業は需要についての情報を開示しないという結果が示された。しかし市場においては，企業だけでなく，アナリストによっても情報が供給される。この点に注目した Arya and Mittendorf (2007) の問題意識は，アナリストが存在することによって，企業が情報開示行動を調整できるかどうかである。明らかにされた主要な結果は，アナリストが戦略的に行動する場合，

き，その戦略を支配戦略とよぶ。両企業に支配戦略が存在するとき，そのゲームにおける**ナッシュ均衡** (Nash equilibrium) は，両企業がその**支配戦略** (dominant strategy) をとることであり，他のケースよりもこの均衡は頑健であると考えられている。

5.3 Arya and Mittendorf (2007) の研究

囚人のジレンマを回避できる状況があり，したがって，アナリストの存在によって資源配分の効率性を高めるような状況が存在するというものである。本節では，アナリストが存在することによって，なぜこのような結果が得られるのかについて，その直観を説明する。

以下ではまず，アナリストが必ず情報を収集すると仮定した場合の企業の情報開示行動を考察する。つまり，アナリストの意思決定が外生的に与えられているケースである。次に，アナリストの利得関数を考慮して，アナリストの利得が最大になるような行動を内生的に選択するケースを考察する。

5.3.1 アナリストが必ず情報を収集するときの企業の情報開示行動

5.2 節の設定において，2 社の企業に加えてアナリストが存在している状況を考える。この 5.3.1 節ではアナリストは必ず企業をフォローし，企業とは独立に精度が p の私的情報 s を入手すると仮定する。なお次の 5.3.2 節では，アナリストが企業をフォローするかどうかも選択できると仮定することになる。アナリストは企業の情報開示後に，企業が開示した情報を観察したうえで，Γ についての予想を公表する。ここでアナリストの予想を $r \in \{-\gamma, \gamma\}$ とあらわす。アナリストの予想は，各企業が開示した情報と自身が得た私的情報のすべてにもとづいてなされ，それゆえ正しい可能性がもっとも高いと仮定する。企業が情報を開示し，アナリスト予想が公表された後，各企業は生産量を決定する。よって，このモデルのタイムラインは図表 5.5 のようにあらわすことができる。

図表 5.5　モデルのタイムライン

各企業が，同時に開示政策を決定する。	各企業が，私的情報 s_i (s_j) を入手する。	各企業が，事前に決定した開示政策にしたがって，情報を開示する(開示しない)。	アナリストが，私的情報 r を開示する。	各企業が，同時に生産量 $q_i(q_j)$ を決定する。	各企業の利潤が実現する。

第 5 章 製品市場における情報開示モデル

まずアナリストの情報開示行動について考える。もし両企業ともに情報を開示しないか，一方の企業だけが情報を開示するとすれば，アナリストは自身の得た情報を公表するインセンティブを持つ。なぜなら，もし両企業が情報を開示しないなら，アナリストは自身の情報だけを持つことになるから，明らかに $r = s$ が最適な選択となる。またもし一方の企業だけが情報を開示し，開示された情報がアナリストの得た情報と同じ場合にも，アナリストは明らかに $r = s$ という選択をすることになる。もし一方の企業だけが情報を開示し，逆に開示された情報がアナリストの得た情報と異なる場合，いずれの情報を公表するかはアナリストにとって無差別になる。このとき，アナリスト自身の得た情報を開示すると考えるのが自然である。

次に両企業ともに情報を開示するならば，アナリストの報告は少し複雑なものになる。もし両企業ともに同じ情報を開示したならば，アナリストは自身の得た情報にかかわらず，両企業が開示した情報と同じ情報を開示するであろう。たとえアナリストの得た情報が両企業が開示した情報とは異なったものであるとしても，自身の予想がはずれる確率を小さくしようとするのであれば，アナリストは自身の得た情報を無視した方がよいからである。またもし両企業が異なる情報を開示したならば，アナリストは自身の得た情報を開示するであろう。

アナリストが必ず情報を収集するケースでの均衡における企業 i の期待利潤は，次のようになる。なお，アナリストが存在しないさきの5.2節における利潤 Π と区別するため，アナリストが必ず情報を収集するケースにおける企業の利潤は $\hat{\Pi}$ であらわす。

$$E[\hat{\Pi}_i^{dd}] = \left(\frac{a}{2+k}\right)^2 + \left[\frac{\gamma(2p-1)}{2+k}\right]^2 \left[\frac{1}{p^2 + (1-p)^2} + 2p(1-p)\right] \quad (5.50)$$

$$E[\hat{\Pi}_i^{d\phi}] = \left(\frac{a}{2+k}\right)^2 + \left[\frac{\gamma(2p-1)}{2+k}\right]^2 \left[\frac{1}{p^2 + (1-p)^2}\right] \quad (5.51)$$

5.3　Arya and Mittendorf (2007) の研究

$$E[\hat{\Pi}_i^{\phi d}] = \left(\frac{a}{2+k}\right)^2 + \left[\frac{\gamma(2p-1)}{2+k}\right]^2 \left[1 + \frac{(1-p)p}{2}\right.$$
$$\left.\times \left((2+k)^2 + \frac{4(1-p+p^2)}{1-3p+3p^2} + \frac{2k(4+k)(1-p)^2 p^2}{(1-3p+3p^2)(1-2p+2p^2)}\right)\right]$$
(5.52)

$$E[\hat{\Pi}_i^{\phi\phi}] = \left(\frac{a}{2+k}\right)^2 + \left[\frac{\gamma(2p-1)}{2+k}\right]^2 \left[\frac{8(1-2p+2p^2)(2+k)+k^2}{(4(1-2p+2p^2)+k(2p-1)^2)^2}\right]$$
(5.53)

したがって，アナリストが必ず情報を収集するケースにおける企業の利得表は，図表 5.6 のようになる。

図表 5.6　利得表

		企業 2	
		開示 (d)	非開示 (ϕ)
企業 1	開示 (d)	$E[\hat{\Pi}_1^{dd}]$, $E[\hat{\Pi}_2^{dd}]$	$E[\hat{\Pi}_1^{d\phi}]$, $E[\hat{\Pi}_2^{d\phi}]$
	非開示 (ϕ)	$E[\hat{\Pi}_1^{\phi d}]$, $E[\hat{\Pi}_2^{\phi d}]$	$E[\hat{\Pi}_1^{\phi\phi}]$, $E[\hat{\Pi}_2^{\phi\phi}]$

(5.50) 式から (5.53) 式をアナリストが存在しないケースの利潤と比較すると，各企業の利潤は改善していることがわかる。なぜなら，どの組合せにおいても，$E[\hat{\Pi}] > E[\Pi]$ となっているからである。理由は，アナリストによる追加的な情報開示により，より正確な需要予測のもとで，各企業は生産量の調整ができるようになったからである。しかし，図表 5.6 のアナリストが必ず情報を収集するケースにおける利潤を比較すると，$E[\hat{\Pi}_1^{\phi d}] > E[\hat{\Pi}_1^{dd}]$ および $E[\hat{\Pi}_1^{\phi\phi}] > E[\hat{\Pi}_1^{d\phi}]$ となる。つまりアナリストが存在しないケースと同様に，相手企業 j が開示するかしないかにかかわらず，企業 i は開示しない方が利潤が大きくなる。したがって，アナリストが存在しないケースと同様に，両企業ともに情報は開示しないという結果になる。これを次の命題としてまとめておく。

命題 5.2. アナリストの存在する需要不確実のもとでの数量競争モデルにおいて，アナリストが必ず情報収集するケースでは，各企業は需要についての情報を開示しない。

　以上，命題 5.1 と命題 5.2 から，アナリストが存在するか否かにかかわらず企業は情報を開示しない，という頑健な結果が得られたと考えるかもしれない。しかし，これら二つの命題は，アナリストが情報を収集するかどうかは企業の情報開示行動によって影響を受けないとの仮定のもとで導かれたものである。しばしば指摘されるように，企業の情報開示行動によって，アナリストの行動は変化するかもしれない。次に，このケースを考察してみよう。

5.3.2　アナリストの意思決定と企業の情報開示行動との関係

　本節では，アナリストの情報収集活動に影響を与える企業の情報開示行動の役割について考察する。モデルの観点からいえば，アナリストは戦略的に行動すると仮定することであり，より具体的には，ある閾値 λ よりも予想がはずれる確率が小さくなる場合に限って，アナリストは情報を収集し，需要のパラメータ Γ についての情報を予想 $r \in \{-\gamma, \gamma\}$ として公表すると仮定する。このとき，モデルのタイムラインは図表 5.7 のようになる。

図表 5.7　モデルのタイムライン

| 各企業が，同時に開示政策を決定する。 | 各企業が，私的情報 s_i (s_j) を入手する。 | 各企業が，事前に決定した開示政策にしたがって，情報を開示する(開示しない)。 | アナリストが，予想のはずれる確率を計算し，閾値 λ 以下なら情報を収集し，収集した私的情報 r を開示する。 | 各企業が，同時に生産量 $q_i(q_j)$ を決定する。 | 各企業の利潤が実現する。 |

　いま，λ が非常に大きい状況を考えよう。このような状況は，アナリスト

が公表する予想がはずれる確率が非常に大きくても、アナリストは情報を収集し、得た情報を公表することを意味する。逆に、λ が非常に小さい状況では、アナリストは情報を収集しても予想がはずれる確率が λ よりも大きくなることから、情報を収集しようとはしない。

　両企業ともに情報を開示し、さらにアナリストが情報を収集したとき、アナリストの予想がはずれる確率は $(1-p)^2(2p+1)$ となる[16]。したがって、λ がこの確率よりも小さいとき、このような情報がもっとも多いケースでさえアナリストの予想がはずれる確率が閾値よりも高くなるため、アナリストは情報を収集しない。また、一方の企業だけが開示するケースと両企業ともに情報を開示しないケースでは、アナリストは自身の得た情報を公表することになるから、アナリストの予想がはずれる確率は $1-p$ となる。したがって、λ がこの確率よりも大きいとき、アナリストは自身の得る情報だけでも予想をはずす確率は閾値よりも低くなるため、アナリストは情報を収集する。このことを図示したのが、図表 5.8 である。

図表 5.8　閾値 λ とアナリストの行動

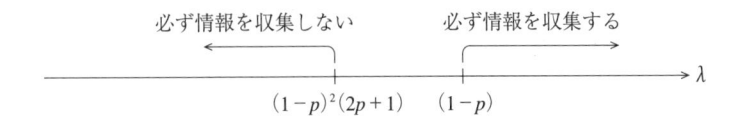

必ず情報を収集しない　　　　　必ず情報を収集する

　　　　　　　　　　　　　　　　　　　　　　　　　　　　　λ
　　　　　　　$(1-p)^2(2p+1)$　　$(1-p)$

　以上から、$\lambda \leq (1-p)^2(2p+1)$ のとき、企業の情報開示行動にかかわらずアナリストは情報を収集しないため、アナリストが存在しない 5.2 節の結果と等しくなる。また $1-p < \lambda$ のとき、企業の情報開示行動にかかわらずアナリストは情報を収集し公表するため、アナリストが必ず企業をフォローす

---

[16] 予想ミスの確率の計算は、次のようになる。まず $\Gamma = \gamma$ とする。このケースで、アナリストの予想ミスが生じる確率は、(i)$s_1 = \gamma$, $s_2 = -\gamma$ で、アナリスト予想が $-\gamma$ であったとき（確率は $(1/2) \times p \times (1-p) \times (1-p)$）、(ii)$s_1 = -\gamma$, $s_2 = \gamma$ で、アナリスト予想が $-\gamma$ であったとき（確率は $(1/2) \times (1-p) \times p \times (1-p)$）、(iii)$s_1 = -\gamma$, $s_2 = -\gamma$ であったとき（確率は $(1/2) \times (1-p) \times (1-p)$）の合計となり、$(1/2) \times (1-p)^2(2p+1)$ となる。$\Gamma = -\gamma$ となるケースを同様に考慮すると、結局、$(1-p)^2(2p+1)$ となる。

る 5.3.1 節と同じ状況になる。したがってここで考察すべきは，λ が大きすぎも小さすぎもしない，具体的には λ が次の範囲にあるときである。

$$(1-p)^2(2p+1) \leq \lambda < 1-p \tag{5.54}$$

このときの利得表は，図表 5.9 のようになる。

図表 5.9　利得表

		企業 2	
		開示 (d)	非開示 (ϕ)
企業 1	開示 (d)	$E[\hat{\Pi}_1^{dd}]$, $E[\hat{\Pi}_2^{dd}]$	$E[\Pi_1^{d\phi}]$, $E[\Pi_2^{d\phi}]$
	非開示 (ϕ)	$E[\Pi_1^{\phi d}]$, $E[\Pi_2^{\phi d}]$	$E[\Pi_1^{\phi\phi}]$, $E[\Pi_2^{\phi\phi}]$

アナリストは，両企業が情報を開示する場合にのみ，情報を収集し予想を公表する。したがって，アナリストが情報収集する場合の期待利潤 $E[\hat{\Pi}]$ は，左上のセルにだけあらわれる。図表 5.9 の利得表では，相手が非開示の場合，自分も非開示の方が利得が大きくなるという 5.3 節の特徴が維持されている。よって両企業がともに開示しないが，ここでも均衡になる。しかし両企業が情報を開示するという均衡も存在しうる。両企業が情報を開示する場合，アナリストも情報を収集し予想を公表することから，アナリストが存在しないケースと比べて利潤が大きくなる。このことに起因して，相手企業が情報を開示している場合，情報を開示しないという選択が利潤を減少させる可能性が生まれる。このような結果は，図表 5.9 の利得を比較することによって求めることができ，Arya and Mittendorf (2007) は，競争の激しさをあらわすパラメータ k がある水準より小さいとき，つまり競争があまり激しくない状況において，両企業が開示するという均衡が存在することを示した[17]。このことを述べたのが，次の命題 5.3 である。

---

[17] 図表 5.9 であらわされる利得表において，ナッシュ均衡を求めればよい。

5.3 Arya and Mittendorf (2007) の研究

命題 5.3. アナリストが情報収集するかどうかを選択するケースにおいて，競争があまり激しくない $(k < k^*)$ とき[18]，両企業が情報を開示する均衡が存在する。このときの企業の利潤は，両企業が情報を開示しない均衡における利潤よりも大きい。

5.2 節のアナリストが存在しないケース，および 5.3.1 節のアナリストが必ず情報を収集し予想を公表するケースの均衡における企業の利潤と比べて，このケースでの両企業が情報を開示する均衡における企業の利潤は大きくなっている。さらに Arya and Mittendorf (2007) は，アナリストが戦略的に行動する本節のケースでは，消費者余剰も大きくなることを示している。これらをまとめたのが命題 5.4 である。

命題 5.4. アナリストが情報収集するかどうかを選択するケースにおいて，両企業が情報を開示する均衡が存在する。この均衡において，次のことが成り立つ。

(a) アナリストが存在しないケース，およびアナリストが必ず情報を収集し予想を公表するケースと比較して，均衡における企業の期待利潤は大きくなる。

(b) アナリストが存在しないケース，およびアナリストが必ず情報を収集し予想を公表するケースと比較して，均衡における消費者余剰は大きくなる。

命題 5.4 は，アナリストが戦略的に行動する場合，企業は最適な行動として情報を開示するという選択をおこない囚人のジレンマを回避することがで

---

[18] なお，k^* は次のようである。
$$k^* = 2\left[\sqrt{2(1-p+p^2)} - 1\right]$$

き，また消費者もそれによって便益を得ることを示している。このことは，アナリストが存在する市場において「**見えざる手**」が重要な役割を果たすことを意味するとともに，アナリストの存在によって資源配分の効率性が高まる状況が存在することを明らかにしたものである。

5.4 実験研究

「製品市場における情報開示モデル」の予測の検証についても，実験経済学の手法を適用した研究が存在する。アーカイバル研究など他の実証研究の手法と比較した実験的手法の適用がもたらす優位性として，本節でレヴューする Ackert et al. (2000, p. 83) は，第 1 に実験の参加者が企業 1 と企業 2 の両企業の役割を担う複占競争の環境を研究者自ら構築することが可能であること，第 2 に各企業の情報集合をモデルの仮定と研究目的に合致するようにコントロールしたうえで，ある企業の情報開示行動を直接的に観察することができること，最後に当初に構築した環境または変数の一部を操作した別の実験を実施することによって，複数の異なる条件のもとでの企業の情報開示行動の異同を比較検証することが可能となることの三つを指摘する。

5.4.1 Ackert, Church and Sankar (2000) の研究

Ackert et al. (2000) は，Sankar (1995) の製品市場における情報開示モデルの予測の一部を実験経済学の手法を用いて検証した。後でも述べるように，Sankar (1995) では，私的に情報に通じた企業（以下，企業 1 とよぶ）が同質的な一つの製品を扱う市場で競合する他社（以下，企業 2 とよぶ）の生産量の決定に影響を及ぼすクールノー競争の環境のもとで事後の開示のインセンティブが分析される。そこでのモデルの均衡予測は，企業 1 は入手する情報の性質に依存して裁量的に開示するというものである。Ackert et al. (2000) の実験は，経済・経営の学部生・院生をセッションごとに 4 ペア・8 名，全 12 セッションで合計 96 名を募集し，具体的には，次のような手順で実施され

た. なお, 実験データ収集のため, 以下の手順1から手順4は, 各セッションで16回繰り返されることになる.

1. 企業1は, 製品1単位の限界コスト c についての情報 (またはシグナル) s を確率 r で入手する. 各期の製品1単位当たり限界コストは, 「2」, 「4」または「6」の三つの値をそれぞれ1/3の確率でとる離散型一様分布から引き出され, 企業1が情報 s を入手する確率 r は, 個別の実験の操作ごとに100%, 90%または70%のいずれか一つに設定される. 両企業ともに, 製品1単位当たり限界コスト c がしたがう分布および企業1が情報 s を入手する確率 r は事前に実験のインストラクションを通じて知っているものの, 企業2は, 企業1が入手する製品1単位当たり限界コストの実現値 s について企業1がそれを開示しなければ知ることができない (次の手順2). なお彼女たちの実験は, 製品1単位当たり限界コストの性質によって実験1と実験2に分けられ, 実験1では製品1単位当たり限界コストは両企業で等しく設定される (産業全体の (industry-wide) コストのケース) のに対し, 実験2では企業2の限界コストは「4」で固定される (企業固有の (firm-specific) コストのケース)[19]. すなわち, 実験1では, 製品1単位当たり限界コストは両企業で同一であるが企業1のみがこの実現値 s を知ることができるのに対し, 実験2では, 企業2の限界コスト額4は両企業の共通知識であるが, 企業1の製品1単位当たり限界コストの実現値の情報 s は企業1のみが入手可能である. 以上から, 限界コストの不確実性の二つの所在と企業1が限界コストの実現値についての情報を入手する三つの水準の確率からなる六つの異なる処理条件において, 各2セッションが実施された. 2×3実験デザインは図表

---

[19] Sankar (1995, p. 856, endnote 9) によれば, 産業全体のコストは環境規制, 共通の原材料投入あるいは産業別労働組合の存在といった同一産業内での共通の要因によるものであり, 企業固有のコストは工場・生産設備のメンテナンス費用あるいは企業固有のロケーションといった企業間で異なる要因に起因して発生するものであるとされる.

5.10 で要約される。

図表 5.10　実験デザイン

限界コストの 不確実性の所在	企業 1 の情報入手確率 (r)	実験セッション 番号
＜実験 1 ＞		
産業全体のコスト	100% 90% 70%	1-2 3-4 5-6
＜実験 2 ＞		
企業固有のコスト	100% 90% 70%	7-8 9-10 11-12

出典: Ackert et al. (2000, p. 85, Table 1) 参照。

2. 企業 1 は，手順 1 で入手した限界コスト情報 s の企業 2 への開示と自らの生産量 q_1 を同時に 45 秒以内に決定する。前者の限界コスト情報に関して企業 1 が選択できるのは，限界コストの実現値（2, 4 または 6）をそのまま開示するか開示しないか（以下，N と表記）のいずれかであり，虚偽の開示は許容されないことから，情報を入手しない場合には開示しない（N）以外の選択肢は存在しない。後者の生産量 q_1 について企業 1 は，0 単位から 10 単位までの整数値から決定しなければならない。
3. 企業 2 は，企業 1 の情報開示行動を受けて，自らの生産量 q_2 を 30 秒以内に決定する。企業 2 についても，生産量 q_2 は 0 単位から 10 単位までの整数値に限定される。
4. 各企業の逆需要関数 P と利得関数 Π_i は，次の式のようにあらわされる（$i, j = 1, 2, i \neq j$）。

$$P = 20 - (q_i + q_j) \tag{5.55}$$

$$\Pi_i = (P - c)q_i \tag{5.56}$$

企業 1 の開示戦略と両企業の生産量決定は 2 段階のゲームとしてモデル化され，これまでと同様にバックワード・インダクションにしたがって解か

れる。具体的にいえば，第 2 番目の段階である開示の有無を所与とした場合の最適な，つまり利潤を最大化する生産量の決定が最初になされ，続いて第 1 番目の段階である企業 1 の開示戦略の決定がなされる。図表 5.11 は，限界コストの不確実性の所在と開示の有無によって場合分けされた，両企業の最適な生産量 $q_1^*(\cdot)$ と $q_2^*(\cdot)$ を示したものである。図表 5.11 において，入手した情報 s を企業 1 が開示する場合，企業 2 の限界コスト額の期待値は s ($E[c \mid s] = s$) となるが，開示がなされない場合，企業 2 の限界コストの期待値は $E[c \mid N]$ となる。$E[c \mid N]$[20] については，企業 1 が情報 s を入手する確率 r，情報 s を保有している企業 1 が「開示しない (N)」を選択する確率 $\Pr(s \mid N)$，企業 1 が「開示しない (N)」を選択する情報 s の期待値 $E[c \mid A]$，および企業 1 の限界コストについての企業 2 の事前の期待値である 4 を用いて，次のように算定される。ここで A は，企業 1 が情報 s を有しているが開示しない事象をあらわす。

$$E[c \mid N] = \frac{r \Pr(s \mid N) E[c \mid A] + (1-r) \times 4}{r \Pr(s \mid N) + (1-r)} \quad (5.57)$$

上式において，$r \Pr(s \mid N)/[r \Pr(s \mid N) + (1-r)]$ および $(1-r)/[r \Pr(s \mid N) + (1-r)]$ は，それぞれ，「開示しない (N)」を選択した企業 1 が (i) 情報を有しているのに開示しなかった，または (ii) 情報を有していないから開示

図表 5.11 各企業の最適生産量 (q_1^* と q_2^*)

限界コストの不確実性の所在		開示あり	開示なし
<実験 1> 産業全体のコスト	企業 1	$(20-s)/3$	$[20 - s - (s - E[c \mid N])/2]/3$
	企業 2	$(20-s)/3$	$(20 - E[c \mid N])/3$
<実験 2> 企業固有のコスト	企業 1	$(20 - 2s - \bar{c}_2)/3$	$[20 - 2s + \bar{c}_2 + (s - E[c \mid N])/2]/3$
	企業 2	$(20 - 2\bar{c}_2 + s)/3$	$(20 - 2\bar{c}_2 + E[c \mid N])/3$

---

[20] ここでは両実験の処理ともに c と表記しているが，実験 2 の設定においては，より正確にいえば企業 1（企業 2）に固有の限界コスト c_1 (c_2) と表記されうることに注意されたい。

できなかった，という企業 2 の事後的な信念を示すものである。

最適な生産量の算定は，たとえば，企業固有の限界コストに不確実性が存在する場合（実験 2 のケース）に，企業 1 がその実現値 s を開示しないことを選択すれば，以下の (5.58) 式から (5.60) 式の最大化問題を解くことによって得られる[21]。なお，式中の $\hat{q}_1$ は開示しないという事象を所与とした企業 1 の生産量についての企業 2 の期待をあらわし，$\bar{c}_2 (= 4)$ は企業 2 に固有の限界コストである。

$$\max_{q_1} E[\Pi_1 \mid s, N] = (20 - E[c \mid s] - (q_1 + q_2))q_1 \tag{5.58}$$

$$\max_{\hat{q}_1} E[\Pi_1 \mid N] = (20 - E[c \mid N] - (\hat{q}_1 + q_2))\hat{q}_1 \tag{5.59}$$

$$\max_{q_2} E[\Pi_2 \mid N] = (20 - \bar{c}_2 - (\hat{q}_1 + q_2))q_2 \tag{5.60}$$

1 階の条件は，それぞれ次のようである。

$$20 - E[c \mid s] - 2q_1 - q_2 = 0$$
$$20 - E[c \mid N] - 2\hat{q}_1 - q_2 = 0$$
$$20 - \bar{c}_2 - 2q_2 - \hat{q}_1 = 0$$

上記の連立方程式を解くと，図表 5.11 の「実験 2・開示なし」にある各企業の最適生産量 $q_1^* = (1/3)(20 - 2s + \bar{c}_2 + (1/2)(s - E[c \mid N]))$ および $q_2^* = (1/3)(20 - 2\bar{c}_2 + E[c \mid N])$ が求まる。さらに，計算された最適生産量 q_1^* および q_2^* を (5.55) 式および (5.56) 式に代入すれば，企業 1 の期待利潤 $E[\Pi_1 \mid q_1^*(\cdot)] = (q_1^*(\cdot))^2$ が得られる。

企業 1 の開示戦略は，開示する場合の期待利潤 $E[\Pi_1 \mid q_1^*(s)]$ と開示しない（N）を選択した場合の期待利潤 $E[\Pi_1 \mid q_1^*(s, N)]$ を比較することによって決定される。これら二つの選択の期待利潤が等しくなる限界コストの閾値 s' は，実験 1 においては，企業 1 が情報を入手する確率が 100%，90%，70% である場合に，それぞれ 2.0, 2.5, 3.125 であり，また実験 2 においては，企業 1 の情報入手確率が 100%，90%，70% である場合は，それぞれ 6.0, 5.5,

---

[21] Sankar (1995, p. 850, Appendix A, *Proof of Lemma 1*) を参照。

5.4 実験研究

図表 5.12 実験の予測

限界コストの 不確実性の所在	r	限界コストの実現値（3 水準）		
		2	4	6
＜実験 1＞ 産業全体のコスト	100% 90%・70%	開示あり 開示なし	開示あり 開示あり	開示あり 開示あり
＜実験 2＞ 企業固有のコスト	100% 90%・70%	開示あり 開示あり	開示あり 開示あり	開示あり 開示なし

出典: Ackert et al. (2000, p. 90, Table 2) から作成。

4.875 である。それゆえ，限界コストが離散型一様分布 [2, 4, 6] にしたがう本実験の設定において，図表 5.12 のように示されることになる。図表 5.12 は，企業 1 が情報を入手する確率が 100% を下回る場合，均衡において，限界コストが産業全体の関係する実験 1 ではコストが低いという意味で望ましい情報 ($s = 2$) が開示されないのに対し，限界コストが企業固有のものである実験 2 では，コストが高いという意味で望ましくない情報 ($s = 6$) が開示されないと予測されることを示している。ただし企業 1 が，限界コストの実現値の情報を確実に入手する場合，コストの性質とは関係なく**完全開示均衡**が生起すると予測される。

Ackert et al. (2000) の実験 1 と実験 2 の主要な結果は，次のようである。第 1 に，私的情報が産業全体の限界コストに関係する実験 1 において，企業 1 が確実に当該情報を入手しない場合，その開示戦略は図表 5.12 の実験の予測が示す方向性と整合的なものであった。望ましい情報よりも望ましくない情報が開示される頻度がより高く，企業 2 は開示戦略に対応して生産量を調整したようであり，両企業ともに産業全体の限界コストが高くなるにつれ，自社の生産量を減少させた。これに対して，企業 1 が限界コストの実現値の情報を確実に入手する場合 ($r = 1.0$)，実験の予測に反する情報開示行動がみられた。というのも，この操作における開示比率 39% という結果は，完全開示均衡（開示比率 100%）の予測と大きく異なるばかりでなく，情報を入手する事前確率が $r = 0.9$ および $r = 0.7$ である実験の設定での企業 1 の開

示比率77%および61%をも統計的に有意に下回るものであったからである（すべて，$p < 0.001$）。

第2に，私的情報が企業固有の限界コストに関係する実験2において，企業1の開示戦略は入手する情報の望ましさに影響を受けることはなく，企業2の生産量は開示戦略とは関連せず処理間でほぼ同じ（5.59から6.02）であった。これらの結果は実験の予測と整合的ではない。ここでは，企業2が選択する一定の生産量を所与として，限界コストの実現値が高くなれば企業1は生産量を減少させるという意思決定が予測されていたからである。

5.4.2 関連実験研究および将来展望

Lawrence E. FourakerとSidney Siegelの現在でも影響力のある1960年前後の一連の研究を嚆矢として，（情報開示を一般にともなわない）膨大な数の製品市場の実験が実施されており，Plott (1989, 特に，pp. 1149-1157)，Holt (1995, 特に，pp. 398-411) ないしHuck (2004) などのサーベイ論文から，これまでの実験研究の概要と代表的な知見を知ることができる。また近年においても，Mason and Phillips (1997)，Morgan and Vardy (2004)，およびCardinaels et al. (2008) の実験結果が報告されている。このうちCardinaels et al. (2008) は，伝統的な操業度基準原価計算 (volume-based costing: VBC) と複数製品への製造間接費の配賦をより正確になしうる活動基準原価計算 (activity-based costing: ABC) の二つの**原価計算** (costing) 手法で算定された質の異なる製造間接費情報を2企業が入手する，シュタッケルベルク価格競争 (von Stackelberg price competition) 環境の実験を実施した。彼らは，将来研究の可能性について「次のステップは，参加者たちが... 価格シグナルを開示することに裁量を有するゲーム (Darrough, 1993) を考察することである」(Cardinaels et al., 2008, p. 780) と述べている。最新の実験論文が本章の第1節で概観したモデルの予測の実証を示唆しているのであり，このことは，「製品市場における情報開示モデル」の実験研究について，依然として検証すべき論点が広範にわたる点も含め，情報開示の実験研究の現状と将来展望を明らかにしているよう

に思われる。また「製品市場における情報開示モデル」の実験研究においては，特に費用構造の不確実性に関わって原価計算などの管理会計情報が企業の開示戦略の次元でより明示的に取り扱われるという点も，実験研究の観点からの一つの魅力であるといえよう。

5.5 要約と文献案内

本章では，2社の企業が存在する複占市場における企業の情報開示行動について，特に需要不確実のもとでの数量競争モデルについて詳しく説明した。結果として，均衡において各企業が情報を開示しないこと，およびその場合に囚人のジレンマとよばれる両企業にとって非効率的な状況が生じている可能性があることを明らかにした。加えて，このような状況において，企業とは独立の情報提供者であるアナリストが存在することによって，このような非効率性を回避することができること，いいかえると，アナリスト存在の一つの経済的意義について，Arya and Mittendorf (2007) にしたがい考察した。このようなモデルは，不確実性のある寡占市場における情報開示モデルの一つにすぎず，Arya and Mittendorf (2007) の研究もまたこのようなモデルに依拠した数多くの会計研究のうちの一つにすぎない。要するに本章の目的は，製品市場における情報開示モデルがどのような特徴を持つものなのか，またその設定を利用してどのような会計への応用研究がなされているのかについて，できる限り具体的に説明することであった。この点もふまえ，ここでは「製品市場における情報開示モデル」について，会計分野でこれまでどのような分析がなされてきたのかを概観しておくことにしよう[22]。

本章では，企業が第1段階で開示政策（開示・非開示）についての意思決定を行ない，第2段階で数量または価格の意思決定を行なうというタイミングのモデルを取り上げ，「はじめに」で指摘した「事前の開示のインセ

---

[22] 注3でも指摘したが，会計分野における複占市場での情報開示モデルについては，Christensen and Feltham (2003, Chapter 15) においてもサーベイされている。また Verrecchia (2001) および Dye (2001) においても若干の議論がなされている。

ンティブ分析」の一つを具体的にみた。しかし同様に「事後の開示のインセンティブ分析」、つまり需要または費用構造に関する私的情報を企業が受け取った後で自発的に開示するかどうかを意思決定する状況を分析する研究も存在する。このようなタイミングのモデルでは、受け取った情報の内容に応じて企業は開示するか否かを決定できるため、分析はより複雑になる。事後の開示のインセンティブに関する文献としては、本章でその一部を紹介したDarrough (1993) に加えて、Sankar (1995), Clinch and Verrecchia (1997) などがある。また情報取得前に数量を選択するのか、情報取得後に数量を選択するのかといったように、企業自身が情報取得のタイミングを決定できる状況を考察した研究に Pae (2000) がある。

上記の一連のモデルは、潜在的に**参入** (entry) する可能性のある企業が存在する状況を考慮したものではないが、しばしば企業は潜在的な新規参入企業への影響を考慮して情報を開示するといった状況も同様に考えられる。たとえば、ある産業に属する多くの企業が、多額の利益を毎期報告しているとすれば、当該産業へ新規に参入しようとする企業が出てくるかもしれず、またこのような状況では、わざとバッド・ニュースを流すことによって、参入を阻止しようとするかもしれない。Hwang and Kirby (2000) および Pae (2002b) は、このような潜在的参入企業が存在する状況での情報開示行動を考察している。

この他に、**セグメント別利益** (segment earnings) を報告するか、あるいはそれらを**集計した利益** (aggregate earnings) を報告するかを選択できる状況を考察している Feltham et al. (1992) や Gigler et al. (1994) などの研究もある。

第6章　会計分野における情報開示モデルのこれから

6.1　今後の展開についての手掛かり

　本書はこれまで，会計分野で展開されてきた経済学ベースの三つの情報開示モデル（「**情報開示の基本モデル**」，「**資本市場における情報開示モデル**」，および「**製品市場における情報開示モデル**」）に注目し，各タイプに属する代表的な議論を取り上げ，その設定の特徴を明示するとともに各モデルにおける均衡，命題および比較静学に関する分析プロセスを詳細に跡づけ，必要に応じてより詳しく解析した。またこれら三つの情報開示モデルの基礎論として，情報の非対称性下で生じる可能性のある経済的非効率性（特にアドバース・セレクションに起因する非効率性）を平易に説明しようと努める一方で，各モデルから導かれる主要な命題の現実妥当性がどのように検証されるのかの一端をこれまでの実験研究の成果を紹介することによって具体的に示そうと試みた。三つのタイプのモデルの展開については，それぞれの章末で簡潔に指摘したことから，本章ではやや広範な視点から，会計分野における情報開示モデル全体を通じた今後のあり方について若干の展望を行い，本書を締めくくる。なお，本書の内容を理解するうえで有益な数学付録が，本章の後に加えられている。

　まずは今後の展望への手掛かりを得るため，本書においてこれまでしばしば参照してきた会計分野における包括的な情報開示モデルに関する文献が，それぞれ現状をどのように認識し，いかなる方向での今後の展開を示唆しているのかをみておこう。Christensen and Feltham (2003) は，自身の包括的な

第6章　会計分野における情報開示モデルのこれから

議論を開始するにあたって，次のようにいう。

　　会計の経済的インパクトを理解するためには，経済分析が必要となる。ここでの関連する経済分析はしばしば情報の経済学とよばれる。…情報の経済学の分析の大半は，会計報告書についてなんら明示的な言及を行ってはいない。事実，会計研究者による情報の経済学的分析ですら，しばしば会計報告書の具体的な形態はモデル化されることはない。にもかかわらず，多くの一般的な諸結果は会計報告書に適合するものである。さらに会計報告書のインパクトは，経済の参加者が受け取る会計報告書以外の情報にも依存する。それゆえ会計研究者にとっては，公的情報および私的情報という多様な情報源が存在する設定のもとで，公的に報告される情報のインパクトに関し広範な理解をもつことが必要不可欠である (*ibid.*, p. 1)。

最近の会計分野における情報開示モデルのサーベイ論文である Verrecchia (2001) については，本書第1章でその議論の一部をすでに取り上げた。彼は，これまでの会計分野における情報開示モデルを，(i) 経営者（または企業）が事前に私的情報を保有し，かつ開示は外生的であるつまり開示は必ずなされると仮定したうえで，開示が価格や取引量といった市場指標に与える影響を分析するという「市場プロセスの内生化」に焦点をあてる「関係性ベースの開示」，(ii) 経営者（または企業）が事前に私的情報を保有するとの仮定は維持される一方で，開示は内生的である，つまり開示するかしないかの開示のインセンティブ自体を問い，望ましい事後的な開示調整に焦点をあてる「裁量性ベースの開示」，(iii) 経営者（または企業）が事前に私的情報を保有するとの仮定をおくことなく，さらに開示を前提とせず内生的に取り扱い，経済社会における開示の効率性を問い，望ましい事前的な開示調整に焦点をあてる「効率性ベースの開示」の三つのカテゴリーに分類し議論を整理するとともに，これらを同時に組み込んだ包括的な開示理論が今後必要であるとした。今後の展開が期待される包括的開示理論の輪郭については，以下のような指摘がみられる。

　　一つの包括的開示理論は，多様な投資者間での相互作用をふまえたうえでの，開示の効率性，開示のインセンティブおよび開示についての市場プロセスの内生化を

6.1 今後の展開についての手掛かり

包含するものでなければならない。…開示を，市場プロセスの内生化，インセンティブおよび効率性とリンクさせるための私の示唆は，これらのリンクは資本コストという情報非対称性要素の削減を通じて行われるというものである。…より充実した開示へのコミットメントは，情報の非対称性を減少させる。これは次に情報の非対称性から生ずる企業の資本コスト[1]という情報非対称性要素を減少させる。要するに，情報の非対称性の減少は，効率的な開示調整に対する一つの根拠を与えるのである (*ibid.*, p. 173)。

Verrecchia (2001) に対するディスカッション論文である Dye (2001) は，Verrecchia (2001) で取り上げられた議論にみられるように，**自発的開示**の理論は会計分野において確かに存在するが，会計基準に関する分析的研究はほとんどなされてこなかったという意味で**強制的開示**に関する理論は現在のところ存在しない (*ibid.*, p. 184) との認識のもとで，2000 年前後までに展開されてきた会計分野の情報開示モデルについての評価の一つとして，重要な課題を避ける以下のような傾向がみられたと批判する。

会計をビジネスに関する隣接諸科学と区別するものは一体何なのか。それは，基準，基準設定プロセスへの注目であり，発生主義概念の強調であり，投資家およびその他の財務諸表利用者がどのように会計情報を処理するのかに力点をおくことである。…強制的開示の存在という現実の経済環境に鑑みて，(Verrecchia (2001) がサーベイで取り上げた) 現行の開示理論は一体何を教えてくれるというのだろうか? 自発的開示と強制的開示との相互作用の本質とはどのようなものなのだろうか? これら一連の問題のいくつかは，財務報告に関する問題であって単なる開示に関する問題ではない。(単なる) 開示の研究は，結果として，全体的な財務報告プロセスに洞察を与えるというのでもなければ多くの関心を集めるものでもない (*ibid.*, pp. 230-231)。

---

[1] Verrecchia (2001, pp. 173-174) では，開示と情報非対称性の減少という関係が注目されており，情報非対称性要素として彼が注目するのが資本コストである。なお，情報非対称性要素としては資本コスト以外に市場の流動性がこれまで指摘されており，また開示理論を包括的・統合的なものにするという目的にとって資本コスト以外の要素がないことを決して示唆しているわけではないとの指摘も同様にみられる。

会計学とは異なり，**情報の経済学**にあっては情報一般が分析の対象となる。現在の経済の中心は情報であるという Vives (2008) によれば，情報の経済学の一つの主要な課題は，市場を一つの**情報集約メカニズム**とみて，個々の経済主体が保有する分散した情報を市場がどのように集約するのかであるとする。資本市場を念頭においていえば，株価は，投資者が保有する利用可能なすべての情報およびファンダメンタル価値を反映するのか，あるいはまた短期の投機家・仕手筋・教祖 (guru) の掌中にあり，ブーム，横並び行動 (herding behavior) ないしバブルに左右されるものなのかということである (*ibid*., pp. 1-2)。このような問題意識からみれば，情報の経済学の焦点はもともと公的情報というより私的情報におかれ，強制的開示の存在に先立ってまずは自発的開示あるいは経済主体の開示のインセンティブに関心が寄せられることになるのはごく自然であるように思われる[2]。

6.2 会計「情報」から「会計」情報に向けた開示モデルの展開

いうまでもなく会計情報の中核は，貸借対照表，損益計算書およびキャッシュ・フロー計算書といった固有の会計プロセスから生みだされる**財務諸表**であり，一般的に強制的開示による公的情報という性格をもつ**財務報告**である。会計学の第一義的な関心事は，あくまで会計利益，純資産簿価あるいは営業キャッシュ・フローといった企業に係る一つの**情報集約的指標**の経済的意義であり，市場における情報の集約的指標である価格それ自体ではな

---

[2] Vives (2008) は，市場の情報集約プロセスについて，Hayek, Lang および Keynes の見解を対比したかたちで紹介している。Hayek が経済主体に分散した情報の集約能力について市場の優越性を見出したのに対して，Lang は競争的資源配分は中央政府の計画者によっても実現可能であるとした。また Hayek に対して，ファンダメンタルズではなく，投資者が平均的な意見の推測に努める美人コンテストとしての株式市場という見方を提唱したのが Keynes である。なお Hayek のアイデアが，合理的な経済主体が意思決定に関連する不確実な経済パラメータをどのように価格およびその他の公表経済統計数値から最適な推測を行なうのかを説明する合理的期待モデルの基礎を提供したとも指摘されている (*ibid*., p. 2)。

6.2 会計「情報」から「会計」情報に向けた開示モデルの展開

い。この点をさきの Vives (2008) の指摘に照らして整理すれば,情報の属性からみた会計情報は,情報集約メカニズムとしての市場において価格に反映される情報一般ではなく,会計プロセスとよばれる固有の情報集約システムによって,利益,純資産簿価および営業キャッシュ・フローなどに集約される企業情報であり,また開示環境からみれば,会計情報は私的情報に対する公的情報あるいは自発的開示情報に対する強制的開示情報である。これらの対比は,情報の経済学における情報開示モデルの関心事と会計分野におけるそれらとを明確に二分するものでは決してないものの,会計分野における固有の情報開示モデルの今後の展開についての一つの方向性を示唆するものである。

6.2.1 固有の情報属性をもつ会計情報

さきの対比から,今後の会計分野における情報開示モデルの展開を予想するうえで少なくとも二つの論点が浮かび上ってくる。その一つは,固有の属性をもつ会計情報を情報開示モデルがどのように表現し,いかに会計情報に適合した分析を行なうのかということである。本書においてこれまでみてきたように,もっとも基本的な設定のもとでは,たとえば,企業価値 $\tilde{v}$ に対して,会計情報に擬される公的情報(ないし公的シグナル)$\tilde{s}$ は,ノイズを $\tilde{\varepsilon}$ として,$\tilde{s} = \tilde{v} + \tilde{\varepsilon}$,と表現されることが少なくない。この種の表現が,固有の特性をもつ会計情報の分析にとって果たして十分なものであるかどうかは,さきに引用した Christensen and Feltham (2003) の指摘をふまえてもなお疑問なしとしない。Kanodia (2007, p. 2) は,企業価値 $\tilde{v}$ がこれまでの伝統的な情報開示モデルにあっては外生的に特定された清算配当 (liquidating dividend) とみなされてきたことへの疑問に起因するものであり,固有の属性をもつ会計情報により近似したモデル化というわれわれの問題意識とは異なるものの,$\tilde{s} = \tilde{v} + \tilde{\varepsilon}$ といったノイズ付きの清算配当として(会計情報に擬した)公的情報を表現することについて,「実際のところ,外生的な清算配当の経済的抽象化に訴えることによって,開示研究の興味の大半は失われてしまう」

(*ibid.*, p. 2) と主張する。

より現実に近似した会計情報の表現を得る一つの方法は，たとえば Liang and Zhang (2006) にみられるように，企業が生みだす**キャッシュ・フロー**，さらにはより限定的に営業キャッシュ・フローをモデルに明示的に組み込むことである[3]。

企業が生みだす過去・現在およびとりわけ将来のキャッシュ・フローを明示的にモデルに組み込むことは，キャッシュ・フローを生みだす源泉である企業の生産・投資政策を情報開示モデルにおいて捨象することなく，モデルの前提とすることにつながっていく。情報開示モデルにおける企業の**生産・投資政策**への注視はまた Kanodia (2007) が強調する点であり，会計プロセスが，企業の一定期間の活動および一定時点の状況を財務的に測定し利害関係者に報告する一つのサービス行為から構成されることを想起すればごく自然なことである。企業の生産・投資政策への注視はまた，ミクロ経済学的にいえば，従来の多くの情報開示モデルが前提としてきた「**純粋交換経済モデル**」から「**生産をともなう経済モデル**」への転換ということもできる。とりわけ今世紀に入ってから，たとえば，報告・開示バイアス，保守主義，原価 vs. 時価，レリバンス vs. 信頼性（表現の忠実性），認識 vs. 開示，集約的会

---

[3] Liang and Zhang (2006) は，たとえば将来キャッシュ・フローの不確実性が収益の認識を決定するとされる現行の GAAP に近似した会計システムを，第 1 期と第 2 期からなる 2 期間モデルを前提に次のようにモデル化する。各期間の営業キャッシュ・インフローを R_1, R_2，営業キャッシュ・アウトフローを D_1, D_2，さらに第 2 期の営業キャッシュ・インフローに関するハードな情報を μ，同様に営業キャッシュ・アウトフローに関するハードな情報を δ としたうえで，これらハードな情報が得られるか得られないかに応じて，この会計システムのもとでの第 1 期の収益 rev および費用 exp は以下のように表現されることになる。なおケース 3 の典型的な事例は石油・ガス会計，ケース 4 は工事契約による工事完成基準に該当するものであるとされている (*ibid.*, pp. 158-163)。

$Acc^{GAAP}(\text{rev}, \text{exp}) =$

$$\begin{cases} (R_1 + E[R_2 \mid \mu], \ D_1 + E[D_2 \mid \delta]) & \text{if } \mu \neq \phi, \delta \neq \phi \quad (\text{ケース 1}) \\ ((R_1 + E[R_2 \mid \mu]) \frac{D_1}{D_1 + E(D_2)}, \ D_1) & \text{if } \mu \neq \phi, \delta = \phi \quad (\text{ケース 2}) \\ (R_1, \ (D_1 + E[D_2 \mid \delta]) \frac{R_1}{R_1 + E(R_2)}) & \text{if } \mu = \phi, \delta \neq \phi \quad (\text{ケース 3}) \\ (0, 0) & \text{if } \mu = \phi, \delta = \phi \quad (\text{ケース 4}) \end{cases}$$

6.2 会計「情報」から「会計」情報に向けた開示モデルの展開 189

計情報 vs. 非集約的会計情報など,会計固有の問題意識から展開される分析的研究が増加する傾向がみられる。このような問題意識のもとでの研究のより円滑な展開に向けた一つの方向は,企業が生みだすキャッシュ・フロー,よってその源泉となる企業の生産・投資政策を明示的にモデルに組み込むことではないかと期待される。

もっとも情報開示モデルにおける企業の生産・投資意思決定への注目は,他方での資本市場を始めとする価格設定ルールの定式化を,そうでない情報開示モデルに比べてより単純なものにする傾向もみられる。事実,Liang and Zhang (2006) では最適資本構成が異なるタイプの会計システムを評価する規準と位置づけられ,本書で取り上げたようなかたちでの市場での価格設定ルールとの明示的な結びつきは考慮外とされ,市場の価格づけをふまえた全体としての均衡の定義が断念されている。解決すべき問題意識に応じて,一方での企業の生産・投資意思決定を念頭においた固有の属性により近似した会計情報のモデル化と他方での市場の価格設定ルールのより厳密な定式化のバランスをいかに図っていくのかが,会計分野における情報開示モデルの今後の重要な課題の一つであり続けることだけは疑いない。

6.2.2 固有の開示環境にある会計情報

経済情報一般に対して会計情報のもつ一つの特徴は,さきの「固有の情報属性をもつ会計情報」で指摘した論点と密接に関連するものであるとはいえ,**会計基準** (accounting standards) に準拠して作成され,その開示が強制される公的情報であるという点であり,会計分野における情報開示モデルを展開するうえで忘れてはならないもう一つの重要な柱は,**開示規制**という会計情報の固有の開示環境である。この文脈で Dye and Sridhar (2008) はいう。

> 経営学関連諸領域から会計学を識別する一つの特徴は基準の強調である。基準は会計に広く深く浸透している。これに対して,基準は経済学,ファイナンス,組織行動などの分野にあっては相対的にマイナーな役割しか果たしていない。このよう

な会計における基準の重要性を前提とすれば,会計基準がどのような形態 (form) をとるのかといった論点に加えて,どのような場合に会計基準が配分的機能の向上に役立つのかを説明する数多くの会計研究が存在するものと考えるかもしれない。しかし現在の会計研究において,望ましい会計基準に関するあるいは会計基準間での企業の選好に関する理論文献は驚くべきことにほとんど見当たらない (*ibid.*, p. 312)。

本書の関心事である分析的研究に加えて広範なアーカイバル研究ないし実証研究の成果も対象とした財務報告・開示規制に関する包括的なレヴュー論文である Leuz and Wysocki (2008) は,市場あるいは経済に及ぼす開示規制の正味の影響の大半は実証上の問題であるとする一方で,以下のように指摘する。

> 現行の分析的研究は一般に開示規制を静学的に分析し評価するものであり,報告・開示規制のプロセスや形態,他の諸規制・諸制度との相互補完性,開示規制間での競争といった動学的な視点からの未解決の重要な論点が依然として数多く存在する (*ibid.*, p. 22)。

現在のところ真正面から開示規制に取り組んだ会計分野における情報開示モデルは,一部の例外を除いて数少ない。開示規制に取り組むにあたっての今後の考えられる一つの視角は,一方での企業(ないし経営者)と他方での価格設定の役割を担う市場(主に資本市場)という設定に,**会計基準設定機関**という第3の経済主体を積極的にモデルに組み込み,会計基準設定機関の意思決定なりインセンティブを念頭においた情報開示モデルを展開するという試みである。あるいはまたこの視角と密接不可分であるが,やや視角を変えて,開示規制を前提に,概念フレームワークおよび概念フレームワークをベースにして設定される個々の具体的な会計基準の論理妥当性を検討する会計領域を「**会計基準論**」と措定し,「会計基準論」を包み込む形で概念フレームワークおよび個々の会計基準の経済社会における意義なり効果を各種のタイプの情報開示モデルを用いて分析し,開示規制のあり方自体を問う経済学

ベースの会計領域としての「**会計規制論**」を想定することもできる。このような「会計規制論」の成果は「**会計基準論**」に漸次フィードバックされることが期待される。具体的には，たとえば，Christensen and Demski (2007, pp. 355-361) は，情報の質が売手によって選択され，この売手の選択が公的に買手に観察される（または買手にとって検証可能である）場合に達成される情報の質をベンチマークとして，(i) 買手が売手の開示する情報の質を検証することができず推測するしかない場合，さきのベンチマークとしての情報の質を達成するために報告基準の設定が意味をもつこと，(ii) さらにこのような報告規制の存在のもとで外観的に規制の遵守を装うという取引の再デザインの選択肢を売手がもつ場合，当該報告基準が導くことになる売手の情報の質は，売手が取引の再デザインの選択肢をもたない場合に比べて低いものでしかないことを，簡単なモデルと数値例で示している。つまり，売手における取引の再デザインのオプションは，報告基準の遵守と結びつくことにより社会的コストを生じさせる可能性があり，それゆえ会計基準設定機関は，報告基準によって影響を受ける関係者が開示規制に対してどのように反応するのかを予期したうえで報告基準を定める必要があるということである。

　いずれにせよ，会計分野における情報開示モデルの今後において，会計基準設定機関のインセンティブを積極的に考慮し，会計情報作成に係る一連の固有ルールを含む開示規制のエッセンスをいかにモデルのうえで捉え分析するのかが，より一層重要となることだけは疑いない。

6.3　会計分野における情報開示モデルの将来

　これまでみてきたように，会計分野における情報開示モデルの関心の対象は，会計「**情報**」から「**会計**」情報に確実にシフトしてきている。この流れに沿って，情報の経済学における情報開示モデルとは一線を画す会計分野における独自の情報開示モデルの構築・展開が，今後一層加速されることになるであろう。このような流れは，文字通り，会計情報に関するアーカイバル研究ないし実証研究とのより緊密な相互作用に裏付けられた新たな装いの

会計理論を生みだすものと期待される。

またこのような独自の情報開示モデルの構築・展開のプロセスにおいて，Verrecchia (2001) が示唆する資本コストを一つの鍵概念とする包括的開示理論が望ましいものであるか否かはさておき，ミクロ経済学ないし情報の経済学の成果を参照しつつ，より包括的・経済全体的な枠組みのもとでの情報開示モデルが指向されることになるであろうし，また最近のゲーム理論あるいは行動経済学・行動ファイナンスが注目するような取引主体の経済合理性を仮定しない分析や取引に際して人間の感情を重視する分析の成果が考慮され取り込まれることにもなるであろう。とりわけ後者については，慣行なり規範が重視されるのであり，われわれにとっても今後無関心ではいられないはずである。

とはいえ，このような今後の会計分野における情報開示モデルの展開に積極的に関わっていくためにも，本書で取り上げた情報開示モデルの理解と本書で詳述した分析手法に関する知識の体得が不可欠である。どのような方向に会計分野の情報開示モデルが今後一層の展開をみようが，本書の内容の理解なくしては関与することはできず，本書で取り上げた議論が会計分野における情報開示モデルの理解と分析にとっての基礎であり土台であり続けることは明らかである。

本書は，会計分野における情報開示モデルに関心をもつ人々の基礎的なテキストとして作成されたものであり，また同時にこれらの人々からそのように評価されることを心より期待するものである。

数学付録

A 全般的な数学の基礎事項[1]

A.1 ギリシャ文字

小文字	大文字	読み	小文字	大文字	読み
α	A	アルファ	ν	N	ニュー
β	B	ベータ	ξ	Ξ	グザイ
γ	Γ	ガンマ	o	O	オミクロン
δ	Δ	デルタ	π	Π	パイ
ϵ	E	イプシロン	ρ	P	ロー
ζ	Z	ゼータ	σ	Σ	シグマ
η	H	イータ	τ	τ	タウ
θ	Θ	シータ	υ	Υ	ウプシロン
ι	I	イオタ	ϕ	Φ	ファイ
κ	K	カッパ	χ	X	カイ
λ	Λ	ラムダ	ψ	Ψ	プサイ
μ	M	ミュー	ω	Ω	オメガ

---

[1] A 節を作成するにあたって,特に飯高 (1999) および平岡・堀 (2009) を参照した。

A.2 表現，記号など

- $P \Longrightarrow Q$

  P が正しければ Q も正しい。P ならば Q という。また，Q を P であるための**必要条件** (necessary condition)，P を Q であるための**十分条件** (sufficient condition) という。

- $P \Longleftrightarrow Q$

  $P \Longrightarrow Q$ かつ $Q \Longrightarrow P$。P と Q は同値という。また，P は Q であるための（Q は P であるための）**必要十分条件** (necessary and sufficient condition) ともいう。

- for any ~

  任意の ~ に対して。すべての ~ に対して。論理記号 ∀ を用いて $\forall x$（「任意の x に対して」の意味）などと書くこともあるが，本書では，"for any ~"，または「任意の ~ に対して」という表現を用いている。

- **一意に** (uniquely)

  ただ一つに。ただ一通りに。

A.3 集　　合

ものの集まりを**集合** (set) とよび，集合を構成する個々のものを**要素** (element) または元という。集合をあらわすには，$\{1, 2, 3, 4, 5\}$ のようにすべての要素を直接列挙し，カッコ "{ }" で囲むあらわし方（外延的記法）と，$\{n \mid n$ は 1 以上 5 以下の整数 $\}$ のようなあらわし方（内包的記法）がある。つまり，縦棒の左に要素の形式を書き，右に付随する条件を書いて集合をあらわす。また集合を S とするとき，x が S の要素であることを $x \in S$ であらわす。

X と Y を集合とするとき，任意の x について，$x \in X \Longrightarrow x \in Y$ が成り立

つとき，X は Y の**部分集合** (subset) であるという。

X と Y を集合とするとき，$\{x \mid x \in X \text{ and } x \in Y\}$ を X と Y の**積集合** (intersection) とよび，$X \cap Y$ であらわす。また，$\{x \mid x \in X \text{ or } x \in Y\}$ を X と Y の**和集合** (union) とよび，$X \cup Y$ であらわす。

X と Y を集合とするとき，$\{(x, y) \mid x \in X \text{ and } y \in Y\}$ を X と Y の**直積** (Cartesian product) といい，$X \times Y$ であらわす。

なお，$\mathbb{R}$ は実数全体の集合をあらわす。また，$\mathbb{R}_+$ は正の実数の集合を意味し，たとえば $x \in \mathbb{R}_+$ と書いた場合，$\{x \in \mathbb{R} \mid x > 0\}$ を意味する。

A.4 写像と関数

X と Y を集合とするとき，X の各要素 x にそれぞれ Y の一つの要素 y を対応させる規則 f を X から Y への**写像** (map) といい，その対応を $f : X \to Y$ であらわす。

また，X を集合とするとき，$f : X \to \mathbb{R}$ となる写像を X を定義域とする**関数** (function) という。このとき，f は X の各要素 x にそれぞれ一つの実数を対応させる規則になっている。

本書では第 2 章の 2.2.1 節においてモデルの設定を説明するときなどにこのような表現を用いている。そこでは，たとえば経営者の意思決定は，企業価値についての私的情報 $v \in \mathbb{R}_+$ を観察したうえで，IPO するかしないかのいずれかである。また，経営者が IPO することを 1，しないことを 0 とし，経営者の IPO についての意思決定を集合 $A = \{1, 0\}$ とし，経営者の IPO 戦略は $I : \mathbb{R}_+ \to A$ として，関数 I を用いてあらわしている。

A.5 指数関数

$y = a^x$ であらわされる関数を a を底とする**指数関数** (exponential function) という。単に指数関数といった場合は，底を e（ネイピア数）とする指数関数 $y = e^x$ を意味する。この e にはいくつかの定義があるが，ここでは a を

底とする指数関数 $y = a^x$ において，$x = 0$ における傾きが 1 となる a のことを e と定義しておく。なお，指数関数は $x = 0$ のとき，a の値に関係なく $a^0 = 1$ となる。e の具体的な値は 2.71828... である。また，見やすさを重視して，e^x のことを $\exp(x)$ と書くことが多い。たとえば後述の正規分布の密度関数は，次式の左辺のようにも右辺のようにも書く。

$$\frac{1}{\sqrt{2\pi}\sigma} e^{-\frac{(x-\mu)^2}{2\sigma^2}} = \frac{1}{\sqrt{2\pi}\sigma} \exp\left(-\frac{(x-\mu)^2}{2\sigma^2}\right)$$

なお，次のような関係が成り立つことには注意しておこう。

$$\exp(x + y) = \exp(x) \times \exp(y)$$
$$\exp(0) = 1$$

指数関数 $\exp(x)$ の x についての微分は $\exp(x)$ となる。つまり，$y = \exp(x)$ のとき，$dy/dx = \exp(x)$ である。なお，これらの指数関数の性質は，この数学付録 C 節以降で正規分布の性質を説明する際に重要となる。

A.6 argmax 記号

$\mathrm{argmax}_x f(x)$ は関数 $f(x)$ が最大値をとる x の値を意味する。この記号の "arg" は「変数」を意味する "argument" の略である。また集合を用いれば $\{x \,|\, f(x) \geq f(y) \text{ for any } y\}$ となる。

例として $f(x) = x(10 - x)$ のケースを考えよう。$x = 5$ のときに最大値 25 をとることから，$\mathrm{argmax}_x x(10 - x) = 5$ となる。ちなみに，$\max_x f(x)$ は関数 $f(x)$ の最大値を意味するので，$\max_x x(10 - x) = 25$ となる。

argmax 記号は，本書では第 3 章の 3.2.2 節において完全開示モデルの均衡を定義するときなどに用いられ，任意の $v \in \mathbb{R}$ について次式が成り立つことが，均衡の一つの条件として示されている。

$$D(v) \in \underset{d \in A}{\mathrm{argmax}}\, \hat{P}(d, v)$$

この式は経営者の開示戦略についての条件であり，企業価値についての私的情報 $v \in \mathbb{R}$ を所与として，投資者の価格設定ルールに対する経営者の期待 $\hat{P} : A \times \mathbb{R} \to \mathbb{R}$ が最大になるように，経営者は開示するかしないかという開示戦略 $D(v)$ を決定することを意味している。この式の argmax の部分が意味する内容は，最大となる期待株価 $\hat{P}$ の値ではなく，期待株価 $\hat{P}$ が最大となるときの経営者の意思決定 $d \in A$（経営者が開示することを dis，開示しないことを nd とし，開示についての意思決定を集合 $A = \{dis, nd\}$ であらわしており，d は dis または nd）である。その結果，任意の企業価値 v に対する経営者の意思決定が $D(v)$ とあらわされることになる。

A.7　和記号 $\sum$（シグマ）

たとえば，$x_1 + x_2 + \cdots + x_{10}$ を，次のようにあらわす。

$$\sum_{i=1}^{10} x_i$$

範囲を集合を用いて指定する場合は，次のようになる。

$$\sum_{i \in A} f(i)$$

ただし，範囲が文脈から明らかな場合，"$\in A$" の部分を省略することもある。このような表記は，たとえば第 5 章の 5.2.2 節の (5.2) 式において用いられている。

総和を i についてとるとき，つまり $\sum$ 記号の範囲が i についてであるとき，j についての関数 $g(j)$ を $i = 1$ から 10 まで合計する場合，次のようにあらわされる。

$$\sum_{i=1}^{10} g(j) = 10\, g(j)$$

この式は $i = 1$ のときも，$i = 2$ のときも，また i がそれ以外の値のときも，$g(j)$ という同じ値になることから成り立つ。

$f(i)$ を i についての関数,$g(j)$ を j についての関数とするとき,次式が成り立つ.

$$\sum_{i=1}^{10} f(i) \cdot g(j) = g(j) \sum_{i=1}^{10} f(i) = g(j) \times \left(\sum_{i=1}^{10} f(i) \right)$$

つまり総和を i についてとっているとき,i に関係しない項は $\sum$ の外に出すことができる.このような書きかえは,たとえば第 5 章の 5.2.2 節の (5.15) 式にみられる.

$\sum$ は次のように二重にして用いることもある.

$$\sum_{i=1}^{2} \sum_{j=1}^{3} f(i, j)$$

上式は括弧を補って,次のように展開することができる.

$$\sum_{i=1}^{2} \left(\sum_{j=1}^{3} f(i, j) \right) = \sum_{i=1}^{2} \left(f(i, 1) + f(i, 2) + f(i, 3) \right)$$
$$= f(1, 1) + f(1, 2) + f(1, 3) + f(2, 1) + f(2, 2) + f(2, 3)$$

この例のように i と j の範囲が個別に決まっている場合,二つの $\sum$ 記号は入れかえることができ,次式が成立することになる.

$$\sum_{i=1}^{2} \left(\sum_{j=1}^{3} f(i, j) \right) = \sum_{j=1}^{3} \left(\sum_{i=1}^{2} f(i, j) \right)$$

本書では,$\sum$ 記号の順序を入れかえることができる場合でかつ範囲が文脈から明らかな場合に,表記を簡潔にするため,次のように一つの $\sum$ 記号を用いてあらわしている.

$$\sum_{i, j} f(i, j)$$

このような表記は,たとえば,第 5 章の 5.2.2 節の (5.15) 式にみられる.

B 確率統計についての基礎事項[2]

B.1 確　　率

あらゆる可能な結果をあらわす点の集合を**標本空間** (sample space) という。このとき，標本空間のそれぞれ一つの生じうる結果を**標本点** (sample point) とよぶ。たとえば，硬貨を 2 枚投げる**試行** (trial) を考えたとき，標本空間は { 表表, 表裏, 裏表, 裏裏 } であり，標本点は { 表表 }，{ 表裏 }，{ 裏表 }，{ 裏裏 } の四つである。また，標本空間の部分集合を**事象** (event) とよぶ。硬貨を 2 枚投げる試行では，たとえば「1 枚だけ表になる」というのが事象の例である。**確率** (probability) とは，事象の起こる確からしさの程度をいう。本書では，確率の表現について，probability の最初の二文字をとって Pr(·) とあらわす。

B.2 加 法 定 理

$A_1 \cap A_2$ は事象 A_1 と A_2 の積集合（積事象）であり，したがって事象 A_1 と A_2 が同時に起こる確率は $\Pr(A_1 \cap A_2)$ とあらわされる。なお，$\Pr(A_1 \cap A_2)$ は，事象 A_1 と A_2 の**同時確率** (joint probability) とよぶこともある。$\Pr(A_1 \cap A_2)$ は $\Pr(A_1, A_2)$ とあらわすことも多い[3]。$A_1 \cup A_2$ は事象 A_1 と A_2 の和集合（和事象）であり，事象 A_1 か A_2 のいずれかが起こる確率は $\Pr(A_1 \cup A_2)$ とあらわされる。このとき，次式が成り立つ。

$$\Pr(A_1 \cup A_2) = \Pr(A_1) + \Pr(A_2) - \Pr(A_1 \cap A_2) \tag{B.1}$$

---

[2] B 節を作成するにあたって，特に玉置 (1992)，宮川 (1999)，鳥脇 (2002)，大屋 (2003)，平岡・堀 (2009) を参照した。

[3] 本書でも本文においては後者の表記を用いている。付録の以下でも場所によって使い分けている。

この式を**加法定理** (addition theorem) とよぶ。

なお，二つの事象 A_1 と A_2 が共通の標本点をまったく持たない場合，A_1 と A_2 とは**互いに排反** (mutually exclusive) であるという。このとき，(B.1) 式は，$\Pr(A_1 \cup A_2) = \Pr(A_1) + \Pr(A_2)$ となる。

B.3 条件付き確率，乗法定理，独立

条件付き確率

何かの事象 A_2 が起こったときに，対象としている事象 A_1 がどのような確率で起きるのかを考えることがある。この確率を**条件付き確率** (conditional probability) といい，$\Pr(A_1 \mid A_2)$ であらわす。条件付き確率は次式で与えられる。

$$\Pr(A_1 \mid A_2) = \frac{\Pr(A_1 \cap A_2)}{\Pr(A_2)} \tag{B.2}$$

この式の右辺の分子は A_1 と A_2 の同時確率である。また，分母は A_1 が起こるか否かにかかわらず A_2 の起こる確率を意味しており，これを A_2 の**周辺確率** (marginal probability) とよぶ。考えている事象が A_2 だけのとき，$\Pr(A_2)$ は単に事象 A_2 が生じる確率とよぶことから，周辺確率を意味するかどうかは文脈で判断する。

乗法定理

条件付き確率の定義式を変形した次式は，**乗法定理** (multiplication theorem) とよばれる。

$$\Pr(A_1 \cap A_2) = \Pr(A_1 \mid A_2) \times \Pr(A_2) \tag{B.3}$$

独立

次式が成り立つとする。

$$\Pr(A_1 \mid A_2) = \Pr(A_1) \tag{B.4}$$

いま，事象 A_1 の生じる確率は，事象 A_2 が生じたという条件をつけてもこの条件をつけなくても，変わらないとする．このとき，事象 A_1 は事象 A_2 から確率的な意味で独立，あるいは単に**独立** (independent) であるという．このとき，(B.3) 式から次式が成り立つ．

$$\Pr(A_1 \cap A_2) = \Pr(A_1) \times \Pr(A_2) \tag{B.5}$$

(B.5) 式が成り立つとき，(B.4) 式も成り立つことから，(B.4) 式と (B.5) 式は同値である．

もう少し複雑な条件付き確率

二つの事象が生じたときのある事象の条件付き確率や，一つの事象が生じたときの二つの事象の条件付きの同時確率などを考えることもある．たとえば，事象 A_1, A_2, A_3 について，次のような関係が成立する．

$$\Pr(A_1 \mid A_2, A_3) = \frac{\Pr(A_1, A_2, A_3)}{\Pr(A_2, A_3)} \tag{B.6}$$

$$\Pr(A_1, A_2 \mid A_3) = \frac{\Pr(A_1, A_2, A_3)}{\Pr(A_3)} \tag{B.7}$$

(B.6) 式は事象 A_2 と A_3 をひとまとまりと考え，(B.7) 式は事象 A_1 と A_2 をひとまとまりと考えれば，条件付き確率の定義から直ちに成立する．なお，ここでは事象が同時に生じることを $\cap$ 記号は用いずに表記している．さらに (B.6) 式から，次の関係が成り立つことがわかる．

$$\begin{aligned} \Pr(A_1, A_2, A_3) &= \Pr(A_1 \mid A_2, A_3) \Pr(A_2, A_3) \\ &= \Pr(A_1 \mid A_2, A_3) \Pr(A_2 \mid A_3) \Pr(A_3) \end{aligned} \tag{B.8}$$

同様に条件付き確率の定義から，次の関係も成り立つ．

$$\Pr(A_1, A_2 \mid A_3) = \Pr(A_1 \mid A_2, A_3) \Pr(A_2 \mid A_3) \tag{B.9}$$

(B.9) 式の成立は，次のように示すことができる．まず，右辺は次のようにあらわすことができる．

$$\Pr(A_1 \mid A_2, A_3)\Pr(A_2 \mid A_3) = \frac{\Pr(A_1, A_2, A_3)}{\Pr(A_2, A_3)} \times \frac{\Pr(A_2, A_3)}{\Pr(A_3)}$$

$$= \frac{\Pr(A_1, A_2, A_3)}{\Pr(A_3)} \tag{B.10}$$

一方,(B.9) 式の左辺は (B.7) 式で示したように書きかえることができ,これは (B.10) 式に等しい。

(B.9) 式は,たとえば第 5 章の 5.2.2 節の「(1-ii) 一方の企業だけが情報を開示するケース」の (5.15) 式において用いられている。(5.15) 式では,企業 i の目的関数に確率 $\Pr(\Gamma, s_j \mid s_i)$ が含まれており,以下のような確率の書きかえが行なわれている。確率 $\Pr(\Gamma, s_j \mid s_i)$ は,企業 i が自身が入手したシグナル s_i を観察したときに,需要関数のパラメータ Γ と他企業 j が入手したシグナル s_j が同時に起きる確率を意味している。企業 i の目的関数を考える場合,不確実な需要関数のパラメータ Γ のみならず,開示を行なっていない企業 j の入手したシグナル s_j についても予想しなければならないため,この確率を計算する必要がある。ここでまず,$A_1 = s_j, A_2 = \Gamma, A_3 = s_i$ として (B.9) 式を用いると,次のように書きかえることができる。

$$\Pr(\Gamma, s_j \mid s_i) = \Pr(s_j \mid \Gamma, s_i)\Pr(\Gamma \mid s_i) \tag{B.11}$$

また,企業 j の入手するシグナル s_j がどのような値(γ か $-\gamma$ のいずれの値)になるのかは,$\Pr(s_j = \gamma \mid \Gamma = \gamma) = \Pr(s_j = -\gamma \mid \Gamma = -\gamma) = p$ であり,Γ によって決まる。したがって,(B.11) 式の右辺の $\Pr(s_j \mid \Gamma, s_i)$ は,$\Pr(s_j \mid \Gamma)$ と等しい。つまり Γ がわかれば,企業 i のシグナル s_i は無視しても s_j に対する条件付き確率は変わらない。このことから,第 5 章の (5.15) 式のように,$\Pr(\Gamma, s_j \mid s_i) = \Pr(s_j \mid \Gamma)\Pr(\Gamma \mid s_i)$ と書きかえることができることになる。

B.4 全確率の定理とベイズの定理

全確率の定理

事象 $A_1, A_2, \cdots, A_n$ は互いに排反で,その和事象は標本空間になるとする。つまり,標本空間を S であらわすとき,$A_1 \cup A_2 \cup \cdots \cup A_n = S$ とする。こ

のとき，任意の事象 B に対して，次の関係が成り立つ．

$$\Pr(B) = \Pr(B \mid A_1)\Pr(A_1) + \Pr(B \mid A_2)\Pr(A_2) + \cdots + \Pr(B \mid A_n)\Pr(A_n)$$

$$= \sum_{k=1}^{n} \Pr(B \mid A_k)\Pr(A_k) \tag{B.12}$$

この関係は**全確率の定理** (theorem of total probability) とよばれる．全確率の定理の証明は次のようである[4]．まず，一般に任意の事象 B に対して，次式が成り立つ．

$$B = (A_1 \cap B) \cup (A_2 \cap B) \cup \cdots \cup (A_n \cap B) \tag{B.13}$$

ここで，$A_1 \cap B, A_2 \cap B, \cdots, A_n \cap B$ は排反であることから，次式を得る．

$$\Pr(B) = \Pr(A_1 \cap B) + \Pr(A_2 \cap B) + \cdots + \Pr(A_n \cap B) \tag{B.14}$$

右辺の各項に (B.3) 式の乗法定理を適用すると，(B.12) 式の全確率の定理が得られる．

ベイズの定理

次式は，**ベイズの定理** (Bayes' theorem) または**ベイズ・ルール** (Bayes' rule) とよばれる．なお，$i = 1, 2, \ldots, n$ である．

$$\Pr(A_i \mid B) = \frac{\Pr(B \mid A_i)\Pr(A_i)}{\sum_{k=1}^{n} \Pr(B \mid A_k)\Pr(A_k)} \tag{B.15}$$

ベイズの定理は次のように示すことができる[5]．まず，条件付き確率の定義より，次式が成立する．

$$\Pr(A_i \mid B) = \frac{\Pr(A_i \cap B)}{\Pr(B)} \tag{B.16}$$

(B.16) 式の分母に (B.12) 式の全確率の定理を，分子に (B.3) 式の乗法定理を適用すれば，(B.15) 式のベイズの定理が得られる．ベイズの定理は，初

---

[4] ここでの証明は，玉置 (1992, p. 46) にもとづいている．
[5] ここでの証明は，玉置 (1992, p. 61) にもとづいている．

めにわかっていた条件付き確率 $\Pr(B \mid A_i)$ から，これとは逆の条件付き確率 $\Pr(A_i \mid B)$ を求める定理といえる。

　本書において，ベイズの定理は重要な役割を果たす。理由は，(B.15) 式のベイズの定理において，左辺の $\Pr(A_i \mid B)$ における条件の事象 B を情報と考えたとき，ベイズの定理は情報を入手した個人（たとえば投資者）がどのようにその情報を利用するのかについての（一つの）考え方を示したものであるからである。本書で取り上げるモデルでは，個人はベイズの定理にしたがって**信念** (belief) を改訂すると仮定している。この文脈では，$\Pr(A_i)$ は個人が情報がないときに事象 A_i が起きると考える確率を意味し，$\Pr(A_i \mid B)$ は個人が情報 B を得たときに事象 A_i が起きると考える確率を意味する。このとき，$\Pr(A_i)$ は事象 A_i についての**事前確率** (prior probability)，$\Pr(A_i \mid B)$ を事象 A_i についての**事後確率** (posterior probability) とよぶ。なお，このように個人が情報を得たときにベイズの定理にしたがって信念を更新（改訂）することを，**ベイズ更新** (Bayesian updating) とよぶこともある。

ベイズの定理の例

　たとえば第 3 章の 3.4 節の情報偏在モデルにおいて，ベイズの定理が適用されている。本文とは異なるがこの数学付録での記号を用いて，経営者はそもそも企業価値についての情報を持っておらずしたがって開示していないという事象を A_1，経営者は情報を持っているが境界値 $\hat{v}$ より小さいために開示していないという事象を A_2，経営者が情報を持っておりしかもその情報を開示するという事象を A_3 とする。ここで，これらそれぞれの事象は互いに排反であり，かつその和事象は標本空間つまり生じうるすべてのタイプの経営者になっていることに注意しよう。また，経営者が情報を開示するという事象を B_1，開示しないという事象を B_2 とする。ここでも，事象 B_1 と B_2 は互いに排反であり，和事象は標本空間となっている。このような設定において，(i) 経営者が事象 A_i に対して持つ事前の（情報を入手する前の）確率 $\Pr(A_1)$ は p（経営者が情報を持っていない確率），(ii) $\Pr(A_2)$ は $(1-p)F(\hat{v})$（経営者が情報を持っている確率 $(1-p)$ に，持っている情報を開示しない確

率 $F(\hat{v})$ を乗じている[6])，および (iii) $\Pr(A_3)$ は $(1-p)(1-F(\hat{v}))$ である。いま投資者が，情報 B_2 を入手したとしよう。つまり，投資者は経営者が情報を開示しなかったという事実を知ったとしよう。このとき，ベイズの定理によれば，たとえば $\Pr(A_1 \mid B_2)$ (本文における $\Pr(A \mid \mathrm{nd})$ に対応する)，つまり経営者が情報を開示していないときに経営者はそもそも情報を持っていない確率は，次式によって求めることができる。

$$\Pr(A_1 \mid B_2) = \frac{\Pr(B_2 \mid A_1)\Pr(A_1)}{\sum_{k=1}^{3}\Pr(A_k)\Pr(B_2 \mid A_k)} \tag{B.17}$$

ここで $\Pr(B_2 \mid A_1)$，つまり経営者はそもそも情報を持っておらずしたがって開示していないということがわかっているとき，情報を開示しない事象 B_2 となる確率は 1 である。同様に考えると，$\Pr(B_2 \mid A_2) = 1$，$\Pr(B_2 \mid A_3) = 0$ となることがわかる。したがって，以上の確率を (B.17) 式に代入すると，次のように $\Pr(A_1 \mid B_2)$ を求めることができる。

$$\begin{aligned}\Pr(A_1 \mid B_2) &= \frac{1 \times p}{1 \times p + 1 \times (1-p)F(\hat{v}) + 0 \times (1-p)(1-F(\hat{v}))}\\ &= \frac{p}{p + (1-p)F(\hat{v})}\end{aligned} \tag{B.18}$$

ベイズの定理は，この他にも第 5 章の 5.2.2 節における (5.8) 式，(5.9) 式，(5.10) 式などにも用いられている。

B.5 確率変数

ある標本空間の各標本点に対応して実数の値をとる変数のことを**確率変数** (random variable) という。また，各標本点にはそれぞれある確率が付与されていることから，確率変数のとる各値に対して，対応する標本点の確率が付与されていると考える。たとえば，硬貨を 2 枚投げる試行において，表の出る

---

[6] 分布関数 $F(\cdot)$ については後述する。ここでは $F(\hat{v})$ は企業価値がある境界値 $\hat{v}$ 以下になる確率をあらわしていることだけ指摘しておく。

回数の合計を X とすると，X は 0 から 2 までの整数の値をとりうる変数である。また $X = 1$ となる確率は，四つの標本点のうち { 表裏 } と { 裏表 } であるから，$1/4 + 1/4 = 1/2$ となる。確率変数のとりうる値が離散的な値のとき**離散確率変数** (discrete random variable) といい，ある範囲内で連続した値をとりうるような確率変数を**連続確率変数** (continuous random variable) という。

なお本書の第 2 章から第 4 章では，確率変数そのものと確率変数のとる値が実現した後とを区別するために，確率変数には ~（チルダ）を付している。たとえば，企業価値 v が投資者にとって確率変数であるとき $\tilde{v}$ とあらわす。一方，この数学付録では原則として，多くの確率・統計のテキストにしたがって，たとえば確率変数 X とその実現値 x というように，確率変数を大文字，その実現値を小文字であらわしている。ただし本書の第 5 章では，Arya and Mittendorf (2007) にしたがって，確率変数と実現値の表記を区別していない。このため，確率変数か実現値かは文脈で解釈することになる。たとえば，企業 i が入手する私的情報 s_i は，γ か $-\gamma$ のいずれかの値をとる確率変数であるが，確率変数を意味するときも ~ は省略されている。しかし，たとえば企業 i が情報を開示しないときの企業 i の生産量をあらわす $q_i(s_i)$ における s_i は，企業 i の入手した情報であり γ か $-\gamma$ のどちらかの実現値である。そこではどちらの実現値でもよいことから，s_i を用いて一般的に $q_i(s_i)$ と書かれる。

B.6 確 率 分 布

離散確率変数のケース

確率変数 X が離散的な値しかとらず，そのとりうる値を小さい順に $x_1, x_2, \ldots, x_n$ とすると，対応する確率は $\Pr(x_1), \Pr(x_2), \cdots, \Pr(x_n)$ とあらわすことができる。このとき，$\Pr(x_i)$ $(i = 1, 2, \ldots, n)$ は次の 2 式を満たす。

$$0 < \Pr(x_i) < 1, \qquad i = 1, 2, \ldots, n \tag{B.19}$$

$$\sum_{i=1}^{n} \Pr(x_i) = 1 \tag{B.20}$$

$x_1, x_2, \ldots, x_n$ 以外の x での $\Pr(x)$ はゼロである。このとき，$\Pr(x)$ を確率変数 X の**確率関数** (probability function) という。また，ある実数 x に対して，$x_1, x_2, \ldots, x_n$ のうち $x_i \leq x$ となる添え字 i の中で最大の添え字番号を j とすると，次のような関数 $F(x)$ を定義することができる。この関数 $F(x)$ は離散確率変数の**累積分布関数** (cumulative distribution function) あるいは単に**分布関数** (distribution function) とよばれる。

$$\begin{aligned} F(x) &= \Pr(X \leq x) \\ &= \Pr(x_1) + \Pr(x_2) + \cdots + \Pr(x_j) \end{aligned} \tag{B.21}$$

連続確率変数のケース

確率変数のとりうる値が連続的である連続確率変数の場合においても，離散確率変数の確率関数と分布関数に対応するかたちで，連続確率変数の密度関数と分布関数を定義することができる。

まず，連続確率変数の分布関数 $F(x)$ を $F(x) = \Pr(X \leq x)$ と定義する。この分布関数は次の三つの性質を持つ。

- $0 \leq F(x) \leq 1$ \hfill (B.22)
- $F(x)$ は単調非減少関数 \hfill (B.23)
- $\lim_{x \to -\infty} F(x) = 0, \quad \lim_{x \to +\infty} F(x) = 1$ \hfill (B.24)

連続確率変数の場合，特定の 1 点をとる確率はゼロとし，確率は区間に対して定義される。分布関数を用いると，確率変数 X が区間 $[a, b]$ に入る確率を，次のようにあらわすことができる。

$$\Pr(a \leq X \leq b) = \Pr(X \leq b) - \Pr(X \leq a) = F(b) - F(a) \tag{B.25}$$

一つ目の等号は，連続確率変数は特定の 1 点をとる確率はゼロであり，$\Pr(X = a) = 0$ となることから成り立つ。

また，離散確率変数の確率関数に対応するものとして，次の関数 $f(x)$ を考えることができる。この関数 $f(x)$ は，**確率密度関数** (probability density function) あるいは単に**密度関数** (density function) とよばれる。密度関数 $f(x)$ は分布関数の微分として，次のように定義される。

$$f(x) = \frac{d}{dx}F(x) \tag{B.26}$$

逆に分布関数は，次のように密度関数を積分したものになる。

$$F(x) = \int_{-\infty}^{x} f(w)\,dw \tag{B.27}$$

(B.27) 式では，積分の範囲の x と混同しないように，$f(x)\,dx$ ではなく $f(w)\,dw$ とあらわしている。密度関数は次の二つの性質を持つ。

- $f(x) \geq 0 \quad \text{for any } x$ (B.28)
- $\int_{-\infty}^{+\infty} f(x)\,dx = 1$ (B.29)

密度関数を用いると，確率変数 X が区間 $[a,b]$ に入る確率を次のようにあらわすことができる[7]。

$$\Pr(a \leq X \leq b) = \int_{a}^{b} f(x)\,dx \tag{B.30}$$

例：一様分布の密度関数と分布関数

図表 B-1 のような密度関数であらわされる確率分布を，区間 $[a, b]$ 上の**一様分布** (uniform distribution) とよぶ。

一様分布の場合，密度関数の値は区間内はどこでも同じであり，区間外はゼロとなる。一様分布の密度関数は次のようになる。

$$f(x) = \begin{cases} \frac{1}{b-a} & \text{if } a \leq x \leq b \\ 0 & \text{otherwise} \end{cases} \tag{B.31}$$

---

[7] なお，密度関数の値自体は確率ではないことに注意しよう。

図表 B-1　一様分布の密度関数

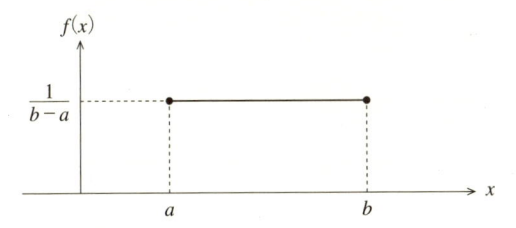

このとき，(B.28) 式および (B.29) 式が成り立っていることを確認することができる。後者については，次のように示すことができる。

$$\int_{-\infty}^{+\infty} f(x)\,dx = \int_{-\infty}^{a} f(x)\,dx + \int_{a}^{b} f(x)\,dx + \int_{b}^{+\infty} f(x)\,dx$$

$$= \int_{a}^{b} \frac{1}{b-a}\,dx$$

$$= \frac{1}{b-a}\int_{a}^{b} 1\,dx$$

$$= \frac{1}{b-a}[\,x\,]_{a}^{b} = 1$$

また，分布関数は次のようになる。

$$F(x) = \begin{cases} 0 & \text{if } x < a \\ \frac{x-a}{b-a} & \text{if } a \leq x \leq b \\ 1 & \text{if } b < x \end{cases} \tag{B.32}$$

一様分布の分布関数は，$x < a$ のときに 0，$b < x$ のときに 1 となるのは明らかなので，$a \leq x \leq b$ について (B.27) 式の分布関数の定義にしたがって，密度関数を積分すれば求まる。

$$\int_{a}^{x} f(w)\,dw = \int_{a}^{x} \frac{1}{b-a}\,dw$$

$$= \frac{1}{b-a}\int_{a}^{x} 1\,dw$$

$$= \frac{1}{b-a} [w]_a^x$$
$$= \frac{x-a}{b-a}$$

図表 B-2 は，一様分布の分布関数を図示したものである。

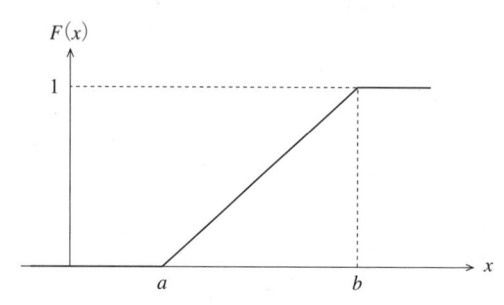

図表 B-2　一様分布の分布関数

このとき，(B.22) 式，(B.23) 式，および (B.24) 式の分布関数の性質についての各式が，成り立っていることが確認できる。

経済分析における意味

不確実性が存在する状況を対象とする経済分析においては，密度関数と分布関数は重要な役割を果たす。特に，離散確率変数の場合も含めることができる点で，分布関数を用いて不確実な状況をあらわすことが多い[8]。意思決定者の直面する不確実な状況は，基本的に分布関数に集約することができるからである。たとえば，第 2 章で取り上げた例 1 では，企業価値 $\tilde{v}$ が $[0, 100]$ の範囲の値をとる一様分布にしたがっている状況であった。このとき，意思決定者は次のような分布関数 $F(v)$ に直面していると考えても同じである。

$$F(v) = \begin{cases} 0 & \text{if } v < 0 \\ \frac{1}{100}v & \text{if } 0 \leq v \leq 100 \\ 1 & \text{if } 100 < v \end{cases} \tag{B.33}$$

---

[8] このような指摘は，Mas-Colell et al. (1995, p. 183) などにおいてなされている。

不確実な状況が分布関数であらわされるならば，不確実な状況の比較は分布関数を比較することによって行なうことができる．不確実性が存在する状況を対象とする経済分析において，分布関数が重要な概念となるのは，この意味においてである．

B.7　期待値と分散

期 待 値

期待値 (expectation) は $E(X)$ であらわし，X が離散確率変数のとき，次のように定義する．

$$E(X) = \sum_{i=1}^{n} x_i \Pr(x_i) \tag{B.34}$$

また，X が連続確率変数のとき，次のように定義する．

$$E(X) = \int_{-\infty}^{+\infty} x f(x)\, dx \tag{B.35}$$

X の期待値は，μ_X とあらわされることもある．

例：一様分布の期待値

たとえば，前述の区間 $[a, b]$ 上の一様分布の期待値を求めると次のようになる．

$$\begin{aligned}
E(X) &= \int_{-\infty}^{+\infty} x f(x)\, dx \\
&= \int_a^b x \frac{1}{b-a}\, dx \\
&= \frac{1}{b-a} \int_a^b x\, dx \\
&= \frac{1}{b-a} \left[\frac{1}{2} x^2 \right]_a^b
\end{aligned}$$

$$= \frac{1}{b-a} \times \frac{1}{2}(b^2 - a^2)$$
$$= \frac{a+b}{2} \tag{B.36}$$

一様分布では，区間のちょうど中央の値が期待値となる。あるいはまた一様分布の期待値は，区間の最小値と最大値の平均になるともいえる。この結果は，本文の第3章の3.3.1節の数値例などにおいて用いられている。

離散確率変数と連続確率変数の両者を含むかたちで，期待値を次のように定義することもある。

$$E(X) = \int_{-\infty}^{+\infty} x\, dF(x) \tag{B.37}$$

本書の第3章では，期待値をこのようにあらわしている[9]。ただし，実際に計算する場合，(B.34) 式および (B.35) 式の表現を用いる必要がある。第2章では総余剰の計算において，三つの例を具体的に計算していることから，(B.35) 式の表現が用いられている。

分　散

分散 (variance) は $\mathrm{Var}(X)$ であらわし，X が離散確率変数のとき，次のように定義する。

$$\mathrm{Var}(X) = \sum_{i=1}^{n}(x_i - \mu_X)^2 \Pr(x_i) \tag{B.38}$$

また，X が連続確率変数のとき，次のように定義する。

$$\mathrm{Var}(X) = \int_{-\infty}^{+\infty}(x - \mu_X)^2 f(x)\, dx \tag{B.39}$$

あるいはまた期待値記号を用いて，$\mathrm{Var}(X) = E[(X - \mu_X)^2]$ と定義しても同じである。なお，X の分散を σ_X^2 とあらわすこともある。$\sqrt{\mathrm{Var}(X)}$ は X の**標準偏差** (standard deviation) とよばれ，σ_X とあらわすこともある。

---

[9] Mas-Colell et al. (1995, Chapter 6) においても，このような表記を用いて議論している。

確率変数 X の分散と期待値には,次の関係が成立する。

$$\mathrm{Var}(X) = E(X^2) - (E(X))^2 \tag{B.40}$$

つまり,確率変数 X の分散は,確率変数 X の「2 乗の期待値」から確率変数 X の「期待値の 2 乗」を引いたものである。

例:一様分布の分散

例として,区間 $[a, b]$ 上の一様分布の分散を求める。期待値は前述の (B.36) 式で示されているので,$E(X^2)$ を計算すればよいことになる。

$$\begin{aligned}
E(X^2) &= \int_{-\infty}^{+\infty} x^2 f(x)\, dx \\
&= \int_a^b x^2 \frac{1}{b-a}\, dx \\
&= \frac{1}{b-a} \int_a^b x^2\, dx \\
&= \frac{1}{b-a} \left[\frac{1}{3} x^3 \right]_a^b dx \\
&= \frac{1}{b-a} \times \frac{1}{3}(b^3 - a^3) \\
&= \frac{1}{b-a} \times \frac{1}{3}(b-a)(a^2 + ab + b^2) \\
&= \frac{a^2 + ab + b^2}{3}
\end{aligned} \tag{B.41}$$

よって,(B.40) 式を用いて,分散は次のように求められる[10]。

$$\mathrm{Var}(X) = \frac{a^2 + ab + b^2}{3} - \left(\frac{a+b}{2} \right)^2 = \frac{(b-a)^2}{12} \tag{B.42}$$

---

[10] もちろん,分散の定義通りに計算することもできる。

本書における応用例

(B.40) 式は，応用上よく用いられる．たとえば，本書の第 4 章の 4.2.3 節において，情報トレーダーの（私的情報を得る前の）事前の期待利得 $E(\tilde{\pi})$ を求めている．(4.28) 式に関する注 26 において示しているように，このとき $E[(\tilde{z}-\mu)^2] = (E(\tilde{z}-\mu))^2 + \mathrm{Var}(\tilde{z}-\mu)$ という関係が用いられている．このような式変形は，$(\tilde{z}-\mu)$ を一つの確率変数，たとえば X として考えると，$E(X^2) = (E(X))^2 + \mathrm{Var}(X)$ であり，さきの (B.40) 式に等しい．

この他，第 5 章における各企業の事前の期待利得についても，同様に (B.40) 式が確認できる．たとえば，5.2.2 節において，各企業が情報開示しないときの事前の期待利潤は，(5.49) 式として以下のように示されている．

$$E(\Pi_i^{\phi\phi}) = \left(\frac{a}{2+k}\right)^2 + \left[\frac{(2p-1)\gamma}{2+k(2p-1)^2}\right]^2 \tag{B.43}$$

この式は上記の (B.40) 式の関係を用いて，次のように求めることもできる．まず，事後の利潤は本文 (5.49) 式の前に書いているように $\Pi_i^{\phi\phi}(s_i) = q_i(s_i)^2$ である．したがって，後述の条件付き確率に際して説明する公式を用いれば，事前の期待利潤は $E(q_i^2)$ と書くことができる[11]．したがって，(B.40) 式の関係を用いれば，事前の期待利潤は $((E(q_i))^2 + \mathrm{Var}(q_i))$ として求められる．$E(q_i)$ および $\mathrm{Var}(q_i)$ は，(5.47) 式および (5.48) 式を用いて，またシグナル s_i がそれぞれ 1/2 の確率で γ か $-\gamma$ になることに注意すれば，次のように計算できる[12]．

$$E(q_i) = \frac{1}{2} \times \left[\frac{a}{2+k} + \frac{(2p-1)\gamma}{2+k(2p-1)^2}\right] + \frac{1}{2} \times \left[\frac{a}{2+k} - \frac{(2p-1)\gamma}{2+k(2p-1)^2}\right]$$
$$= \frac{a}{2+k}$$

---

[11] この事後の利潤は，企業が私的情報を入手した後という意味で「事後」であるが，需要関数のパラメータおよび相手企業についての予想は必要な段階で計算されたものであり，シグナル s_i を得たという条件付きの期待利潤である．したがって，条件付きの期待利潤の期待値は，後述する (B.93) 式の繰り返し期待値の法則を適用すればよい．

[12] 分散の計算は定義通り行なえばよい．

$$\text{Var}(q_i) = \frac{1}{2} \times \left[\frac{(2p-1)\gamma}{2+k(2p-1)^2}\right]^2 + \frac{1}{2} \times \left[-\frac{(2p-1)\gamma}{2+k(2p-1)^2}\right]^2$$
$$= \left[\frac{(2p-1)\gamma}{2+k(2p-1)^2}\right]^2$$

つまり，本文の (5.49) 式あるいは上記の (B.43) 式の右辺第 1 項が $(E(q_i))^2$ に対応し，また右辺第 2 項が $\text{Var}(q_i)$ に対応していることがわかる。

B.8 期待値，分散についての計算ルール

期待値，分散について，本書においてしばしば適用されている有用な公式として，次のようなものがある。これらの証明は，多くの標準的な確率・統計のテキストに掲載されていることからここでは省略する[13]。なお，X, Y, Z は確率変数，a, b, c は定数とする。

期待値について重要な公式をまとめておく。

$$E(aX) = aE(X) \tag{B.44}$$
$$E(aX \pm bY) = aE(X) \pm bE(Y) \tag{B.45}$$
$$E(c) = c \tag{B.46}$$
$$E(E(X)) = E(X) \tag{B.47}$$

分散について重要な公式をまとめておく[14]。

$$\text{Var}(aX) = a^2 \text{Var}(X) \tag{B.48}$$
$$\text{Var}(aX \pm bY) = a^2 \text{Var}(X) + b^2 \text{Var}(Y) \pm 2ab \text{Cov}(X, Y) \tag{B.49}$$
$$\text{Var}(c) = 0 \tag{B.50}$$
$$\text{Var}(\text{Var}(X)) = 0 \tag{B.51}$$

---

[13] たとえば，ここで取り上げる公式の多くは，金川他 (2000) において詳しい証明が示されている。

[14] (B.49) 式の $\text{Cov}(X, Y)$ は X と Y の共分散であり，B.11 節において説明する。

B.9 標準化

確率変数 X の**標準化** (standardization) を定義する。確率変数 X の標準化とは，確率変数 X からその期待値 μ_X を差し引き標準偏差 σ_X で割ることである。標準化した確率変数を Z とあらわすと，次のようである。

$$Z = \frac{X - \mu_X}{\sigma_X} \tag{B.52}$$

標準化された確率変数 Z の期待値は 0，分散は 1 となる。これは上記の計算ルールを用いて示すことができる。まず，期待値については次のようになる。

$$\begin{aligned} E(Z) &= E\left(\frac{X - \mu_X}{\sigma_X}\right) \\ &= \frac{1}{\sigma_X} E(X - \mu_X) \\ &= \frac{1}{\sigma_X} (E(X) - \mu_X) = 0 \end{aligned}$$

二つ目の等式については (B.44) 式，三つ目の等式については (B.45) 式と (B.46) 式の公式が用いられている。

また，標準化された確率変数 Z の分散は次のように 1 になる。

$$\begin{aligned} \operatorname{Var}(Z) &= \operatorname{Var}\left(\frac{X - \mu}{\sigma_X}\right) \\ &= \frac{1}{\sigma_X^2} \operatorname{Var}(X - \mu_X) \\ &= \frac{1}{\sigma_X^2} \operatorname{Var}(X) = 1 \end{aligned}$$

二つ目の等式については (B.48) 式，三つ目の等式については (B.49) 式と (B.50) 式の公式が用いられている。

B.10 同時確率分布

離散確率変数が二つのケース

確率変数が複数の場合にも，離散確率変数の確率関数と分布関数および連続確率変数の密度関数と分布関数をそれぞれ考えることができる。ここでは確率変数が二つのケースを扱う。離散確率変数 X と Y について，そのとりうる値を小さい順にそれぞれ $x_1, x_2, \ldots, x_n$ および $y_1, y_2, \ldots, y_m$ とし，対応する確率をそれぞれ $\Pr(x_1), \Pr(x_2), \cdots, \Pr(x_n)$ および $\Pr(y_1), \Pr(y_2), \cdots, \Pr(y_m)$ とあらわす。このときまず，離散確率変数 X と Y の**同時分布関数** (joint distribution function) を $F(x,y)$ であらわし，これら二つの確率変数が $X \leq x$ であり $Y \leq y$ である確率を次のように定義する。

$$F(x,y) = \Pr(X \leq x, Y \leq y) \tag{B.53}$$

次に，同時分布関数 $F(x,y)$ に対して，$F(x, \infty)$ および $F(\infty, y)$ という関数 $F_X(x)$ および $F_Y(y)$ をそれぞれ考える。この $F_X(x)$ は x のみの関数であり，定義から次の確率に等しくなる。

$$\begin{aligned} F_X(x) &= \Pr(X \leq x, Y \leq +\infty) \\ &= \Pr(X \leq x) \end{aligned} \tag{B.54}$$

つまり，$F_X(x)$ は X についての分布関数になる。また $F_Y(y)$ も同様である。この $F_X(x)$ および $F_Y(y)$ は，それぞれ X, Y の**周辺分布関数** (marginal distribution function) とよばれる。

また，離散確率変数 X と Y の**同時確率関数** (joint probability function) を $\Pr(x_i, y_j)$ であらわし，次のように定義する。

$$\Pr(x_i, y_j) = \Pr(X = x_i, Y = y_j) \tag{B.55}$$

このとき，離散確率変数 X と Y の**周辺確率関数** (marginal probability function) を，それぞれ $\Pr(x_i)$ と $\Pr(y_j)$ であらわし，次のように定義する。

$$\Pr(x_i) = \sum_{j=1}^{m} \Pr(x_i, y_j) \tag{B.56}$$

$$\Pr(y_j) = \sum_{i=1}^{n} \Pr(x_i, y_j) \tag{B.57}$$

ここで次のような例を考えよう。二つの離散確率変数 X と Y があり，X は x_1, x_2, x_3 のいずれかの値をとり（$i = 3$），Y は y_1, y_2 のいずれかの値をとる（$j = 2$）とする。また，同時確率関数は $\Pr(x_1, y_1) = 0.2$，$\Pr(x_1, y_2) = 0.1$，$\Pr(x_2, y_1) = 0.1$，$\Pr(x_2, y_2) = 0.2$，$\Pr(x_3, y_1) = 0.3$，$\Pr(x_3, y_2) = 0.1$ とする。この状況は，図表 B-3 のようにあらわされる。

図表 B-3　二つの離散確率変数の確率分布 $\Pr(x_i, y_j)$ の例

X \ Y	1	2	$\Pr(x_i)$
1	0.2	0.1	0.3
2	0.1	0.2	0.3
3	0.3	0.1	0.4
$\Pr(y_j)$	0.6	0.4	1

この例において右端の列は各行の確率の合計であり，y の値にかかわらず X が 1, 2, 3 の値をとる確率が示されている。これらがうえで定義した離散確率変数 X の周辺確率関数 $\Pr(x_i)$（$i = 1, 2, 3$）である。

次に，事象に対して定義した条件付き確率の考え方を離散確率変数に対して適用した**条件付き確率関数**（conditional probability function）を定義する。同時確率関数を $\Pr(x_i, y_j)$，周辺確率関数を $\Pr(x_i)$ および $\Pr(y_j)$ とするとき，$Y = y_j$ が与えられたときの離散確率変数 X の条件付き確率関数を $\Pr(x_i \mid y_j)$ であらわし，次のように定義する。

$$\Pr(x_i \mid y_j) = \frac{\Pr(x_i, y_j)}{\Pr(y_j)} \tag{B.58}$$

たとえば上述の図表 B-3 の例において，$\Pr(x_1 \mid y_1)$ を求めてみよう。

$$\Pr(x_1 \mid y_1) = \frac{\Pr(x_1, y_1)}{\Pr(y_1)} = \frac{0.2}{0.6} = \frac{1}{3}$$

つまり，事前には x_1 が生じる確率は $\Pr(x_1) = 0.3$ であったが，$Y = y_1$ という情報を得たことにより，その情報を所与とすると $\Pr(x_1 \mid y_1) = 1/3$ に確率が変化していることがわかる。また，条件付き確率の値は，同時確率 $\Pr(x_1, y_1)$ を周辺確率 $\Pr(y_1) = 0.6$ で割ることにより，もとの同時確率の値 $\Pr(x_1, y_1) = 0.2$ より大きくなっている。この操作を $\Pr(x_1, y_2)$ についても同じように行ない，その合計が 1 になるようにしたものが条件付き確率関数である。この例では，$\Pr(x_1 \mid y_1) = 1/3$, $\Pr(x_2 \mid y_1) = 1/6$, $\Pr(x_3 \mid y_1) = 1/2$ であり，$\sum_{i=1}^{3} \Pr(x_i \mid y_1) = 1/3 + 1/6 + 1/2 = 1$ となる。

(B.58) 式を (B.56) 式に代入すると，離散確率変数に対して，次の全確率の定理が成立する。

$$\Pr(x_i) = \sum_{j=1}^{m} \Pr(x_i \mid y_j) \Pr(y_j) \tag{B.59}$$

また，次のベイズの定理も成り立つ。

$$\Pr(y_j \mid x_i) = \frac{\Pr(x_i \mid y_j) \Pr(y_j)}{\sum_{k=1}^{m} \Pr(x_i \mid y_k) \Pr(y_k)}, \qquad j = 1, 2, \ldots, m \tag{B.60}$$

連続確率変数が二つのケース

次に，連続確率変数が二つのケースにおける密度関数と分布関数について考える。連続確率変数 X と Y についても，離散確率変数の場合と同様に，同時分布関数と周辺分布関数を定義することができる。つまり，連続確率変数 X と Y の同時分布関数を $F(x, y)$ であらわし，次のように定義する。

$$F(x, y) = \Pr(X \leq x, Y \leq y) \tag{B.61}$$

また，周辺分布関数を $F_X(x)$ および $F_Y(y)$ であらわし，それぞれ次のように定義する[15]。

---

[15] 記号の節約のために，同時分布関数と周辺分布関数に同じ F を用いているが，$F(x, y)$ と $F_X(x)$ は異なる関数である。また $F(x, y)$ を $F_{X,Y}(x, y)$ とあらわすこともある。

$$F_X(x) = \Pr(X \leq x, Y \leq +\infty)$$
$$= \Pr(X \leq x) \tag{B.62}$$
$$F_Y(y) = \Pr(X \leq +\infty, Y \leq y)$$
$$= \Pr(Y \leq y) \tag{B.63}$$

同時密度関数 (joint density function) は $f(x, y)$ であらわし，一変数の場合と同様に，同時分布関数を用いて次のように定義する．

$$f(x, y) = \frac{\partial^2}{\partial x\, \partial y} F(x, y) \tag{B.64}$$

同時密度関数と同時分布関数には，次の関係が成り立つ．

$$F(x, y) = \int_{-\infty}^{x} \int_{-\infty}^{y} f(u, v)\, dv du \tag{B.65}$$

なお周辺分布関数 $F_X(x)$ は，この同時密度関数 $f(x, y)$ を用いて，次のように定義することもできる．

$$F_X(x) = \int_{-\infty}^{x} \int_{-\infty}^{\infty} f(u, y)\, dy du \tag{B.66}$$

また，**周辺密度関数** (marginal density function) は $f_X(x)$ および $f_Y(y)$ であらわし，同時密度関数 $f(x, y)$ を用いてそれぞれ，次のように定義する．

$$f_X(x) = \int_{-\infty}^{+\infty} f(x, y)\, dy \tag{B.67}$$

$$f_Y(y) = \int_{-\infty}^{+\infty} f(x, y)\, dx \tag{B.68}$$

周辺分布関数 $F_X(x)$ は，周辺密度関数 $f_X(x)$ を用いると次のようにあらわすこともできる．

$$F_X(x) = \int_{-\infty}^{x} f(u)\, du \tag{B.69}$$

Y についての周辺分布関数 $F_Y(y)$ についても同様である．

付録 B.3 節において，事象 A と B について，$\Pr(A \cap B) = \Pr(A) \times \Pr(B)$ が成り立つとき，この二つの事象は独立であると定義した．二つの連続確率変

数 X と Y についても,同時密度関数と周辺密度関数を用いて,次のように独立を定義する。つまり,二つの連続確率変数 X と Y の同時密度関数 $f(x, y)$ と,周辺密度関数 $f(x)$ および $f(y)$ について,次の関係が成り立つとき,X と Y は独立あるいは**独立に分布している** (independently distributed) という。

$$f(x, y) = f_X(x) \times f_Y(y) \tag{B.70}$$

また,二つの連続確率変数 X と Y について,X が与えられたときの Y の**条件付き密度関数** (conditional density function) は $f(y \mid x)$ であらわし,次のように定義する[16]。

$$f(y \mid x) = \frac{f(x, y)}{f_X(x)} \tag{B.71}$$

ただし,$f_X(x) > 0$ とする。ここで,$f(x, y)$ は同時密度関数であり,$f_X(x)$ は連続確率変数 X の周辺密度関数である。この条件付き密度関数 $f(y \mid x)$ は,$f(x, y) \geq 0$ および $f_X(x) > 0$ であることから,$f(y \mid x) > 0$ となる。また,全範囲で積分すると次のように 1 になる。

$$\int_{-\infty}^{+\infty} f(y \mid x)\, dy = \int_{-\infty}^{+\infty} \frac{f(x, y)}{f_X(x)}\, dy = \frac{f_X(x)}{f_X(x)} = 1$$

したがって,密度関数の性質である (B.28) 式および (B.29) 式を満たす。

(B.71) 式を連続確率変数 Y の周辺密度関数の定義である (B.68) 式に代入すると,連続確率変数に対して,次の全確率の定理が成立することがわかる。

$$f_Y(y) = \int_{-\infty}^{+\infty} f(y \mid x) f_X(x)\, dx \tag{B.72}$$

また,次のベイズの定理も成り立つ。

$$f(y \mid x) = \frac{f(x \mid y) f_Y(y)}{\int_{-\infty}^{+\infty} f(x \mid y) f_Y(y)\, dy} \tag{B.73}$$

---

[16] $f(x, y)$ と異なる関数であることを強調するために,f と異なる記号を使ったり,$f_{Y|X}(y \mid x)$ と書くこともあるが,ここでは単に $f(y \mid x)$ と表記している。$f(y \mid x)$ と $f(x, y)$ は同じ f という記号を用いているが異なる関数であることに注意してほしい。

離散確率変数と連続確率変数のケース

一方が連続確率変数であり，他方が離散確率変数である状況も同じように考えることができる。ここでは本書において重要であるベイズの定理についてのみ示しておく。いま，X が離散確率変数であり，Y が連続確率変数であるとき，次のベイズの定理が成り立つ。

$$f(y \mid x_i) = \frac{\Pr(x_i \mid y) f_Y(y)}{\int_{-\infty}^{+\infty} \Pr(x_i \mid y) f_Y(y) \, dy} \tag{B.74}$$

たとえば，この式は本書の第 2 章の 2.2.2 節における数値例において適用されている。具体的には，(2.4) 式の下の箇所で，事前には企業価値 $\tilde{v}$ が [0, 100] 上の一様分布にしたがうという設定において，$\tilde{v}$ が 40 以上であるという条件付き期待値を求めるとき[17]，条件付き密度関数を求める必要がある。もっとも，この条件付き密度関数は，定理を適用しなくても，[40, 100] 上の一様分布になることは容易にわかるが，あえて (B.74) 式を用いて条件付き密度関数を導出してみよう。まず，確率変数 $\tilde{x}$ を次のように定義する[18]。つまり，確率変数 $\tilde{x}$ は g か b のいずれかの値をとる離散確率変数であり，$\tilde{v} \in [0, 40)$ のとき $\tilde{x} = b$ となり，$\tilde{v} \in [40, 100]$ のとき $\tilde{x} = g$ となるとする。このとき，次の関係が成り立つ[19]。

$$\Pr(g) = 0.6 \tag{B.75}$$

$$\Pr(g \mid v) = \begin{cases} 1 & \text{if } v \in [40, 100] \\ 0 & \text{if } v \in [0, 40) \end{cases} \tag{B.76}$$

したがって，(B.74) 式から次のようになる。

$$f(v \mid g) = \frac{\Pr(g \mid v) f(v)}{\int_{-\infty}^{+\infty} \Pr(g \mid v) f(v) \, dv} \tag{B.77}$$

---

[17] 条件付き期待値は後述する。

[18] ここでは本文の表記にあわせて，確率変数を ˜（チルダ）を付けてあらわしている。確率変数 X とあらわしても同じである。

[19] 以下の計算で必要がないため，b が実現したときについては省略している。

B 確率統計についての基礎事項

ここで, $f(v)$ は周辺密度関数であり, $[0, 100]$ 上の一様分布である。つまり, (B.31) 式で求めたように, $[0, 100]$ の区間では $1/100$ となり, その他では 0 となる関数である。したがって, (B.77) 式の分母は, 次のようになる。

$$\begin{aligned}\int_{-\infty}^{+\infty} \Pr(g \mid v) f(v)\, dv &= \int_0^{40} 0 \times \frac{1}{100}\, dv + \int_{40}^{100} 1 \times \frac{1}{100}\, dv \\ &= \frac{1}{100} \int_{40}^{100} 1\, dv \\ &= \frac{1}{100} \left[\, v\, \right]_{40}^{100} \\ &= 0.6 \end{aligned}$$

一方, (B.77) 式の分子は, $[40, 100]$ の区間でのみ $1/100$ の値となり, その他では 0 となる。したがって, 条件付き密度関数は次のようになる。

$$f(v \mid g) = \begin{cases} \dfrac{1}{60} & \text{if } v \in [40, 100] \\ 0 & \text{otherwise} \end{cases} \tag{B.78}$$

これは図表 B-4 のようにあらわせる。

図表 B-4 一様分布の条件付き密度関数

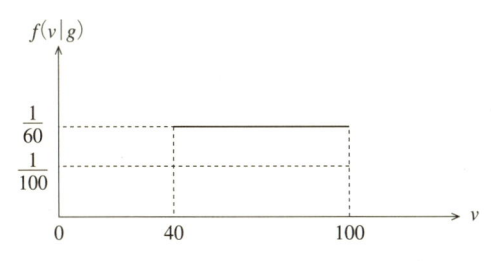

企業価値は, もともと区間 $[0, 100]$ 上の一様分布にしたがっていたが, 情報 g を得たことにより, 区間 $[40, 100]$ 上の一様分布にしたがうことがわかった。また図から明らかなように, もともとの範囲より区間が小さくなることから, 密度関数は上側に移動することになる。情報を入手した後においては, 区間 $[40, 100]$ で生じる確率が 1 になるため, 事前の分布におい

て区間 [40, 100] となる確率の 0.6 で除している。これが (B.77) 式の分母 ($\int_{-\infty}^{+\infty} \Pr(g\mid v)f(v)\,dv$) の意味である。したがって計算の際には，情報を得た後の企業価値の範囲がわかっていれば，事前の分布においてその範囲が生じる確率を分母にすればよい。本書において，この結果を用いているもう一つの例をみておこう。

　本書の第 3 章の 3.2.2 節において，企業価値がある境界値 $\hat{v}$ よりも小さいことを所与とした，企業価値の条件付き期待値が計算されている。つまり，第 3 章の (3.3) 式において，次のように株価 P があらわされている。

$$P(\text{nd}, v) = \int_{\underline{v}}^{\hat{v}} \frac{v}{F(\hat{v})} dF(v) = \int_{\underline{v}}^{\hat{v}} v \frac{f(v)}{F(\hat{v})} dv$$

　この式では，条件付きでないときの積分範囲 $[\underline{v}, \bar{v}]$ と比べて，情報（開示しなかったこと）を知ったことにより，積分範囲が $[\underline{v}, \hat{v}]$ と狭くなっている。また，事前の分布において $[\underline{v}, \hat{v}]$ の範囲が生じる確率 $F(\hat{v})$ で除しているのは，この狭い範囲 $[\underline{v}, \hat{v}]$ で生じる確率を 1 にするためである。その結果，条件付き密度関数は，もとの密度関数をこの確率で除した $f(v)/F(\hat{v})$ とあらわされることになる。なお，確率をあらわす $F(\hat{v})$ は積分記号の中に含めているが，確率 $F(\hat{v})$ は定数であるから，この式は次のいずれのように書いても同じである。

$$\int_{\underline{v}}^{\hat{v}} \frac{v}{F(\hat{v})} dF(v) = \frac{\int_{\underline{v}}^{\hat{v}} v\,dF(v)}{F(\hat{v})} = \frac{1}{F(\hat{v})} \int_{\underline{v}}^{\hat{v}} v\,dF(v)$$

B.11　共分散と相関係数

　確率変数 X と Y の**共分散** (covariance) は Cov(X, Y) であらわし，次のように定義する。

$$\text{Cov}(X, Y) = E[(X - E(X))(Y - E(Y))] \tag{B.79}$$

(B.79) 式は，次のようにあらわすこともできる。

$$\begin{aligned}\text{Cov}(X, Y) &= E[(X - E(X))(Y - E(Y))] \\ &= E[XY - XE(Y) - YE(X) + E(X)E(Y)] \\ &= E(XY) - E(X)E(Y)\end{aligned} \quad (\text{B.80})$$

つまり，X と Y の共分散は，X と Y の積の期待値からそれぞれの期待値の積を引いたものである．なお X と Y の共分散は，σ_{XY} とあらわされることもある．

なお，二つの確率変数 X と Y が独立のとき，次式が成立する．

$$E(XY) = E(X)E(Y) \quad (\text{B.81})$$

ただし，この逆，つまり (B.81) 式が成立しても確率変数 X と Y は必ずしも独立とは限らない．なお，(B.81) 式が成立するとき，(B.80) 式から共分散はゼロになることがわかる．

確率変数 X と Y の**相関係数** (correlation coefficient) は ρ_{XY} であらわし，次のように定義する．

$$\rho_{XY} = \frac{\text{Cov}(X, Y)}{\sqrt{\text{Var}(X)}\sqrt{\text{Var}(Y)}} \quad (\text{B.82})$$

$\rho_{XY} > 0$ のとき正の相関がある，$\rho_{XY} < 0$ のとき負の相関がある，$\rho_{XY} = 0$ のとき**無相関** (uncorrelated) であるという．相関係数 ρ は $-1 \leq \rho \leq 1$ を満たす．なお，二つの確率変数が独立ならば無相関であるが，逆は一般には成り立たない．

ある確率変数からその期待値 μ を差し引き標準偏差 σ で割ることをさきに標準化と定義したが，相関係数は標準化された二つの確率変数の共分散に一致する．この点については，次の共分散についての計算ルールの後で説明する．

B.12 共分散についての計算ルール

期待値，分散と同様に，ここでは共分散の計算ルールについて，本書において有用な公式をまとめておく．B.8 の期待値，分散についての計算ルール

の場合と同様に証明は省略する。なお，X, Y, Z は確率変数，a, b, c は定数とする。

$$\text{Cov}(aX, bY) = ab\,\text{Cov}(X, Y) \tag{B.83}$$

$$\text{Cov}(X, Y \pm Z) = \text{Cov}(X, Y) \pm \text{Cov}(X, Z) \tag{B.84}$$

$$\text{Cov}(X, X) = \text{Var}(X) \tag{B.85}$$

$$\text{Cov}(X, c) = 0 \tag{B.86}$$

これらの計算ルールを用いて，相関係数は標準化した二つの確率変数の共分散に等しいことを示すことができる。

$$\text{Cov}\left(\frac{X - \mu_X}{\sigma_X}, \frac{Y - \mu_Y}{\sigma_Y}\right) = \frac{1}{\sigma_X \sigma_Y} \text{Cov}(X - \mu_X, Y - \mu_Y)$$

$$= \frac{1}{\sigma_X \sigma_Y} \text{Cov}(X, Y) = \rho_{XY}$$

一つ目の等式については (B.83) 式，二つ目の等式については (B.84) 式と (B.86) 式が用いられている。

B.13　条件付き期待値

離散確率変数

二つの離散確率変数 X と Y について，そのとりうる値を小さい順にそれぞれ $x_1, x_2, \ldots, x_n$ および $y_1, y_2, \ldots, y_m$ とする。対応する確率は，それぞれ $\text{Pr}(x_1), \text{Pr}(x_2), \cdots, \text{Pr}(x_n)$ および $\text{Pr}(y_1), \text{Pr}(y_2), \cdots, \text{Pr}(y_m)$ とあらわすことができる。このとき，(B.58) 式の条件付き確率関数 $\text{Pr}(y_j \mid x_i)$ を用いて，**条件付き期待値** (conditional expectation) を次のように定義する。

$$E(Y \mid X = x_i) = \sum_{j=1}^{m} y_j \text{Pr}(y_j \mid x_i) \tag{B.87}$$

連続確率変数

同様に，二つの連続確率変数 X と Y について，(B.71) 式の条件付き密度関数 $f(y \mid x)$ を用いて，条件付き期待値を次のように定義する。

$$E(Y \mid X = x) = \int_{-\infty}^{+\infty} y f(y \mid x) \, dy \tag{B.88}$$

なお，$E(Y \mid X = x)$ を $E(Y \mid x)$ と簡潔に表記することもある．本書の第2章と第3章では $E(Y \mid X = x)$ のようにあらわしているが，第4章では表記を簡潔にするために $E(Y \mid x)$ とあらわしている．また第5章では，たとえば企業 i のシグナル s_i と企業 j のシグナル s_j が開示されたときの企業 i の利潤を $\Pi_i^{dd}(s_i, s_j)$ とあらわしているが，ここでの（簡潔な）表記法にしたがえば $E(\Pi_i^{dd} \mid s_i, s_j)$ と示されることになる．

また，$X = x$ が与えられたときの Y の条件付き期待値 $E(Y \mid X = x)$ は，x の値によって変化するため X の関数とみることができる．このように X についての確率変数と考える場合は，$E(Y \mid X)$ とあらわす．

条件付き期待値についての計算ルール

条件付き期待値については，次の公式が重要である．B.8節の期待値，分散と同様に証明はここでは省略する．なお，X, Y, Z は確率変数，a, b, c は定数とする．

$$E(aY \mid X) = aE(Y \mid X) \tag{B.89}$$
$$E(aY + bZ \mid X) = aE(Y \mid X) + bE(Z \mid X) \tag{B.90}$$
$$E(X \mid X) = X \tag{B.91}$$
$$E(c \mid X) = c \tag{B.92}$$
$$E(E(Y \mid X)) = E(Y) \tag{B.93}$$

最後の (B.93) 式は**繰り返し期待値の法則** (law of iterated expectation) とよばれ[20]，応用上よく用いられる．この式の意味を考えるために，まず次の例を考えてみよう．三つの時点，つまり $t = 0, 1, 2$ があるとして，時点 $t = 1$ において確率変数 X が実現し，時点 $t = 2$ において確率変数 Y が実現する状況を考える．確率変数 X は 1 か 2 の値をそれぞれ確率 0.5 でとり，$X = 1$ のとき，時点 $t = 2$ において $Y = 1$ になる確率が 0.6，$Y = 2$ になる確率が 0.4

---

[20] この特徴は（英語のまま）tower property とよばれることもある．

とする。また，$X = 2$ のとき，時点 $t = 2$ において $Y = 1$ になる確率が 0.2, $Y = 2$ になる確率が 0.8 とする。次の図表 B-5 は，この状況をあらわしたものである。

図表 B-5　繰返し期待値の法則

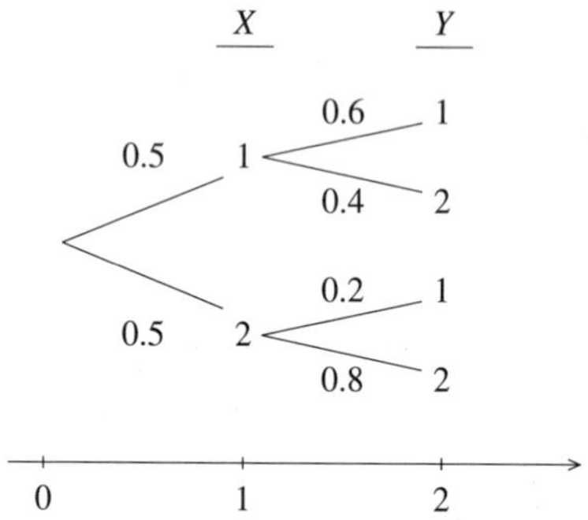

```
                    X            Y
                           0.6   1
               0.5   1
                           0.4   2

                           0.2   1
               0.5   2
                           0.8   2

        ┼────────────┼────────────┼────────→
        0            1            2
```

　利得は確率変数 Y のみで決まり（貨幣の時間価値などを考慮した割引きは考慮しないものとする），確率変数 X は単に情報としての役割があるだけであるとする。つまり，時点 $t = 1$ における X の実現値が 1 のときよりも 2 のときの方が，最終的な利得 Y が大きくなる（2 になる）可能性が高くなるという情報である。このとき，時点 0 における期待値は，次のように計算できる[21]。

$$E(Y) = 0.5 \times 0.6 \times 1 + 0.5 \times 0.4 \times 2 + 0.5 \times 0.2 \times 1 + 0.5 \times 0.8 \times 2 = 1.6$$

　一方，時点 $t = 1$ において X の実現値を知ったときの Y の条件付き期待値は，次のように計算できる。

$$E(Y \mid X = 1) = 0.6 \times 1 + 0.4 \times 2 = 1.4$$

---

[21] 前述の表の例では，X と Y の同時確率関数が最初から与えられていたのに対して，この例では X の周辺確率関数 $\Pr(X)$ と，X を前提にした Y の条件付き確率関数 $\Pr(Y \mid X)$ が与えられており，これらの積として X と Y の同時確率関数 $\Pr(x_i, y_j)$ を求めている。このような設定は応用例ではよく用いられる。

B 確率統計についての基礎事項

$$E(Y \mid X = 2) = 0.2 \times 1 + 0.8 \times 2 = 1.8$$

したがって，時点 $t=0$ において，時点 $t=1$ で実現する X の値がそれぞれ確率 0.5 であるから，$0.5 \times 1.4 + 0.5 \times 1.8 = 1.6$ と計算しても最終的な期待利得を計算できることがわかる。この後者の計算方法は，最初に時点 $t=1$ において実現した X に応じて条件付き期待値 $E(Y \mid X)$ を求めておき，次に時点 $t=0$ に戻って X を確率変数とみて，この条件付き期待値の期待値，つまり $E(E(Y \mid X))$ を計算していることになる。計算の結果は，もともと条件を付けずに期待値をとった $E(Y)$ に一致する。このような計算が一般に成り立つことを示したのが (B.93) 式の繰り返し期待値の法則である。

本書の第 4 章の 4.2.2 節においても，(4.7) 式の後で述べているように，情報トレーダーの事前の（私的情報を入手する前の）期待利得 $E(\tilde{\pi})$ を求める場合に繰り返し期待値の法則を用いている。このような場合に，この法則を用いると計算が簡単になる理由は次のようである。Kyle (1985) のモデルでは，情報トレーダーにとって三つの時点がある。つまり，私的情報 z を入手する前の時点（これを時点 $t=0$ とする），私的情報 z を入手した後の時点（これを時点 $t=1$ とする），すべての不確実性が実現した後の時点（これを時点 $t=2$ とする）である。情報トレーダーの意思決定問題は，最初に時点 $t=1$ において，私的情報 z を入手したとして，条件付きの期待利得 $E(\tilde{\pi} \mid z)$ を最大化するというものである。このため，時点 $t=0$ における期待利得，つまり事前の期待利得を計算するため，時点 $t=1$ の結果を利用し，時点 $t=1$ で所与とした私的情報 z を確率変数とみて，条件付きの期待利得の期待値 $E(E(\tilde{\pi} \mid \tilde{z}))$ を計算することもできる[22]。時点 $t=1$ における期待利得 $E(\tilde{\pi} \mid z)$ が簡潔にあらわされる場合，この方法による計算の方が簡単になる。このことは第 5 章における企業の期待利潤の計算においてもあてはまる。たとえば，第 5 章の 5.2.2 節の期待利潤を求める (5.14) 式も繰り返し期待値の法則が用いられ，計算が簡単化されている。

---

[22] 外側の期待値は $\tilde{z}$ について，内側の期待値は $\tilde{\pi}$ についてとっている。

経済分析における意味

　条件付き期待値は，経済分析においてさまざまな局面で利用される重要な概念である．たとえば，本書では第2章から第4章の各モデルにおいて，株価は情報を所与したときの企業価値の条件付き期待値として設定されている．このことから，条件付き期待値には，不確実性のもとでの経済分析における意思決定者の行動を特徴づけるにふさわしい性質をもつということがわかる．条件付き期待値は，以下の意味で最適予測を与えるというのが具体的な性質の一つである．このこと自体は本書を読むうえで必要となるものでないが，重要な結果と思われるのでここで説明しておくことにしよう．

　いま，確率変数 X を用いて確率変数 Y を予測することを考える[23]．確率変数 X を用いた予測値を Y^* であらわす．また，予測の精度または有用性を評価するために，予測から外れたときにどれだけの損失が生じるのかを特定した**損失関数** (loss function) を定義する．ここでは，**平均2乗誤差** (mean squared error) とよばれる $E[(Y-Y^*)^2]$ であらわされる損失関数を考える．ここでの問題は，この損失関数を最小にする予測 Y^* がどのようなものであるかということである．このとき，予測値 Y^* を条件付き期待値 $E(Y|X)$ とすることで，損失関数が最小になることを示すことができる．

　まず，X を用いた条件付き期待値以外の任意の関数を $g(X)$ であらわす．$Y^* = g(X)$ として，平均2乗誤差は次のようにあらわすことができる．

$$\begin{aligned}E[(Y-g(X))^2] &= E[(Y-E(Y|X)+E(Y|X)-g(X))^2]\\ &= E[(Y-E(Y|X))^2] + 2E[(Y-E(Y|X))(E(Y|X)-g(X))]\\ &\quad + E[(E(Y|X)-g(X))^2] \end{aligned} \quad (B.94)$$

ここで第2項は，次のようにゼロになる．

$$\begin{aligned}&E[(Y-E(Y|X))(E(Y|X)-g(X))]\\ &= E[E[(Y-E(Y|X))(E(Y|X)-g(X))]|X]\end{aligned}$$

---

[23] ここでの説明は，Hamilton (1994, pp. 72-73) を参照している．

$$= E[(E(Y \mid X) - E(Y \mid X))(E(Y \mid X) - g(X))]$$
$$= 0$$

一つ目の等号は，(B.93) 式の繰り返し期待値の法則を用いている。また二つ目の等号は，X を所与とすると $E(Y \mid X)$ および $g(X)$ は既知であるために定数として（外側の）期待値記号の外に出すことができることから成り立つ。したがって，(B.94) 式は次のようになる。

$$E[(Y - g(X))^2] = E[(Y - E(Y \mid X))^2] + E[(E(Y \mid X) - g(X))^2]$$

第 1 項は $g(X)$ に依存しておらず，第 2 項は非負であるから，平均 2 乗誤差を最小にするためには，$g(X) = E(Y \mid X)$ とすればよい。つまり，条件付き期待値は，平均 2 乗誤差であらわされる損失関数を最小にするという意味で，最適な予測を与える。したがって，意思決定者が平均 2 乗誤差であらわされる損失関数を最小にするように予想するという仮定が現実的であれば，意思決定者の行動について条件付き期待値を用いることを正当化することができる。

C 一変量正規分布 [24]

C.1 正規分布の密度関数

本書の第 3 章と第 4 章において用いているように，ここからは応用上特に重要となる，確率変数が**正規分布** (normal distribution) にしたがうケースを扱う。

---

[24] C 節を作成するにあたって，特に Johnson and Kotz (1970)，玉置 (1992)，Hogg and Craig (1995)，Patel and Read (1996) を参照した。なお，この C 節と次の D 節の特徴のいくつかは，**積率母関数** (moment generating function)，あるいは**特性関数** (characteristic function) を用いることにより証明を簡潔に示すことができるが，ここでは概念のわかりやすさを優先してこれらは用いないことにした。

確率変数 X の密度関数 $f(x)$ が次式で与えられるとき，確率変数 X は正規分布にしたがうという。

$$f(x) = \frac{1}{\sqrt{2\pi}\sigma} \exp\left(-\frac{(x-\mu)^2}{2\sigma^2}\right) \tag{C.1}$$

正規分布の密度関数は図表 C-1 のようである。

図表 C-1　正規分布の密度関数

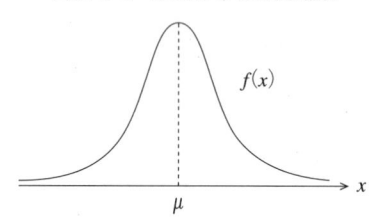

なお正規分布の分布関数は，$F(x)$ であらわす。

C.2　正規分布の期待値と分散

確率変数 X の密度関数が (C.1) 式であらわされる正規分布にしたがうとき，期待値は μ，分散は σ^2 となる。確率変数 X の期待値 $E(X)$ が μ になることを示すと，次のようになる[25]。

$$\begin{aligned}
E(X) &= \int_{-\infty}^{+\infty} x f(x)\, dx \\
&= \int_{-\infty}^{+\infty} (x-\mu) f(x)\, dx + \mu \int_{-\infty}^{+\infty} f(x)\, dx \\
&= -\frac{\sigma}{\sqrt{2\pi}} \left[\exp\left(-\frac{(x-\mu)^2}{2\sigma^2}\right) \right]_{-\infty}^{\infty} + \mu \\
&= \mu
\end{aligned}$$

---

[25] ここでの証明は，国沢 (1966, pp. 70-71) にもとづいている。分散の証明は省略する。

三つ目の等号は，$(x-\mu)f(x)$ の**原始関数** (primitive function)[26]が，

$$-\frac{\sigma}{\sqrt{2\pi}}\exp\left(-\frac{(x-\mu)^2}{2\sigma^2}\right)$$

であることから成り立つ。また最後の等式は次式から成り立つ。

$$\lim_{x\to\pm\infty}\exp\left(-\frac{(x-\mu)^2}{2\sigma^2}\right)=0$$

確率変数 X が期待値 μ，分散 σ^2 の正規分布にしたがうことを，$X \sim N(\mu,\sigma^2)$ とあらわす。

C.3　標準正規分布

$X \sim N(\mu,\sigma^2)$ のとき，確率変数 $Z=(X-\mu)/\sigma$ は $Z \sim N(0,1)$ となる。つまり，正規分布にしたがう確率変数 X を標準化した確率変数 Z は，期待値 0，分散 1 の正規分布にしたがう。期待値 0，分散 1 の正規分布は**標準正規分布** (standard normal distribution) とよばれ，標準正規分布の分布関数を $\Phi(x)$，密度関数を $\phi(x)$ であらわす。以下，X を標準化した確率変数 Z が標準正規分布にしたがうことを示す[27]。

確率変数 Z の分布関数 $\Phi(z)$ は，次のようにあらわすことができる。

$$\Phi(z)=\Pr\left(\frac{X-\mu}{\sigma}\le z\right)=\Pr(X\le z\sigma+\mu)$$

次のようにあらわすこともできる。

$$\Phi(z)=\int_{-\infty}^{z\sigma+\mu}\frac{1}{\sqrt{2\pi}\sigma}\exp\left(-\frac{(x-\mu)^2}{2\sigma^2}\right)dx$$

---

[26] 関数 $f(x)$ に対して，$dF(x)/dx=f(x)$ が任意の x について成り立つとき，関数 $F(x)$ を $f(x)$ の原始関数という。
[27] ここでの証明は，Hogg and Craig (1995, p. 141) にもとづいている。

ここで $y = (x-\mu)/\sigma$ とすると，次式が成立する[28]。

$$\Phi(z) = \int_{-\infty}^{z} \frac{1}{\sqrt{2\pi}} \exp\left(-\frac{y^2}{2}\right) dy$$

したがって，確率変数 Z の密度関数 $\phi(z) = \Phi'(z)$ は，次のようになる。

$$\phi(z) = \frac{1}{\sqrt{2\pi}} \exp\left(-\frac{z^2}{2}\right) \tag{C.2}$$

これは，(C.1) 式において $\mu = 0$, $\sigma^2 = 1$ としたときに等しい。以上から，$Z \sim N(0, 1)$ となる。

なお，確率変数 X と確率変数 Z の分布関数の関係および密度関数の関係は，それぞれ次のようになっている。

$$F(x) = \Phi(z) \tag{C.3}$$

$$f(x) = \frac{1}{\sigma}\phi(z) \tag{C.4}$$

分布関数については，$F(x) = \Pr(X \leq x) = \Pr(X\sigma + \mu \leq z\sigma + \mu) = \Pr(Z \leq z) = \Phi(z)$ であることから成り立つ。密度関数については，(C.2) 式の右辺の z に $(x-\mu)/\sigma$ を代入し，(C.1) 式と比べれば得られる。したがって，一般の正規分布の分布関数と密度関数について得られた結果は，これらの (C.3) 式と (C.4) 式を用いれば，標準正規分布についても適用することができる[29]。

C.4 $|X|$ の期待値

確率変数 X が正規分布にしたがうとき，確率変数の絶対値の期待値 $|X|$ を求めることがある[30]。たとえば，本書の第 4 章の 4.2.3 節において，Kyle

---

[28] x から μ を差し引き σ で除すことによって変換している。したがって，x について積分する際の積分範囲が $z\sigma + \mu$ までであるときには，y についての積分範囲は $[(z\sigma+\mu)-\mu]/\sigma = z$ までとなる。

[29] 逆に，標準正規分布の分布関数と密度関数について得られた結果についても，(C.3) 式と (C.4) 式を用いて，標準正規分布以外の正規分布についても適用することができる。

[30] 次の C.6 節で取り上げる切断正規分布の期待値の特殊ケースと考えることもできる。

C 一変量正規分布

(1985) モデルの均衡を特徴づけるための，価格の変化度の定義にあらわれている。具体的には価格の変化度を，企業価値の事前の期待値 μ とマーケット・メーカーが設定する価格 $\tilde{p}$ との差，つまり $|\tilde{p} - \mu|$ と定義している。このとき，確率変数 $\tilde{p}$ が正規分布にしたがうことから，その絶対値の期待値を計算する必要があり，(4.42) 式において実際に計算が行なわれている。ここでは，確率変数 X が期待値ゼロ，分散 σ^2 の正規分布にしたがうとき，絶対値の期待値 $E(|X|)$ がどのような値になるのかを示しておく[31]。

$$\begin{aligned}
E(|X|) &= \int_{-\infty}^{+\infty} |x| f(x)\, dx \\
&= \frac{1}{\sqrt{2\pi}\sigma} \int_{-\infty}^{+\infty} |x| \exp\left(-\frac{x^2}{2\sigma^2}\right) dx \\
&= \frac{1}{\sqrt{2\pi}\sigma} \times 2 \int_{0}^{+\infty} x \exp\left(-\frac{x^2}{2\sigma^2}\right) dx
\end{aligned}$$

ここで $x^2/2\sigma^2 = u$ とおくと，$du/dx = x/\sigma^2$ から $x\, dx = \sigma^2\, du$ となることから，次のように書きかえることができる。

$$\begin{aligned}
E(|X|) &= \frac{2}{\sqrt{2\pi}\sigma} \int_{0}^{+\infty} \sigma^2 \exp(-u)\, du \\
&= \frac{2\sigma}{\sqrt{2\pi}} \left[-\exp(-u) \right]_0^{+\infty} \\
&= \frac{2\sigma}{\sqrt{2\pi}} \times 1 \\
&= \sqrt{\frac{2\sigma^2}{\pi}} \quad\quad\quad\quad\quad\quad\quad (\text{C.5})
\end{aligned}$$

---

[31] 期待値ゼロの正規分布において正の値だけをとる条件付き分布は，**半正規分布** (half normal distribution) ともよばれる。したがって，ここで求めているのは，半正規分布の期待値でもある。

C.5 切断一変量正規分布

確率変数 X の密度関数 $g(x)$ が次のように与えられているとき，X は**切断正規分布** (truncated normal distribution) にしたがうという。

$$g(x) = f(x) \left[\frac{1}{\sqrt{2\pi}\sigma} \int_A^B \exp\left(-\frac{(x-\mu)^2}{2\sigma^2}\right) dx \right]^{-1} = \frac{f(x)}{F(B)-F(A)} \quad \text{(C.6)}$$

$F(x)$ と $f(x)$ は，それぞれ $(-\infty, +\infty)$ の範囲の切断されていない正規分布の分布関数と密度関数である。

切断正規分布の密度関数は図表 C-2 のようである。

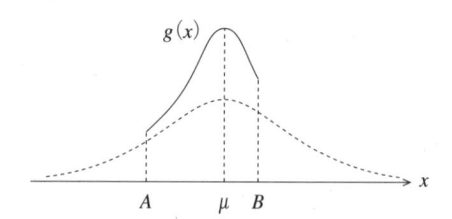

図表 C-2　切断正規分布の密度関数

切断正規分布は，確率変数 X の事前の分布が $(-\infty, +\infty)$ の範囲の切断されていない正規分布であるときに，何らかの情報を得て X が $[A, B]$ の範囲であることがわかったときの X の条件付き分布に等しい。B.10 節の最後の条件付き密度関数を説明した箇所で指摘したように，(C.6) 式の分母の $F(B) - F(A)$（途中の式でいえば -1 乗がかかっている部分）は，事前の $(-\infty, +\infty)$ の範囲の正規分布において $[A, B]$ の範囲が生じる確率となっている。

本書の第 3 章では，(C.6) 式において $A \to -\infty$ としたときの切断正規分布が重要になる。そこでは，事前の企業価値 $\tilde{v}$ が $(-\infty, +\infty)$ の範囲の正規分布にしたがっているとき，経営者が得たシグナルがある境界値 $\hat{s}$ 以下の経営者だけが情報を開示しないときの企業の価値 $\tilde{v}$ をどのように評価するのかを考

C 一変量正規分布　**237**

える必要がある．このとき，上記の切断正規分布の $A \to -\infty$ における期待値が重要になるのである．なお第 3 章の設定では，経営者は企業価値 v そのものを開示するのではなく，企業価値 v と関連のあるシグナル s を開示するという設定になっていることから，そこでの式展開を理解するためには，さらに後述の D 節の二変量正規分布のケースにおける切断正規分布の知識が必要となる．より具体的には，次の C.6 節を参照してほしい．

C.6　切断正規分布の期待値

切断正規分布にしたがう確率変数 X の期待値を求めよう．確率変数 X が上記の (C.6) 式の密度関数 $g(x)$ にしたがうとき，期待値は次のようになる．

$$E(X) = \mu - \sigma^2 \frac{f(B) - f(A)}{F(B) - F(A)} \tag{C.7}$$

これは次のように示すことができる[32]．

$$\begin{aligned}
E(X) &= \int_A^B x g(x)\, dx \\
&= \int_A^B (x - \mu) g(x)\, dx + \mu \int_A^B g(x)\, dx \\
&= \frac{1}{F(B) - F(A)} \int_A^B (x - \mu) f(x)\, dx + \mu \\
&= \frac{1}{F(B) - F(A)} \left[-\sigma^2 f(x) \right]_A^B + \mu \\
&= \mu - \sigma^2 \frac{f(B) - f(A)}{F(B) - F(A)}
\end{aligned}$$

四つ目の等号は，$(x - \mu) f(x)$ の原始関数が，

---

[32] この結果は，たとえば Johnson and Kotz (1970, p. 81) および Patel and Read (1996, p. 33) に示されている．ここでの証明は，上述の $(-\infty, +\infty)$ の範囲の密度関数 $f(x)$ であらわされる正規分布にしたがう確率変数の期待値が μ になることを示した証明と同様の方法で行なっている．

$$-\frac{\sigma}{\sqrt{2\pi}}\exp\left(-\frac{(x-\mu)^2}{2\sigma^2}\right) = -\sigma^2 f(x)$$

であることから成り立つ．なお，切断正規分布の密度関数 $g(x)$ において μ という記号を用いているが，図表 C-2 からも明らかなように，$-A = B$ のときを除いて $g(x)$ の期待値は μ にならないことに注意する．

第 3 章において用いている $A \to -\infty$ のケースを具体的に考えると，$\lim_{A\to -\infty} f(A) = 0$，および $\lim_{A\to -\infty} F(A) = 0$ であることから，次のようになる[33]。

$$E(X) = \mu - \sigma^2 \frac{f(B)}{F(B)} \tag{C.8}$$

任意の B について密度関数の値 $f(B)$ と分布関数の値 $F(B)$ はともに正であるから，(C.8) 式であらわれる事後の期待値は，事前の期待値 μ よりも小さくなることがわかる．期待値が μ であった事前の正規分布において，B よりも大きな値をとらないことを所与としたときの条件付き分布の期待値であるから，このことは当然である．

さらに確率変数 $Z (= (X-\mu)/\sigma)$ のケースについては，(C.3) 式および (C.4) 式，つまり $F(x) = \Phi(z)$ および $f(x) = (1/\sigma)\phi(z)$ の関係を用いて，(C.8) 式から，次の関係を得る．ただし，$b = (B-\mu)/\sigma$ としている．

$$E(Z) = E\left(\frac{X-\mu}{\sigma}\right) = -\sigma\frac{f(B)}{F(B)} = -\frac{\phi(b)}{\Phi(b)} \tag{C.9}$$

この結果は，本書の第 3 章において，3.3.3 節の開示コストモデルおよび 3.4.3 節の情報偏在モデルにおいて，経営者が情報を開示しないときに市場でどのように評価されるのかをあらわす (3.17) 式および (3.41) 式に対応したものである．ただしうえで指摘したように，第 3 章では経営者は企業価値 v そのものを開示するのではなく，それと関連のあるシグナル s を開示するため，(C.9) 式とは一致しない．

---

[33] $\lim_{A\to -\infty} f(A) = 0$ は正規分布の密度関数をあらわした図 C-1 からも明らかであろう．また，$\lim_{A\to -\infty} F(A) = 0$ は (B.24) 式で指摘した分布関数一般の性質である．

C.7 切断正規分布の分散

証明は省略するが，切断正規分布にしたがう確率変数 X の分散は次のようになる[34]。

$$\mathrm{Var}(X) = \sigma_X^2 \left[1 - \frac{(B-\mu)f(B) - (A-\mu)f(A)}{F(B) - F(A)} - \sigma^2 \left(\frac{f(B) - f(A)}{F(B) - F(A)} \right)^2 \right] \quad \text{(C.10)}$$

第 3 章において用いている $A \to -\infty$ のケースを具体的に考えると，次のようになる。

$$\mathrm{Var}(X) = \sigma^2 \left[1 - \frac{(B-\mu)f(B)}{F(B)} - \sigma^2 \left(\frac{f(B)}{F(B)} \right)^2 \right] \quad \text{(C.11)}$$

さらに確率変数 $Z (= (X-\mu)/\sigma)$ のケースについては，次の関係を得る。ただし，$b = (B-\mu)/\sigma$ としている。

$$\begin{aligned}
\mathrm{Var}(Z) &= \mathrm{Var}\left(\frac{X-\mu}{\sigma} \right) \\
&= \frac{1}{\sigma^2} \mathrm{Var}(X) \\
&= 1 - \frac{(B-\mu)f(B)}{F(B)} - \sigma^2 \left(\frac{f(B)}{F(B)} \right)^2 \\
&= 1 - \frac{(B-\mu)\frac{1}{\sigma}\phi(b)}{\Phi(b)} - \sigma^2 \left(\frac{1}{\sigma} \frac{\phi(b)}{\Phi(b)} \right)^2 \\
&= 1 - \frac{b\phi(b)}{\Phi(b)} - \left(\frac{\phi(b)}{\Phi(b)} \right)^2 \\
&= 1 - \frac{\phi(b)}{\Phi(b)} \left(b + \frac{\phi(b)}{\Phi(b)} \right) \quad \text{(C.12)}
\end{aligned}$$

なお，この (C.12) 式は，F.3 節で用いている。

---

[34] この結果は，たとえば Johnson and Kotz (1970, p. 83) および Patel and Read (1996, p. 33) に示されている。

D 二変量正規分布 [35]

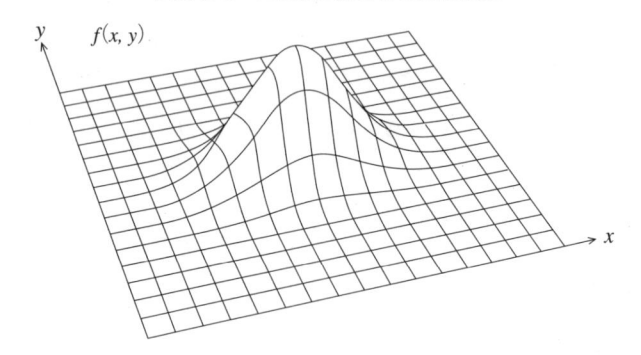

D.1 二変量正規分布の密度関数

確率変数 X と Y の同時密度関数 $f(x,y)$ が次式で与えられるとき,確率変数 X と Y は**二変量正規分布** (bivariate normal distribution) にしたがうという [36]。

$$f(x,y) = \frac{1}{2\pi\sigma_X\sigma_Y\sqrt{1-\rho^2}} \exp(Q) \tag{D.1}$$

ただし,

$$Q = -\frac{1}{2(1-\rho^2)}\left[\left(\frac{x-\mu_X}{\sigma_X}\right)^2 - 2\rho\left(\frac{x-\mu_X}{\sigma_X}\right)\left(\frac{y-\mu_Y}{\sigma_Y}\right) + \left(\frac{y-\mu_Y}{\sigma_Y}\right)^2\right]$$

である。この二変量正規分布の密度関数は,図表 D-1 のようである。

図表 D-1 二変量正規分布の密度関数

---

[35] D 節を作成するにあたって,特に Anderson (1971), Johnson and Kotz (1970, 1972), Tong (1990), Patel and Read (1996) を参照した。

[36] 上述のルールにしたがえば ρ は ρ_{XY} とあらわすことになるが,文脈から明らかなので見やすさを重視して ρ と表記している。

D 二変量正規分布

本書において,二変量正規分布は重要な役割を果たす。なぜなら,開示された情報を観察したとき,企業価値などの重要な変数に対する予想がどのように変化するのかを記述するために,二変量正規分布が用いられるからである。具体的には,第3章の開示コストモデルや情報偏在モデルにおいて,経営者が企業価値についてのシグナル s を開示したとき,投資者はこのシグナルを観察したうえで企業価値 $\tilde{v}$ の条件付き期待値で株価を設定するといったかたちで,シグナル s と企業価値 v との関係を定式化するために用いられる。また第4章では私的情報を観察した情報トレーダーが企業価値に対する信念を更新し,第5章では需要のパラメータ Γ についての情報 s_i を観察した企業がその需要のパラメータに対する信念を更新する。これらは二変量(あるいは多変量)の確率分布を考えることによって求めることができる。

D.2 二変量正規分布における期待値,分散,共分散

確率変数 X と Y が二変量正規分布にしたがっているとき,これらの期待値,分散,および共分散について考える。このためにまず,確率変数 X と Y の二変量正規分布の周辺密度関数を求めると,それぞれ次のようになる。

$$f_X(x) = \frac{1}{\sqrt{2\pi}\sigma_X} \exp\left(-\frac{(x-\mu_X)^2}{2\sigma_X^2}\right) \tag{D.2}$$

$$f_Y(y) = \frac{1}{\sqrt{2\pi}\sigma_Y} \exp\left(-\frac{(y-\mu_Y)^2}{2\sigma_Y^2}\right) \tag{D.3}$$

以下でこの結果を導出しよう[37]。まず,二変量正規分布の密度関数における Q は次のように書きかえることができる。

$$\begin{aligned}Q &= -\frac{1}{2(1-\rho^2)}\left[\left(\frac{x-\mu_X}{\sigma_X}\right)^2 - 2\rho\left(\frac{x-\mu_X}{\sigma_X}\right)\left(\frac{y-\mu_Y}{\sigma_Y}\right) + \left(\frac{y-\mu_Y}{\sigma_Y}\right)^2\right] \\ &= -\frac{1}{2(1-\rho^2)}\left[\left(\frac{x-\mu_X}{\sigma_X}\right)^2 - \rho^2\left(\frac{x-\mu_X}{\sigma_X}\right)^2 + \left(\frac{y-\mu_Y}{\sigma_Y}\right)^2\right.\end{aligned}$$

---

[37] ここでの証明は,玉置 (1992, pp. 143-144) にもとづいている。

$$-2\rho\left(\frac{x-\mu_X}{\sigma_X}\right)\left(\frac{y-\mu_Y}{\sigma_Y}\right)+\rho^2\left(\frac{x-\mu_X}{\sigma_X}\right)^2\Biggr]$$

$$=-\frac{1}{2(1-\rho^2)}\left[(1-\rho^2)\left(\frac{x-\mu_X}{\sigma_X}\right)^2+\left(\frac{y-\mu_Y}{\sigma_Y}-\rho\frac{x-\mu_X}{\sigma_X}\right)^2\right]$$

$$=-\frac{(x-\mu_X)^2}{2\sigma_X^2}-\frac{1}{2\sigma_Y^2(1-\rho^2)}\left(y-\left(\mu_Y+\rho\frac{\sigma_Y}{\sigma_X}(x-\mu_X)\right)\right)^2$$

この式を二変量正規分布の密度関数 $f(x,y)$ に代入すると,次のようになる.

$$f(x,y)=\frac{1}{2\pi\sigma_X\sigma_Y\sqrt{1-\rho^2}}\exp(Q)$$

$$=\frac{1}{\sqrt{2\pi}\sigma_X}\exp\left(-\frac{(x-\mu_X)^2}{2\sigma_X^2}\right)$$

$$\times\frac{1}{\sqrt{2\pi}\sigma_Y\sqrt{1-\rho^2}}\exp\left[-\frac{1}{2\sigma_Y^2(1-\rho^2)}\left(y-\left(\mu_Y+\rho\frac{\sigma_Y}{\sigma_X}(x-\mu_X)\right)\right)^2\right]$$
(D.4)

ここで,次の式が成り立つ.

$$\int_{-\infty}^{+\infty}\frac{1}{\sqrt{2\pi}\sigma_Y\sqrt{1-\rho^2}}\exp\left[-\frac{1}{2\sigma_Y^2(1-\rho^2)}\left(y-\left(\mu_Y+\rho\frac{\sigma_Y}{\sigma_X}(x-\mu_X)\right)\right)^2\right]dy=1$$

なぜなら,この式の被積分関数は,期待値 $\mu_Y+\rho(\sigma_Y/\sigma_X)(x-\mu_X)$,分散 $\sigma_Y^2(1-\rho^2)$ の正規分布の密度関数になっており,全範囲の積分の値は 1 になるからである.

したがって,X の周辺密度関数 $f_X(x)$ は,次のように一変量正規分布の密度関数に等しくなることがわかる.

$$f_X(x)=\int_{-\infty}^{+\infty}f(x,y)\,dy=\frac{1}{\sqrt{2\pi}\sigma_X}\exp\left(-\frac{(x-\mu_X)^2}{2\sigma_X^2}\right)$$
(D.5)

同様に,$f(x,y)$ は x と y について対称であるから,Y の周辺密度関数 $f_Y(y)$ は次のようになる.

D 二変量正規分布 **243**

$$f_Y(y) = \int_{-\infty}^{+\infty} f(x,y)\,dx = \frac{1}{\sqrt{2\pi}\sigma_Y} \exp\left(-\frac{(y-\mu_Y)^2}{2\sigma_Y^2}\right) \tag{D.6}$$

以上から，二変量正規分布において，X の期待値と分散はそれぞれ μ_X，σ_X^2 であり，Y の期待値と分散はそれぞれ μ_Y，σ_Y^2 であることがわかる。

証明は省略するが，X と Y の共分散は $\rho\sigma_X\sigma_Y$ になり，また確率変数 X と Y が独立になる必要十分条件は $\rho=0$ であることを示すこともできる[38]。

D.3　条件付き期待値と条件付き分散

確率変数 X と Y が二変量正規分布にしたがっているとき，$X=x$ のもとでの Y の**条件付き期待値**と**条件付き分散** (conditional variance) を求める。本書ではたとえば開示されたシグナル s にもとづいて企業価値 $\tilde{v}$ の条件付き期待値 $E(\tilde{v}\mid s)$ に等しい株価を設定するなどの状況においてこれらの計算が必要となる。

条件付き期待値と分散を求めるため，X と Y の二変量正規分布において，X を条件としたときの Y の条件付き密度関数 $f(y\mid x)$ を求める[39]。まず，X のもとでの Y の条件付き密度関数 $f(y\mid x)$ は，定義から $f(x,y)/f_X(x)$ に等しい。ここで，$f(x,y)$ は (D.4) 式のようにあらわせ，$f_X(x)$ は (D.2) 式のようにあらわせる。このことから，条件付き密度関数 $f(y\mid x)$ は次のようになる。

$$\begin{aligned}f(y\mid x) &= \frac{f(x,y)}{f_X(x)} \\ &= \frac{1}{\sqrt{2\pi}\sigma_Y\sqrt{1-\rho^2}}\exp\left[-\frac{1}{2\sigma_Y^2(1-\rho^2)}\left(y-\left(\mu_Y+\rho\frac{\sigma_Y}{\sigma_X}(x-\mu_X)\right)\right)^2\right]\end{aligned} \tag{D.7}$$

したがって，$X=x$ のもとでは，$Y \sim N(\mu_Y + \rho(\sigma_Y/\sigma_X)(x-\mu_X),\ \sigma_Y^2(1-\rho^2))$ である。このことは，$X=x$ のもとでの Y の条件付き期待値は $\mu_Y + \rho(\sigma_Y/\sigma_X)(x-\mu_X)$ であり，条件付き分散は $\sigma_Y^2(1-\rho^2)$ であることを意味する。

---

[38] これらの証明は，たとえば Tong (1990), pp. 8-9) に示されている。
[39] ここでの証明は，玉置 (1992, p. 178) にもとづいている。

また，$\rho = \sigma_{XY}/(\sigma_X \sigma_Y)$ より，次の関係が成り立つ．

$$\rho \frac{\sigma_Y}{\sigma_X} = \frac{\sigma_{XY}}{\sigma_X \sigma_Y} \times \frac{\sigma_Y}{\sigma_X} = \frac{\sigma_{XY}}{\sigma_X^2} = \frac{\text{Cov}(X,Y)}{\text{Var}(X)}$$

$$\sigma_Y^2 (1-\rho^2) = \sigma_Y^2 \left(1 - \frac{\sigma_{XY}^2}{\sigma_X^2 \sigma_Y^2}\right) = \sigma_Y^2 - \frac{\sigma_{XY}^2}{\sigma_X^2} = \text{Var}(Y) - \frac{(\text{Cov}(X,Y))^2}{\text{Var}(X)}$$

以上の結果をまとめれば，$X = x$ のもとでの Y の条件付き期待値 $E(Y \mid X = x)$ と条件付き分散 $\text{Var}(Y \mid X = x)$ は，次のようにそれぞれ2通りであらわすことができる．

$$E(Y \mid X = x) = \mu_Y + \rho \frac{\sigma_Y}{\sigma_X}(x - \mu_X) \tag{D.8}$$

$$= E(Y) + \frac{\text{Cov}(X,Y)}{\text{Var}(X)}(x - E(X)) \tag{D.9}$$

$$\text{Var}(Y \mid X = x) = \sigma_Y^2 (1-\rho^2) \tag{D.10}$$

$$= \text{Var}(Y) - \frac{(\text{Cov}(X,Y))^2}{\text{Var}(X)} \tag{D.11}$$

条件付き期待値 $E(Y \mid X = x)$ と条件付き分散 $\text{Var}(Y \mid X = x)$ について，いくつかの特徴を指摘しておこう．まず，(D.9) 式の条件付き期待値は次のように解釈することができる．つまり，$X = x$ のもとでの Y の条件付き期待値は，条件付きでない Y の期待値 $E(Y)$ に，$X = x$ が実現したことによる修正がなされていると考えることができる．そして，その修正は X の実現値 x が X の事前の期待値 $E(X)$ とどのくらい異なるか，つまり $x - E(X)$ の大きさに依存する．さらに $x - E(X)$ の値に，X の分散が大きければそれだけ大きく割り引くため，また Y との共分散が大きければそれだけ大きく反映させるため，$\text{Cov}(X,Y)/\text{Var}(X)$ を乗じて評価されている．より具体的な解釈を得るため，たとえば X を利益，Y を企業価値とすると，$x - E(X)$ は公表された利益 x と事前の予想利益 $E(X)$ との差と考えることができる．また，$\text{Var}(X)$ は利益にどのくらいバラツキがあるのか，$\text{Cov}(X,Y)$ は利益と企業価値との関連性がどのくらいなのかをあらわしており，これらは利益の質あるいは会計基準の質などと解釈することができるかもしれない．なお，$\rho = 0$ のとき，

つまり X と Y が無相関のときには，(D.8) 式から条件付き期待値は事前の期待値と等しくなることもわかる。

また，条件付き分散については，(D.10) 式において相関係数 ρ が -1 以上 1 以下であることから，あるいは (D.11) 式において分散 $\text{Var}(X, Y)$ と共分散の 2 乗 $(\text{Cov}(X, Y))^2$ が正であることから，もとの分散 $\sigma_Y^2 (= \text{Var}(Y))$ よりも小さくなっていることがわかる。この意味は，X という情報を得たことにより，Y の分散が大きくなることはないということである。また，条件付き分散は実現値 x の値そのものには依存しておらず，実現したかどうかでその大きさが決まっている。なお，$\rho = 0$ のとき，つまり X と Y が無相関のときには，条件付き分散は事前の分散と等しくなることもわかる。

さらに，条件付き期待値の (D.8) 式は，x について線形であるだけでなく，$E[(Y - \alpha - \beta x)^2 \mid X = x]$ を最小にする α と β の値に一致することを示すことができる[40]。この最小値は $E[(Y - E(Y \mid X = x))^2]$ となるから条件付き分散 $\text{Var}(Y \mid X = x)$ に一致する。これは $X = x$ を所与としたときの Y の**残差** (residual) としても知られており，$\rho = \pm 1$ のとき最小値ゼロとなることが (D.10) 式からわかる。このように二変量正規分布における条件付き期待値は，**回帰分析** (regression analysis) における**線形回帰** (linear regression) 式に対応しており，β つまり (D.8) 式の $\rho(\sigma_Y/\sigma_X)$ は**回帰係数** (regression coefficient) とよばれることもある。

本書ではたとえば第 3 章のモデルにおける株価の設定において，二変量正規分布にしたがう確率変数 $\tilde{s}$ と $\tilde{v}$ を用いて，経営者が企業価値 $\tilde{v}$ に関連するシグナルの実現値 s を開示したとき，投資者はシグナルを所与として企業価値の条件付き期待値 $E(\tilde{v} \mid s)$ で株価 P を設定する。また第 2 章では，共分散 $\text{Cov}(\tilde{v}, \tilde{s})$ は用いずに相関係数 ρ を用いてモデルを記述している。このような場合，(D.8) 式を用いて，シグナル s を所与としたときの企業価値の条件付き期待値を求めることができる。具体的には，第 3 章における開示コスト

---

[40] この点は，Hamilton (1994, Chapter 4) や Patel and Read (1996, pp. 298-299) においてより詳しく説明されている。

モデルについては本文の (3.14) 式で,また情報偏在モデルについては (3.38) 式で用いられている。また,第 4 章のシグナル $\tilde{z}$ は,リスク資産の価値 $\tilde{v}$ とノイズ $\tilde{\varepsilon}_1$ を含むものとして,$\tilde{z} = \tilde{v} + \tilde{\varepsilon}_1$ という関係が想定されている。この場合には,$\tilde{z}$ と $\tilde{v}$ の共分散を容易に求めることができることから,(D.9) 式の表現が用いられる。具体的には,たとえば第 4 章の 4.2.2 節の Kyle (1985) モデルを解く際,私的情報 z を観察した情報トレーダーがリスク資産の価値 $\tilde{v}$ の条件付き期待値を計算する (4.9) 式で用いられている。この他,第 4 章では多くの箇所でこの条件付き期待値の計算式が用いられている。

また条件付き分散は,第 4 章の 4.2.3 節において,Kyle (1985) モデルの均衡を特徴づける価格の情報提供性 ϕ の定義において用いられている。価格の情報提供性は $\phi = \mathrm{Var}(\tilde{v}) - \mathrm{Var}(\tilde{v} \mid p)$ と定義され,価格を観察することによりリスク資産の価値 $\tilde{v}$ についての分散がどれだけ小さくなり,したがってリスク資産の価値をどのくらい推測しやすくなったかを測定したものであり,具体的には,本文の (4.38) 式において (D.10) 式が用いられている[41]。

D.4 切断二変量正規分布

一変量正規分布のときと同様に,二変量正規分布に対しても切断二変量正規分布を考えることができる。確率変数 X と Y の同時密度関数 $g(x, y)$ が次のように与えられているとき,X と Y は**切断二変量正規分布** (truncated bivariate normal distribution) にしたがうという。ただし,ここでは確率変数 X だけが切断されているケースのみを取り上げる。

---

[41] 第 3 章の情報開示モデルにおいて,市場で成立する価格が期待値そのものではなく,期待値から分散に関する項を引いた値とすることもある。これは期待値が同じでも分散が異なる場合にはリスクが大きいと考え,そのリスクに対するプレミアムを控除した値に株価が設定される状況である。たとえば,本書では株価は企業価値の期待値としていたが,Verrecchia (1983) のオリジナルのモデルでは,分散が大きくなると株価は低くなるモデルを考察している。このような場合,情報が開示されたときの株価は,条件付き期待値から条件付き分散に関する項を差し引くため,条件付き期待値に加え条件付き分散の計算が必要になる。

D 二変量正規分布

$$g(x,y) = f(x,y) \left[\int_A^B \left(\int_{-\infty}^{+\infty} f(x,y)\, dy \right) dx \right]^{-1} \quad \text{(D.12)}$$

ここで $f(x,y)$ は，上述の (D.1) 式であらわされる切断されていない二変量正規分布の密度関数である。

また，この切断二変量正規分布の同時密度関数は，次のように書くこともできる。なお $F(x)$ を，期待値 μ_X，分散 σ_X^2 の一変量正規分布の分布関数とする。

$$g(x,y) = \frac{1}{F(B) - F(A)} \times f(x,y) \quad \text{(D.13)}$$

この切断正規分布は，確率変数 X と Y が切断されていない二変量正規分布にしたがうとき，何らかの情報を得て X については $[A, B]$ の範囲であることがわかったときの X と Y の条件付き同時分布に等しい。したがって，(D.13) 式の分母の $F(B) - F(A)$（(D.12) 式では -1 乗がかかっている部分）は，事前の切断されていない二変量正規分布において確率変数 X の周辺分布（これが正規分布になることは上述した）において $[A, B]$ の範囲が生じる確率になっている。

本書において切断二変量正規分布は重要な役割を果たす。なぜなら，経営者が情報を開示しなかった場合，その情報を所与として企業価値についての投資者の予想がどのようになるのかを記述するために用いられるからである。つまり，経営者の開示行動を分析する際に，経営者が情報を開示した場合には，投資者にとってシグナルと企業価値という二つの確率変数は切断されていない二変量正規分布にしたがうことになり，逆に経営者が情報を開示しなかった場合には，切断二変量正規分布にしたがうことになる。なおこの文脈で，X は利益，Y は企業価値と解釈すればよい。具体的には第 3 章の開示コストモデルや情報偏在モデルにおいて，経営者が企業価値についてのシグナル s を開示しなかった場合，投資者は開示しない企業がある特定の範囲 $[A, B]$ のシグナル $\tilde{s}$ を入手したと推測して，企業価値 $\tilde{v}$ についての予想を行なう場合に用いられる。特に $A \to -\infty$ のとき，つまり $\tilde{s}$ が $[-\infty, B]$ の範囲にあるとの投資者の推測にもとづいた企業価値の条件付き期待値が求められ

ることになる。これは 3.3.3 節の開示コストモデルにおいては (3.16) 式に，3.4.3 節の情報偏在モデルにおいては (3.40) 式に対応している。いいかえれば，一方の確率変数 X の分布が切断されているとき，他方の確率変数 Y の期待値がどうなるかが問題となる場合であるといえる。そこで以下では，上記の (D.12) 式であらわされる切断二変量正規分布において，確率変数 Y の期待値をどのように求めるのかに焦点をあてる。

D.5　切断二変量正規分布の周辺密度関数

D.2 節では，X と Y の切断されていない二変量正規分布において X と Y の期待値を求めた。そこでは，それぞれの確率変数の周辺密度関数を求め，それぞれの周辺密度関数の期待値として X と Y の期待値を導出した。同様に考えると，(D.12) 式の切断二変量正規分布にしたがうときに，確率変数 Y の期待値を求めるためには，まず Y の周辺密度関数 $g_Y(y)$ を求めるという方法が考えられる。

ここではまず，確率変数 Y ではなく X の周辺密度関数 $g_X(x)$ を求める。これは上述の切断されていない二変量正規分布の周辺密度関数の導出とほぼ同じである。まず次の式が成り立つ。

$$\begin{aligned}
g(x, y) &= \frac{1}{F(B) - F(A)} \times f(x, y) \\
&= \frac{1}{F(B) - F(A)} \times \frac{1}{\sqrt{2\pi}\sigma_X} \exp\left(-\frac{(x - \mu_X)^2}{2\sigma_X^2}\right) \\
&\quad \times \frac{1}{\sqrt{2\pi}\sigma_Y\sqrt{1-\rho^2}} \exp\left[-\frac{1}{2\sigma_Y^2(1-\rho^2)}\left(y - \left(\mu_Y + \rho\frac{\sigma_Y}{\sigma_X}(x - \mu_X)\right)\right)^2\right]
\end{aligned}$$

ここで，次の式も成り立つ。

$$\int_{-\infty}^{+\infty} \frac{1}{\sqrt{2\pi}\sigma_Y\sqrt{1-\rho^2}} \exp\left[-\frac{1}{2\sigma_Y^2(1-\rho^2)}\left(y - \left(\mu_Y + \rho\frac{\sigma_Y}{\sigma_X}(x - \mu_X)\right)\right)^2\right] dy = 1$$

なぜなら，この式の被積分関数は，期待値 $\mu_Y + \rho(\sigma_Y/\sigma_X)(x - \mu_X)$ および

D 二変量正規分布

分散 $\sigma_Y^2(1-\rho^2)$ の正規分布の密度関数になっていることから，積分の値は1になるからである。

したがって，X の周辺密度関数 $g_X(x)$ は次のようになる。

$$g_X(x) = \int_{-\infty}^{+\infty} g(x,y)\,dy$$

$$= \frac{1}{F(B)-F(A)} \times \frac{1}{\sqrt{2\pi}\sigma_X} \exp\left(-\frac{(x-\mu_X)^2}{2\sigma_X^2}\right) \quad \text{(D.14)}$$

つまり，切断一変量正規分布の密度関数と同じになる。

次に，Y の周辺密度関数 $g_Y(y)$ を同様の方法で計算することを試みよう。

まず，次の式が成り立つ。

$$g(x,y) = \frac{1}{F(B)-F(A)} \times f(x,y)$$

$$= \frac{1}{F(B)-F(A)} \frac{1}{\sqrt{2\pi}\sigma_Y} \exp\left(-\frac{(y-\mu_Y)^2}{2\sigma_Y^2}\right)$$

$$\times \frac{1}{\sqrt{2\pi}\sigma_X\sqrt{1-\rho^2}} \exp\left[-\frac{1}{2\sigma_X^2(1-\rho^2)}\left(x-\left(\mu_X+\rho\frac{\sigma_X}{\sigma_Y}(y-\mu_Y)\right)\right)^2\right]$$

ここで，X の周辺密度関数 $g_X(x)$ の導出と対照的に考えれば，次の積分の値，つまり，

$$\int_A^B \frac{1}{F(B)-F(A)}$$
$$\times \frac{1}{\sqrt{2\pi}\sigma_X\sqrt{1-\rho^2}} \exp\left[-\frac{1}{2\sigma_X^2(1-\rho^2)}\left(x-\left(\mu_X+\rho\frac{\sigma_X}{\sigma_Y}(y-\mu_Y)\right)\right)^2\right]dx$$

の値が1（あるいは簡潔な表現）になることが予想される。しかし，X の範囲が $[A,B]$ であるから，Y の周辺密度関数 $g_Y(y)$ は $\int_A^B g(x,y)\,dx$ であり，この式の積分も $[A,B]$ の範囲でならなければ X の周辺密度関数を求める際に利用できない。また $F(B)$ あるいは $F(A)$ は，期待値 μ_X，分散 σ_X^2 の正規分布の分布関数であり，この被積分関数のかたちに対応する期待値 $\mu_X+\rho(\sigma_X/\sigma_Y)(y-\mu_Y)$ および分散 $\sigma_X^2(1-\rho^2)$ ではないことに注意しよう。

逆にいえば、$F(\cdot)$ が期待値 $\mu_X + \rho(\sigma_X/\sigma_Y)(y-\mu_Y)$、分散 $\sigma_X^2(1-\rho^2)$ の正規分布であればこの積分の値は 1 になるし、あるいは積分範囲が $[-\infty, +\infty]$ であり、$1/(F(B) - F(A))$ がなければ積分の値は 1 になる。しかし、ここではいずれも成り立っておらず、積分の値は一般には 1 にならない。ただし、$\rho = 0$ を仮定すれば、次のように積分の値は 1 になる。

$$\int_A^B \frac{1}{F(B) - F(A)} \times \frac{1}{\sqrt{2\pi}\sigma_X} \times \exp\left(-\frac{(x-\mu_X)^2}{2\sigma_X^2}\right) dx = 1$$

したがって、$\rho = 0$ のときの周辺密度関数 $g_Y(y)$ は次のようになる。

$$g_Y(y) = \int_A^B g(x, y)\, dx = \frac{1}{\sqrt{2\pi}\sigma_Y} \exp\left(-\frac{(y-\mu_Y)^2}{2\sigma_Y^2}\right)$$

しかし、一般には $\rho \neq 0$ であるから、Y についての周辺密度関数は上記の方法では求めることはできない[42]。直観的には、確率変数 X が切断されているとき、$\rho \neq 0$ であれば、確率変数 X の分布の切断の値によって確率変数 Y の分布は影響を受けるということである。たとえば確率変数 X が 0 以上でのみ分布するとき（$A = 0, B \to +\infty$ のとき）、また相関が正（$\rho > 0$）であるとき、確率変数 Y も 0 以上がより起こりやすい分布になる。つまり、これまでの周辺密度関数のように、元の周辺密度関数の範囲が狭くなり（たとえば $[A, B]$）、その狭くなった範囲の値が生じる確率密度が一律に大きくなる（たとえば $F(B) - F(A)$ の確率で割ったものが密度関数になる）ということにはならないのである。

　以上のことから、X が切断されている二変量正規分布において、切断されていない Y の期待値を Y の周辺密度関数から求めることはむずかしい。このため以下では、X の期待値、および $X = x$ のもとでの Y の条件付き期待値を使って、Y の期待値を求めるという方法をとる。

---

[42] Horrace (2005) は、切断多変量正規分布の周辺分布が正規分布にならないことを証明している。

D.6 切断二変量正規分布の X の期待値

上記の切断二変量正規分布において，X の周辺密度関数が求まったことから，X の期待値は次のようになる。

$$E(X) = \mu_X - \sigma_X^2 \frac{f(B) - f(A)}{F(B) - F(A)} \quad \text{(D.15)}$$

これは X の周辺密度関数が一変量の切断正規分布の密度関数に等しいことから成り立つ。

次に，$X = x$ のもとでの Y の条件付き期待値を求める。

$$E(Y \mid X = x) = \mu_Y + \rho \frac{\sigma_Y}{\sigma_X}(x - \mu_X) \quad \text{(D.16)}$$

この結果は，上述のように同時密度関数 $g(x, y)$ と X の周辺密度関数 $g_X(x)$ を用い，$X = x$ のときの Y の条件付き密度関数 $g(y \mid x) = g(x, y)/g_X(x)$ を求めることによって得られる。なお，(D.16) 式は切断されていない二変量正規分布における条件付き期待値の式と形式は同じであるが，意味は異なることに注意が必要である。つまり，ここで考えている切断二変量正規分布においては，すぐうえで求めたように X の期待値は (D.15) 式で与えられており，μ_X ではない。

以上から，X だけが切断されている切断二変量正規分布における Y の期待値を求めることができる[43]。

$$\begin{aligned}
E(Y) &= E(E(Y \mid X)) \\
&= E\left[\mu_Y + \rho \frac{\sigma_Y}{\sigma_X}(X - \mu_X)\right] \\
&= \mu_Y + \rho \frac{\sigma_Y}{\sigma_X}(E(X) - \mu_X) \\
&= \mu_Y + \rho \frac{\sigma_Y}{\sigma_X}\left[\mu_X - \sigma_X^2 \frac{f(B) - f(A)}{F(B) - F(A)} - \mu_X\right]
\end{aligned}$$

---

[43] この証明は，Johnson and Kotz (1972, pp. 81-83) にもとづいている。

$$=\mu_Y - \rho\frac{\sigma_Y}{\sigma_X}\sigma_X^2\frac{f(B)-f(A)}{F(B)-F(A)}$$
$$=\mu_Y - \rho\sigma_X\sigma_Y\frac{f(B)-f(A)}{F(B)-F(A)} \tag{D.17}$$

一つ目の等号は繰り返し期待値の法則によって成り立つ。また二つ目の等式ではうえで求めた (D.16) 式の条件付き期待値 $E(Y\mid X)$ を，四つ目の等式では (D.15) 式で求めた X の期待値を，それぞれ代入している。

第 3 章の開示コストモデルと情報偏在モデルでは，経営者が企業価値についてのシグナル s を開示しなかった場合，投資者は開示しない企業がある特定の範囲 $[-\infty, B]$ にあることを推測して，企業価値の条件付き期待値 $E(\tilde{v}\mid s)$ を求めている。つまり，上式において $A \to -\infty$ のケースである。このとき，$\lim_{A \to -\infty} \phi(A) = 0$ および $\lim_{A \to -\infty} \Phi(A) = 0$ であるから，次のようになる。

$$E(Y) = \mu_Y - \rho\sigma_X\sigma_Y\frac{f(B)}{F(B)} \tag{D.18}$$

さらに確率変数 $Z\,(=(X-\mu_X)/\sigma_X)$ のケースについては，(C.3) 式および (C.4) 式，つまり $F(y) = \Phi(z)$ および $f(x) = (1/\sigma_X)\phi(x)$ の関係を用いて，(C.8) 式から，次の関係を得る。ただし，$b = (B-\mu)/\sigma$ としている。

$$E(Y) = \mu_Y - \rho\sigma_X\sigma_Y \times \frac{1}{\sigma_X}\frac{\phi(b)}{\Phi(b)} = \mu_Y - \rho\sigma_Y\frac{\phi(b)}{\Phi(b)} \tag{D.19}$$

これは 3.3.3 節の開示コストモデルにおいては (3.17) 式に，3.4.3 節の情報偏在モデルにおいては (3.43) 式に対応したものである。なお，この (D.19) 式は，一方が標準化された変数であり，他方は期待値 μ_Y および分散 σ_Y^2 のままであることに注意する[44]。

---

[44] 確率変数 $W\,(=(Y-\mu_Y)/\sigma_Y)$ と確率変数 $Z\,(=(X-\mu_X)/\sigma_X)$ のケースについての関係を示しておくと，次のようになる。

$$E(W) = E\left(\frac{Y-\mu_Y}{\sigma_Y}\right) = -\rho\frac{\phi(b)}{\Phi(b)}$$

E　n 変量正規分布 [45]

ここではより一般的なケース，つまり n 変量正規分布を考える。ただし本書では，第 4 章の 4.3 節における McNichols and Trueman (1994) のモデルにおいて三変量正規分布の条件付き期待値を用いるのみである。したがって，ここでは n 変量正規分布については密度関数を含めたいくつかの重要な定義を述べたうえで，三変量正規分布の条件付き期待値に焦点をあてて説明する。

E.1　n 次元確率変数

$X = (X_1,\ldots, X_n)'$ $(n > 2)$ を n 次元確率変数とする。μ_i および σ_{ii} をそれぞれ X_i $(i = 1,\ldots, n)$ の平均と分散とし，σ_{ij} を X_i と X_j の共分散とする $(1 \leq i < j \leq n)$。このとき，X の**平均ベクトル** (mean vector) および**分散共分散行列** (variance-covariance matrix) を次のようにあらわす。

$$\mu = \begin{pmatrix} \mu_1 \\ \mu_2 \\ \vdots \\ \mu_n \end{pmatrix}, \quad \Sigma = \begin{pmatrix} \sigma_{11} & \sigma_{12} & \cdots & \sigma_{1n} \\ \sigma_{21} & \sigma_{22} & \cdots & \sigma_{2n} \\ \vdots & \vdots & \ddots & \vdots \\ \sigma_{n1} & \sigma_{n2} & \cdots & \sigma_{nn} \end{pmatrix}$$

σ_{ii} は σ_i^2 $(i = 1,\ldots, n)$ とも表記される。以下ではこの表記を用いる。

E.2　n 変量正規分布の密度関数

n 次元確率変数 X が，次の同時密度関数にしたがうとき，平均ベクトル μ，分散共分散行列 Σ の n 変量正規分布にしたがうという。

---

[45] E 節を作成するにあたっては，特に Anderson (1971), Tong (1990), Patel and Read (1996) を参照した。

$$f(\boldsymbol{x}) = \frac{1}{(2\pi)^{n/2} \det(\boldsymbol{\Sigma})^{1/2}} \exp\left(-\frac{(\boldsymbol{x}-\boldsymbol{\mu})'\boldsymbol{\Sigma}^{-1}(\boldsymbol{x}-\boldsymbol{\mu})}{2}\right) \quad \text{(E.1)}$$

このとき, $X \sim N(\boldsymbol{\mu}, \boldsymbol{\Sigma})$ とあらわす。なお $\det(\boldsymbol{\Sigma})$ は行列 $\boldsymbol{\Sigma}$ の**行列式** (determinant) であり, $\boldsymbol{\Sigma}^{-1}$ は**逆行列** (inverse matrix) をあらわす。

たとえば $n=2$ のとき, 上述した二変量正規分布となる。この $n=2$ のとき, $X, \boldsymbol{\mu}, \boldsymbol{\Sigma}$ は次のようである。

$$X = \begin{pmatrix} X_1 \\ X_2 \end{pmatrix}, \quad \boldsymbol{\mu} = \begin{pmatrix} \mu_1 \\ \mu_2 \end{pmatrix}, \quad \boldsymbol{\Sigma} = \begin{pmatrix} \sigma_1^2 & \sigma_{12} \\ \sigma_{21} & \sigma_2^2 \end{pmatrix}$$

ここで $\rho = \sigma_{12}/(\sigma_1 \sigma_2)$ とすると, $\det(\boldsymbol{\Sigma})$ および $(\boldsymbol{x}-\boldsymbol{\mu})'\boldsymbol{\Sigma}^{-1}(\boldsymbol{x}-\boldsymbol{\mu})$ は, 次のようになる。

$$\det(\boldsymbol{\Sigma}) = \sigma_1^2 \sigma_2^2 - \sigma_{12}^2 = \sigma_1^2 \sigma_2^2 \left(1 - \frac{\sigma_{12}^2}{\sigma_1^2 \sigma_2^2}\right) = \sigma_1^2 \sigma_2^2 (1-\rho^2)$$

$$(\boldsymbol{x}-\boldsymbol{\mu})'\boldsymbol{\Sigma}^{-1}(\boldsymbol{x}-\boldsymbol{\mu})$$

$$= \begin{pmatrix} x_1 - \mu_1 \\ x_2 - \mu_2 \end{pmatrix}' \begin{pmatrix} \sigma_1^2 & \sigma_{12} \\ \sigma_{21} & \sigma_2^2 \end{pmatrix}^{-1} \begin{pmatrix} x_1 - \mu_1 \\ x_2 - \mu_2 \end{pmatrix}$$

$$= \begin{pmatrix} x_1 - \mu_1 \\ x_2 - \mu_2 \end{pmatrix}' \frac{1}{\sigma_1^2 \sigma_2^2 - \sigma_{12}^2} \begin{pmatrix} \sigma_2^2 & -\sigma_{12} \\ -\sigma_{21} & \sigma_1^2 \end{pmatrix} \begin{pmatrix} x_1 - \mu_1 \\ x_2 - \mu_2 \end{pmatrix}$$

$$= \frac{1}{\sigma_1^2 \sigma_2^2 - \sigma_{12}^2}[(x_1-\mu_1)^2 \sigma_2^2 - 2(x_1-\mu_1)(x_2-\mu_2)\sigma_{12} + (x_2-\mu_2)^2 \sigma_1^2]$$

$$= \frac{1}{1 - \sigma_{12}^2/(\sigma_1^2 \sigma_2^2)}\left[\frac{(x_1-\mu_1)^2}{\sigma_1^2} - \frac{2(x_1-\mu_1)(x_2-\mu_2)\sigma_{12}}{\sigma_1^2 \sigma_2^2} + \frac{(x_2-\mu_2)^2}{\sigma_2^2}\right]$$

$$= \frac{1}{1-\rho^2}\left[\left(\frac{x_1-\mu_1}{\sigma_1}\right)^2 - 2\rho\left(\frac{x_1-\mu_1}{\sigma_1}\right)\left(\frac{x_2-\mu_2}{\sigma_2}\right) + \left(\frac{x_2-\mu_2}{\sigma_2}\right)^2\right]$$

これらを (E.1) 式に代入すると, 二変量正規分布の同時密度関数になることが確認できる。

E.3 分　割

定数 $k < n$ に対して, 次のように X の**分割** (partition) を定義する。

$$X = \begin{pmatrix} X_1 \\ X_2 \end{pmatrix}, \quad \mu = \begin{pmatrix} \mu_1 \\ \mu_2 \end{pmatrix}, \quad \Sigma = \begin{pmatrix} \Sigma_{11} & \Sigma_{12} \\ \Sigma_{21} & \Sigma_{22} \end{pmatrix}$$

$$X_1 = (X_1, X_2, \ldots, X_k)', \quad X_2 = (X_{k+1}, X_{k+2}, \ldots, X_n)'$$

$$\mu_1 = (\mu_1, \mu_2, \ldots, \mu_k)', \quad \mu_2 = (\mu_{k+1}, \mu_{k+2}, \ldots, \mu_n)'$$

E.4 n 変量正規分布の条件付き期待値と条件付き分散共分散

以上の定義を用いて,証明は省略し[46],n 変量正規分布の条件付き期待値と条件付き分散共分散の結果のみ示す。

いま,$X \sim N(\mu, \Sigma)$ とし,E.3 節のような分割を考える。このとき,任意の定数 $k < n$ について,$X_2 = x_2$ のときの X_1 の条件付き分布は $N(\mu_{1\cdot 2}, \Sigma_{11\cdot 2})$ になる。ここで $\mu_{1\cdot 2}$ および $\Sigma_{11\cdot 2}$ は,次のようである。

$$\mu_{1\cdot 2} = \mu_1 + \Sigma_{12}\Sigma_{22}^{-1}(x_2 - \mu_2) \tag{E.2}$$

$$\Sigma_{11\cdot 2} = \Sigma_{11} - \Sigma_{12}\Sigma_{22}^{-1}\Sigma_{21} \tag{E.3}$$

これらは,正規分布にしたがう確率変数を考えるとき,さまざまな状況に応用することができる。たとえば,$n = 2$,$k = 1$ とすれば,D.3 節で説明した二変量正規分布における条件付き期待値の公式になる。また $n = 3$,$k = 1$ とすれば,第 4 章の 4.3 節の McNichols and Trueman (1994) のモデルにおいて用いられている,二つの確率変数 X_2 と X_3 を観察したときの X_1 の条件付き期待値を得ることができる。ここでは,これら二つのケースについて条件付き期待値を示すことにより,(E.2) 式を説明する。

まず,$n = 2$,$k = 1$ とする。このとき,次式のようになる。

$$\begin{aligned} E(X_1 \mid X_2) &= \mu_1 + \sigma_{12}(\sigma_2^2)^{-1}(x_2 - \mu_2) \\ &= E(X_1) + \frac{\text{Cov}(X_1, X_2)}{\text{Var}(X_2)}(x_2 - E(X_2)) \end{aligned} \tag{E.4}$$

---

[46] この証明はたとえば,Tong (1990, pp. 30-35) に示されている。

これは，上述の D.3 節で求めた二変量正規分布における条件付き期待値の (D.9) 式に一致している。

次に，$n = 3$, $k = 1$ のケースを考える。このときまず，確率変数は三つであるから，X, μ, Σ はそれぞれ次のように定義する。

$$X = \begin{pmatrix} X_1 \\ X_2 \\ X_3 \end{pmatrix}, \quad \mu = \begin{pmatrix} \mu_1 \\ \mu_2 \\ \mu_3 \end{pmatrix}, \quad \Sigma = \begin{pmatrix} \sigma_1^2 & \sigma_{12} & \sigma_{13} \\ \sigma_{21} & \sigma_2^2 & \sigma_{23} \\ \sigma_{31} & \sigma_{32} & \sigma_3^2 \end{pmatrix}$$

このとき次の分割を考える。

$$X = \begin{pmatrix} X_1 \\ X_2 \end{pmatrix}, \quad \mu = \begin{pmatrix} \mu_1 \\ \mu_2 \end{pmatrix}, \quad \Sigma = \begin{pmatrix} \Sigma_{11} & \Sigma_{12} \\ \Sigma_{21} & \Sigma_{22} \end{pmatrix}$$

$n = 3$, $k = 1$ のとき，次のように定義できる。

$$X_1 = X_1, \quad X_2 = \begin{pmatrix} X_2 \\ X_3 \end{pmatrix}, \quad \mu_1 = \mu_1, \quad \mu_2 = \begin{pmatrix} \mu_2 \\ \mu_3 \end{pmatrix}$$

$$\Sigma_{11} = \sigma_1^2, \quad \Sigma_{12} = \begin{pmatrix} \sigma_{12} & \sigma_{13} \end{pmatrix}, \quad \Sigma_{21} = \begin{pmatrix} \sigma_{21} \\ \sigma_{31} \end{pmatrix}, \quad \Sigma_{22} = \begin{pmatrix} \sigma_2^2 & \sigma_{23} \\ \sigma_{32} & \sigma_3^2 \end{pmatrix}$$

したがって，(E.2) 式を求めるために，まず Σ_{22}^{-1} を求める。なお，$\sigma_{32} = \sigma_{23}$ としている。

$$\Sigma_{22}^{-1} = \frac{1}{\sigma_2^2 \sigma_3^2 - (\sigma_{23})^2} \begin{pmatrix} \sigma_3^2 & -\sigma_{23} \\ -\sigma_{23} & \sigma_2^2 \end{pmatrix}$$

よって，条件付期待値は次のように計算できる。

$E(X_1 \mid X_2 = x_2, X_3 = x_3)$

$= \mu_1 + \Sigma_{12} \Sigma_{22}^{-1} (x_2 - \mu_2)$

$= \mu_1 + \begin{pmatrix} \sigma_{12} & \sigma_{13} \end{pmatrix} \times \dfrac{1}{\sigma_2^2 \sigma_3^2 - (\sigma_{23})^2} \begin{pmatrix} \sigma_3^2 & -\sigma_{23} \\ -\sigma_{23} & \sigma_2^2 \end{pmatrix} \begin{pmatrix} x_2 - \mu_2 \\ x_3 - \mu_3 \end{pmatrix}$

$= \mu_1 + \dfrac{1}{\sigma_2^2 \sigma_3^2 - (\sigma_{23})^2}$

$\quad \times \begin{pmatrix} \sigma_{12}\sigma_3^2 - \sigma_{13}\sigma_{23} & -\sigma_{12}\sigma_{23} + \sigma_{13}\sigma_2^2 \end{pmatrix} \begin{pmatrix} x_2 - \mu_2 \\ x_3 - \mu_3 \end{pmatrix}$

$$= \mu_1 + \frac{1}{\sigma_2^2 \sigma_3^2 - (\sigma_{23})^2}$$
$$\times \left[(\sigma_{12}\sigma_3^2 - \sigma_{13}\sigma_{23})(x_2 - \mu_2) + (\sigma_{13}\sigma_2^2 - \sigma_{12}\sigma_{23})(x_3 - \mu_3)\right]$$
$$= \mu_1 + \left(\frac{\sigma_{12} - \frac{\sigma_{13}\sigma_{23}}{\sigma_3^2}}{\sigma_2^2 - \frac{(\sigma_{23})^2}{\sigma_3^2}}\right)(x_2 - \mu_2) + \left(\frac{\sigma_{13} - \frac{\sigma_{12}\sigma_{23}}{\sigma_2^2}}{\sigma_3^2 - \frac{(\sigma_{23})^2}{\sigma_2^2}}\right)(x_3 - \mu_3) \tag{E.5}$$

この式は複雑ではあるが，$(x_2 - \mu_2)$ および $(x_3 - \mu_3)$ の係数は，上述の二変量正規分布における条件付き期待値と同じように解釈することができる．たとえば，後で示すように，$(x_2 - \mu_2)$ の係数の分母は X_3 を所与としたときの X_2 の**条件付き分散** (conditional variance)，また分子は X_3 を所与としたときの X_1 と X_2 の条件付き共分散になる．したがって，X_2 と X_3 の情報を得て X_1 の条件付き期待値を考える場合には，X_2 と X_3 がそれぞれが持っている情報のうち，他方に含まれている情報についての修正を行なっていると考えることができる．たとえば，X_2 自体の分散は非常に大きいとしても，X_3 がわかればその値は小さくなる，よって X_3 を所与としたときの X_2 の条件付き分散は小さいとしよう．このとき，X_2 と X_3 の両方を知っているならば，重要となるのは X_2 自体の分散ではなく，X_3 を所与としたときの X_2 の条件付き分散である．そのような修正を分子の共分散にも行なっているのが，(E.5) 式の各係数である．なお，X_2 と X_3 の共分散 σ_{23} がゼロの場合，二変量正規分布における条件付き期待値と同様に，各係数は共分散を分散で割ったものとなる．

次に，$(x_2 - \mu_2)$ の係数の分母が X_3 を所与としたときの X_2 の条件付き分散であり，$(x_2 - \mu_2)$ の係数の分子が条件付き共分散であることを示しておく．このため，$n = 3, k = 2$ としたときの条件付き分散共分散 $\Sigma_{11 \cdot 2}$ を (E.3) 式にしたがって求めよう．まず $n = 3, k = 2$ とすると，次のような定義になる．

$$X_1 = \begin{pmatrix} X_1 \\ X_2 \end{pmatrix}, \quad X_2 = X_3, \quad \mu_1 = \begin{pmatrix} \mu_1 \\ \mu_2 \end{pmatrix}, \quad \mu_2 = \mu_3,$$
$$\Sigma_{11} = \begin{pmatrix} \sigma_1^2 & \sigma_{12} \\ \sigma_{21} & \sigma_2^2 \end{pmatrix}, \quad \Sigma_{12} = \begin{pmatrix} \sigma_{13} \\ \sigma_{23} \end{pmatrix}, \quad \Sigma_{21} = \begin{pmatrix} \sigma_{31} & \sigma_{32} \end{pmatrix}, \quad \Sigma_{22} = \sigma_3^2$$

$\Sigma_{22}^{-1} = 1/\sigma_3^2$ であるから，(E.3) 式によって条件付き分散共分散は，次のように計算できる．なお展開の途中で，$\sigma_{21} = \sigma_{12}$, $\sigma_{31} = \sigma_{13}$, $\sigma_{32} = \sigma_{23}$ としている．

$$\begin{aligned}
\Sigma_{11\cdot 2} &= \Sigma_{11} - \Sigma_{12}\Sigma_{22}^{-1}\Sigma_{21} \\
&= \begin{pmatrix} \sigma_1^2 & \sigma_{12} \\ \sigma_{21} & \sigma_2^2 \end{pmatrix} - \begin{pmatrix} \sigma_{13} \\ \sigma_{23} \end{pmatrix} \frac{1}{\sigma_3^2} \begin{pmatrix} \sigma_{31} & \sigma_{32} \end{pmatrix} \\
&= \begin{pmatrix} \sigma_1^2 & \sigma_{12} \\ \sigma_{12} & \sigma_2^2 \end{pmatrix} - \begin{pmatrix} \frac{\sigma_{13}}{\sigma_3^2} \\ \frac{\sigma_{23}}{\sigma_3^2} \end{pmatrix} \begin{pmatrix} \sigma_{13} & \sigma_{23} \end{pmatrix} \\
&= \begin{pmatrix} \sigma_1^2 & \sigma_{12} \\ \sigma_{12} & \sigma_2^2 \end{pmatrix} - \begin{pmatrix} \frac{\sigma_{13}^2}{\sigma_3^2} & \frac{\sigma_{13}\sigma_{23}}{\sigma_3^2} \\ \frac{\sigma_{23}\sigma_{13}}{\sigma_3^2} & \frac{\sigma_{23}^2}{\sigma_3^2} \end{pmatrix} \\
&= \begin{pmatrix} \sigma_1^2 - \frac{\sigma_{13}^2}{\sigma_3^2} & \sigma_{12} - \frac{\sigma_{13}\sigma_{23}}{\sigma_3^2} \\ \sigma_{12} - \frac{\sigma_{13}\sigma_{23}}{\sigma_3^2} & \sigma_2^2 - \frac{\sigma_{23}^2}{\sigma_3^2} \end{pmatrix} \quad (\text{E.6})
\end{aligned}$$

したがって，X_3 を所与としたときの X_2 の条件付き分散は，$\sigma_2^2 - \sigma_{23}^2/\sigma_3^2$ であり，X_3 を所与としたときの X_2 と X_3 の条件付き共分散は，$\sigma_{12} - \sigma_{13}\sigma_{23}/\sigma_3^2$ となる．この結果は，(E.5) 式の $(x_2 - \mu_2)$ の係数の分母と分子にそれぞれ等しくなっている．

なお，第 4 章の 4.3 節の McNichols and Trueman (1994) のモデルでいえば，X_1 は企業価値 $\tilde{v}$，X_2 は情報トレーダーとノイズトレーダーの注文量合計 $\tilde{y}$，X_3 は公的情報 $\tilde{s}$ にそれぞれ対応する．このとき，(E.5) 式がどのように解釈できるのかについては，4.3.4 節の均衡の特徴，特にマーケット・メーカーの価格設定ルールの箇所で詳しく説明したところである．

F 正規分布についてのその他の性質

F.1 正規分布の再生性

確率変数 X と Y が互いに独立に正規分布にしたがっているとき，$X + Y$ あ

るいは $X - Y$ も正規分布にしたがうことが知られている。このような特徴は正規分布の**再生性** (reproductive property) とよばれ，より厳密には次のようになる。

いま，$X_1, X_2, \cdots, X_n$ を独立した確率変数とし，それぞれ正規分布 $N(\mu_1, \sigma_1^2), N(\mu_2, \sigma_2^2), \cdots, N(\mu_n, \sigma_n^2)$ にしたがうものとする。このとき，確率変数 $Y = k_1 X_1 + k_2 X_2 + \cdots + k_n X_n = \sum_{i=1}^n k_i X_i$ は，正規分布 $N\left(\sum_1^n k_i \mu_i, \sum_1^n k_i^2 \sigma_i^2\right)$ にしたがう。ただし，k_i は定数とする。

この特徴は，たとえば本書の第 4 章において，シグナルと企業価値との関係をモデル化する際に利用している。たとえば，第 4 章の 4.2.2 節の Kyle (1985) モデルの設定では，情報トレーダーが入手する私的情報 $\tilde{z}$ は，企業価値 $\tilde{v}$ とノイズ $\tilde{\varepsilon}_1$ の和として定義されている。

$$\tilde{z} = \tilde{v} + \tilde{\varepsilon}_1 \tag{F.1}$$

ここで，企業価値 $\tilde{v}$ とノイズ $\tilde{\varepsilon}_1$ が正規分布にしたがうとき，具体的には $\tilde{v} \sim N(\mu, \sigma^2)$ とノイズ $\tilde{\varepsilon}_1 \sim N(0, \sigma_1^2)$ であり，またこれらが独立であるときには，$\tilde{z} \sim N(\mu, \sigma^2 + \sigma_1^2)$ となる。

F.2 標準正規分布の密度関数の導関数

(C.2) 式であらわされる標準正規分布の密度関数 ϕ について，その導関数を用いることがある。これは，A.5 節で指摘したように，$y = \exp(x)$ のとき $dy/dx = \exp(x)$ であることを用いれば直ちに求まる。

$$\begin{aligned}
\phi'(z) &= \frac{d\phi(z)}{dz} \\
&= \frac{d}{dz}\left[\frac{1}{\sqrt{2\pi}} \exp\left(-\frac{z^2}{2}\right)\right] \\
&= -z \times \frac{1}{\sqrt{2\pi}} \exp\left(-\frac{z^2}{2}\right) \\
&= -z\,\phi(z)
\end{aligned} \tag{F.2}$$

この関係は，第3章の3.4.3節において，(3.45)式の左辺 $K^p(\hat{s})$ を $\hat{s}$ で微分する際に用いている。同様に次のF.3節においても用いられている。

F.3　関数 $K(z) = z + \phi(z)/\Phi(z)$ の特徴

これまでと同様に，標準正規分布の密度関数を $\phi(z)$，分布関数を $\Phi(z)$ とする。このとき，本書の第3章において，関数 $K(z) = z + \phi(z)/\Phi(z)$ について，(i) $\lim_{z\to-\infty} K(z) = 0$, (ii) $\lim_{z\to+\infty} K(z) = +\infty$, (iii) $K(z)$ は連続，(iv) $K(z)$ は z についての厳密な増加関数，という四つの性質が用いられる。具体的には，3.3.3節の開示コストモデルの命題3.3を証明する際に必要とされるものであり，また3.4.3節の情報偏在モデルの命題3.6においても，性質 (iv) を証明する際に用いられる不等式が必要となる。これらの性質をここで証明しておこう[47]。

次の関係が成り立つことは何度も利用しているので，まず最初に指摘しておく。

$$\lim_{z\to-\infty}\phi(z) = \lim_{z\to+\infty}\phi(z) = \lim_{z\to-\infty}\Phi(z) = 0, \ \lim_{z\to+\infty}\Phi(z) = 1$$

(i)　$\lim_{z\to-\infty} K(z) = 0$

上記の関係と**ロピタルの定理** (l'Hôpital's rule)[48]を繰り返し用いて，次のように示すことができる。まず $\lim_{z\to-\infty} z\Phi(z)$ は，次のようになる。

$$\lim_{z\to-\infty} z\Phi(z) = \lim_{z\to-\infty} \frac{\Phi(z)}{1/z}$$

---

[47] ここでの証明は Einhorn (2005, 2007) にしたがっている。また性質 (iv) については，Sampford (1953) にもとづいている。

[48] ロピタルの定理は，$\lim_{x\to a} f(x) = \lim_{x\to a} g(x) = 0$ あるいは $\lim_{x\to a} f(x) = \lim_{x\to a} g(x) = \pm\infty$ のとき，次のことが成り立つことである。

$$\lim_{x\to a} \frac{f'(x)}{g'(x)} = A \implies \lim_{x\to a} \frac{f(x)}{g(x)} = A$$

なお，A が $\pm\infty$ のときも成り立つ。

F　正規分布についてのその他の性質

$$
\begin{aligned}
&= \lim_{z \to -\infty} \frac{-\phi(z)}{1/z^2} \\
&= \lim_{z \to -\infty} \frac{z^2}{-1/\phi(z)} \\
&= \lim_{z \to -\infty} \frac{2z}{\phi(z)'/\phi(z)^2} \\
&= \lim_{z \to -\infty} -2\phi(z) = 0
\end{aligned}
\tag{F.3}
$$

二つ目と四つ目の等号でロピタルの定理を用いるため，分母と分子をそれぞれ微分している。五つ目の等号は F.2 節における標準正規分布の密度関数の導関数の結果，つまり $\phi'(z) = -z\,\phi(z)$ を代入している。この結果から，$\lim_{z \to -\infty} K(z) = 0$ を示すことができる。

$$
\begin{aligned}
\lim_{z \to -\infty} K(z) &= \lim_{z \to -\infty} \frac{z\Phi(z) + \phi(z)}{\Phi(z)} \\
&= \lim_{z \to -\infty} \frac{\Phi(z) + z\phi(z) + \phi'(z)}{\phi(z)} \\
&= \lim_{z \to -\infty} \frac{\Phi(z)}{\phi(z)} \\
&= \lim_{z \to -\infty} \frac{\phi(z)}{\phi'(z)} \\
&= \lim_{z \to -\infty} -\frac{1}{z} = 0
\end{aligned}
\tag{F.4}
$$

(ii)　$\lim_{z \to +\infty} K(z) = +\infty$

この性質を示すのは，次のように簡単である。

$$
\begin{aligned}
\lim_{z \to +\infty} K(z) &= \lim_{z \to +\infty} z + \frac{\lim_{z \to +\infty} \phi(z)}{\lim_{z \to +\infty} \Phi(z)} \\
&= \lim_{z \to +\infty} z + \frac{0}{1} = +\infty
\end{aligned}
\tag{F.5}
$$

(iii)　$K(z)$ は連続

一般に $f(x)$ と $g(x)$ が $x = x_o$ において連続であるとき，$f(x) \pm g(x)$, $cf(x)$ （c は定数），$f(x)g(x)$, および $f(x)/g(x)$ （$g(x_o) \neq 0$）などはすべて $x = x_o$ に

おいて連続となる．したがって，z, $\phi(z)$, $\Phi(z)$ という連続関数から構成されている関数 $K(z) = z + \phi(z)/\Phi(z)$ も連続である．

(iv) $K(z)$ は z についての厳密な増加関数

まず，ミルズ比 (Mill's ratio) とよばれる比率を次のように定義する．

$$R(z) = \frac{1 - \Phi(z)}{\phi(z)} \tag{F.6}$$

この逆数は逆ミルズ比 (inverse Mill's ratio) とよばれ，さまざまな応用分野で用いられる[49]．ここで逆ミルズ比を微分すると次のようになる．

$$\begin{aligned}
\frac{d(1/R(z))}{dz} &= \frac{d}{dz}\left(\frac{\phi(z)}{1 - \Phi(z)}\right) \\
&= \frac{\phi'(z)(1 - \Phi(z)) + \phi(z)\Phi'(z)}{(1 - \Phi(z))^2} \\
&= \frac{-z\phi(z)(1 - \Phi(z)) + \phi(z)\phi(z)}{(1 - \Phi(z))^2} \\
&= \frac{\phi(z)}{1 - \Phi(z)} \frac{-z(1 - \Phi(z)) + \phi(z)}{(1 - \Phi(z))} \\
&= \frac{\phi(z)}{1 - \Phi(z)}\left(\frac{\phi(z)}{1 - \Phi(z)} - z\right)
\end{aligned}$$

従来から逆ミルズ比を微分した値は，統計の分野ではミルズ比とともに，その上限や下限についての多くの不等式が得られている[50]．特に，ここでは次の関係が成り立つことに注目する[51]．

$$0 < \frac{\phi(z)}{1 - \Phi(z)}\left(\frac{\phi(z)}{1 - \Phi(z)} - z\right) < 1 \qquad \text{for any } z \tag{F.7}$$

---

[49] 切断正規分布の期待値や分散は逆ミルズ比を用いてあらわされることが多い．したがって，そのような分布を前提としたもの，たとえば計量経済学で用いられるトービット・モデルなどにおいてもこの比率はあらわれる．

[50] このような不等式については，Tong (1990) および Patel and Read (1996) など，正規分布に焦点をあてた著書に数多く示されている．

[51] この関係は，Sampford (1953) において最初に示された．

F 正規分布についてのその他の性質

この関係は次のように示すことができる。まず，C.7 節の (C.12) 式で示したように，切断一変量正規分布の分散は次のようであった。

$$\text{Var}(X) = 1 - \frac{\phi(z)}{\Phi(z)}\left(z + \frac{\phi(z)}{\Phi(z)}\right) \tag{F.8}$$

この式は，次のようにあらわすこともできる。

$$\text{Var}(X) = 1 - \frac{\phi(-z)}{1 - \Phi(-z)}\left(\frac{\phi(-z)}{1 - \Phi(-z)} - (-z)\right) \tag{F.9}$$

この値は分散であるから正である。したがって，(F.7) 式の上限（1 より小さいこと）が示された。

次に，(F.7) 式の下限については，$z \leq 0$ のとき，$\phi(z)$ および $1 - \Phi(z)$ は正であることから成り立つ。また，$z > 0$ のときには，$\phi'(z) = -z\,\phi(z)$ であることを用いて，次のように示すことができる[52]。

$$\begin{aligned}
1 - \Phi(z) &= \int_z^{+\infty} \phi(w)\,dw \\
&< \int_z^{+\infty} \frac{w}{z}\phi(w)\,dw \\
&= -\frac{1}{z}\int_z^{+\infty} \phi'(w)\,dw \\
&= -\frac{1}{z}\left[\phi(w)\right]_z^{+\infty} \\
&= \frac{\phi(z)}{z} \tag{F.10}
\end{aligned}$$

よって，$z < \phi(z)/(1 - \Phi(z))$ となる。以上から，(F.7) 式の下限が示された。

(F.7) 式を用いて，$K(z)$ が z についての厳密な増加関数であることを示すことができる。

$$\frac{dK(z)}{dz} = 1 + \frac{\phi'(z)\Phi(z) - \phi(z)\Phi'(z)}{\Phi^2(z)}$$

---

[52] ここでの証明は，Dümbgen et al. (2010, p. 154) にしたがっている。このほか，Sampford (1953) で引用されている Gordon (1941)，および Lua and Li (2009) などにおいても別の方法での証明が示されている。

$$\begin{aligned}
&= 1 + \frac{-z\phi(z)\Phi(z) - \phi(z)\phi(z)}{\Phi^2(z)} \\
&= 1 - \frac{\phi(z)}{\Phi(z)}\left(\frac{\phi(z)}{\Phi(z)} + z\right) \\
&= 1 - \frac{\phi(-z)}{1-\Phi(-z)}\left(\frac{\phi(-z)}{1-\Phi(-z)} - (-z)\right) \\
&> 0
\end{aligned} \tag{F.11}$$

参考文献

Ackert, L. F., B. K. Church, and M. R. Sankar (2000) "Voluntary Disclosure under Imperfect Competition: Experimental Evidence," *International Journal of Industrial Organization*, Vol. 18, No. 1, pp. 81–105.

Akerlof, G. A. (1970) "The Market for 'Lemons': Quality Uncertainty and the Market Mechanism," *Quarterly Journal of Economics*, Vol. 84, No. 3, pp. 488–500.

Allen, F., S. Morris, and H. S. Shin (2006) "Beauty Contests, Bubbles and Iterated Expectations in Asset Markets," *Review of Financial Studies*, Vol. 19, No. 3, pp. 719–752.

Anderson, T. W. (1971) *An Introduction to Multivariate Statistical Analysis*: John Wiley & Sons, 2nd edition.

Arya, A. and B. Mittendorf (2007) "The Interaction among Disclosure, Competition between Firms, and Analyst Following," *Journal of Accounting and Economics*, Vol. 43, No. 2–3, pp. 321–339.

Bagnoli, M., S. Viswanathan, and C. Holden (2001) "On the Existence of Linear Equilibria in Models of Market Making," *Mathematical Finance*, Vol. 11, No. 1, pp. 1–31.

Ball, R. and P. Brown (1968) "An Empirical Evaluation of Accounting Income Numbers," *Journal of Accounting Research*, Vol. 6, No. 2, pp. 159–178.

Black, F. (1982) "The Trouble with Econometric Models (Reprinted in 1987)," in *Business Cycles and Equilibrium*: New York, NY: Basil Blackwell, Chap. 12, pp. 121–137.

Bloomfield, R. and M. O'Hara (2000) "Can Transparent Markets Survive?" *Journal of Financial Economics*, Vol. 55, No. 3, pp. 425–459.

Brown, D. P. and R. H. Jennings (1989) "On Technical Analysis," *Review of Financial Studies*, Vol. 2, No. 4, pp. 527–551.

Brunnermeier, M. K. (2001) *Asset Pricing under Asymmetric Information: Bubbles, Crashes, Technical Analysis, and Herding*: Oxford University Press.

Bushman, R. M. (1991) "Public Disclosure and the Structure of Private Information Markets," *Journal of Accounting Research*, Vol. 29, No. 2, pp. 261–276.

Cardinaels, E., F. Roodhooft, L. Warlop, and G. V. Herck (2008) "Competitive Pricing in Markets with Different Overhead Costs: Concealment or Leakage of Cost Information?" *Journal of Accounting Research*, Vol. 46, No. 4, pp. 761–784.

Chow, C. W., K. Haddad, and M. Hirst (1996) "An Experimental Market's Investigation of Discretionary Financial Disclosure," *ABACUS*, Vol. 32, No. 2, pp. 133–152.

Christensen, J. and J. S. Demski (2007) "Anticipatory Reporting Standards," *Accounting Horizons*, Vol. 21, No. 4, pp. 351–370.

Christensen, P. O. and G. A. Feltham (2003) *Economics of Accounting: Volume I - Information in Markets*: Kluwer Academic Publishers.

—— (2005) *Economics of Accounting: Volume II -Performance Evaluation*: Kluwer Academic Publishers.
Clinch, G. and R. E. Verrecchia (1997) "Competitive Disadvantage and Discretionary Disclosure in Industries," *Australian Journal of Management*, Vol. 22, No. 2, pp. 125–137.
Crawford, V. P. and J. Sobel (1982) "Strategic Information Transmission," *Econometrica*, Vol. 50, No. 6, pp. 1431–1451.
Daley, L., J. Hughes, and J. Rayburn (1995) "The Impact of Earnings Announcements on the Permanent Price Effects of Block Trades," *Journal of Accounting Research*, Vol. 33, No. 2, pp. 317–334.
Darrough, M. N. (1993) "Disclosure Policy and Competition: Cournot vs. Bertrand," *The Accounting Review*, Vol. 68, No. 3, pp. 534–561.
Daughety, A. F. and J. F. Reinganum (2008) "Communication Quality: A Unified Model of Disclosure and Signalling," *Rand Journal of Economics*, Vol. 39, No. 4, pp. 973–989.
Diamond, D. W. (1985) "Optimal Release of Information by Firms," *The Journal of Finance*, Vol. 40, No. 4, pp. 1071–1094.
Dickhaut, J., M. Ledyard, A. Mukherji, and H. Sapra (2003) "Information Management and Valuation: An Experimental Investigation," *Games and Economic Behavior*, Vol. 44, No. 1, pp. 26–53.
Dümbgen, L., S. A. van de Geer, M. C. Veraar, and J. A. Wellner (2010) "Nemirovski's Inequalities Revisited," *American Mathematical Monthly*, Vol. 117, No. 2, pp. 138–160.
Dye, R. A. (1985) "Disclosure of Nonproprietary Information," *Journal of Accounting Research*, Vol. 23, No. 1, pp. 123–145.
—— (1986) "Proprietary and Nonproprietary Disclosures," *Journal of Business*, Vol. 59, No. 2, pp. 331–366.
—— (1990) "Mandatory versus Voluntary Disclosures: The Cases of Financial and Real Externalities," *The Accounting Review*, Vol. 65, No. 1, pp. 1–24.
—— (1998) "Investor Sophistication and Voluntary Disclosures," *Review of Accounting Studies*, Vol. 3, No. 3, pp. 261–287.
—— (2001) "An Evaluation of 'Essays on Disclosure' and the Disclosure Literature in Accounting," *Journal of Accounting and Economics*, Vol. 32, No. 1–3, pp. 181–235.
Dye, R. A. and S. S. Sridhar (1995) "Industry-Wide Disclosure Dynamics," *Journal of Accounting Research*, Vol. 33, No. 1, pp. 157–174.
—— (2008) "A Positive Theory of Flexibility in Accounting Standards," *Journal of Accounting and Economics*, Vol. 46, No. 2–3, pp. 312–333.
Dye, R. A. and R. E. Verrecchia (1995) "Discretion vs. Uniformity: Choices among GAAP," *The Accounting Review*, Vol. 70, No. 3, pp. 389–415.
Einhorn, E. (2005) "The Nature of the Interaction between Mandatory and Voluntary Disclosures," *Journal of Accounting Research*, Vol. 43, No. 4, pp. 593–621.
—— (2007) "Voluntary Disclosure under Uncertainty about the Reporting Objective," *Journal of Accounting and Economics*, Vol. 43, No. 2–3, pp. 245–274.
Feltham, G. A., F. B. Gigler, and J. S. Hughes (1992) "The Effects of Line-of-Business Reporting on Competition in Oligopoly Settings," *Contemporary Accounting Research*,

Vol. 9, No. 1, pp. 1–23.
Fischer, P. E. and P. C. Stocken (2001) "Imperfect Information and Credible Communication," *Journal of Accounting Research*, Vol. 39, No. 1, pp. 119–134.
—— (2004) "Effect of Investor Speculation on Earnings Management," *Journal of Accounting Research*, Vol. 42, No. 5, pp. 843–870.
Fishman, M. J. and K. Hagerty (1990) "The Optimal Amount of Discretion to Allow in Disclosure," *Quarterly Journal of Economics*, Vol. 105, No. 2, pp. 427–444.
Forsythe, R., R. M. Isaac, and T. R. Palfrey (1989) "Theories and Test of 'Blind Bidding' in Sealed-Bid Auctions," *RAND Journal of Economics*, Vol. 20, No. 2, pp. 214–238.
Freihube, T., J. P. Krahnen, and E. Theissen (2002) "Market Structure, Intermediation and Liquidity," *Schmalenbach Business Review*, Vol. 54, Special Issue (1), pp. 255–274.
Gao, P. (2008) "Keynesian Beauty Contest, Accounting Disclosure, and Market Efficiency," *Journal of Accounting Research*, Vol. 46, No. 4, pp. 785–807.
—— (2010) "Disclosure Quality, Cost of Capital, and Investor Welfare," *The Accounting Review*, Vol. 85, No. 1, pp. 1–29.
Gibbins, M. and S. Salterio (1996) "Experimental Accounting Research: Current Methodological Issues and Debates," in Richardson, A. J. ed. *Research Methods in Accounting: Issues and Debates*: Vancouver: The Canadian Certified General Accountants Research Foundation (Monographs Published by the Canadian CGA Research Foundation, No. 25), Chap. 2, pp. 9–24.
Gibbons, R. (1992) *Game Theory for Applied Economists*: Princeton University Press.（福岡正夫・須田伸一訳 (1992)『経済学のためのゲーム理論入門』, 創文社）.
Gigler, F. (1994) "Self-Enforcing Voluntary Disclosures," *Journal of Accounting Research*, Vol. 32, No. 2, pp. 224–240.
Gigler, F., J. Hughes, and J. Rayburn (1994) "International Accounting Standards for Line-of-Business Reporting and Oligopoly Competition," *Contemporary Accounting Research*, Vol. 11, No. 1–2, pp. 619–632.
Glosten, L. and P. R. Milgrom (1985) "Bid, Ask and Transaction Prices in a Specialist Market with Heterogeneously Informed Traders," *Journal of Financial Economics*, Vol. 14, No. 1, pp. 71–100.
Gordon, R. D. (1941) "Values of Mills' Ratio of Area to Bounding Ordinate of the Normal Probability Integral for Large Values of the Argument," *Annals of Mathematical Statistics*, Vol. 12, No. 3, pp. 364–366.
Grossman, S. J. (1981) "The Informational Role of Warranties and Private Disclosure about Product Quality," *Journal of Law and Economics*, Vol. 24, No. 3, pp. 461–484.
Grossman, S. J. and O. D. Hart (1980) "Takeover Bids, the Free-Rider Problem, and the Theory of the Corporation," *Bell Journal of Economics*, Vol. 11, No. 1, pp. 42–64.
Grossman, S. J. and J. E. Stiglitz (1980) "On the Impossibility of Informationally Efficient Markets," *The American Economic Review*, Vol. 70, No. 3, pp. 393–408.
Hamilton, J. D. (1994) *Time Series Analysis*: Princeton University Press.（沖本竜義, 井上智夫訳 (2006)『時系列解析（上）定常過程編』, シーエーピー出版, 沖本竜義, 井上智夫訳 (2006)『時系列解析（下）非定常/応用定常過程編』, シーエーピー出版）.

Hellwig, M. F. (1980) "On the Aggregation of Information in Competitive Markets," *Journal of Economic Theory*, Vol. 22, No. 3, pp. 477–498.
Hogg, R. V. and A. T. Craig (1995) *Introduction to Mathematical Statistics*: Prentice-Hall, 5th edition.
Holt, C. A. (1995) "Industrial Organization: A Survey of Laboratory Research," in Kagel, J. H. and A. E. Roth eds. *The Handbook of Experimental Economics*: Princeton, NJ: Princeton University Press, Chap. 5, pp. 349–443.
Horrace, W. C. (2005) "Some Results on the Multivariate Truncated Normal Distribution," *Journal of Multivariate Analysis*, Vol. 94, No. 1, pp. 309–221.
Huck, S. (2004) "Oligopoly," in Friedman, D. and A. Cassar eds. *Economics Lab: An Intensive Course in Experimental Economics*: London and New York: Routledge, Chap. 10, pp. 105–114.
Hughes, J. S., J. Liu, and L. Liu (2007) "Information Asymmetry, Diversification, and Cost of Capital," *The Accounting Review*, Vol. 82, No. 3, pp. 705–729.
Hughes, P. J. and S. Pae (2004) "Voluntary Disclosure of Precision Information," *Journal of Accounting and Economics*, Vol. 37, No. 2, pp. 261–289.
Hwang, Y. and A. Kirby (2000) "Competitive Effects of Disclosure in a Strategic Entry Model," *Review of Accounting Studies*, Vol. 5, No. 1, pp. 57–85.
Johnson, N. and S. Kotz (1970) *Distributions in Statistics: Continuous Univariate Distributions*: John Wiley and Sons.
——— (1972) *Distributions in Statistics: Continuous Multivariate Distributions*: New York: Wiley.
Jong, C. D., K. G. Koedijk, and C. R. Schnitzlein (2006) "Stock Market Quality in the Presence of a Traded Option," *Journal of Business*, Vol. 79, No. 4, pp. 2243–2274.
Jovanovic, B. (1982) "Truthful Disclosure of Information," *Bell Journal of Economics*, Vol. 13, No. 1, pp. 36–44.
Jung, W. O. and Y. K. Kwon (1988) "Disclosure When the Market is Unsure of Information Endowment of Managers," *Journal of Accounting Research*, Vol. 26, No. 1, pp. 146–153.
Kachelmeier, S. J. and R. R. King (2002) "Using Laboratory Experiments to Evaluate Accounting Policy Issues," *Accounting Horizons*, Vol. 16, No. 3, pp. 219–232.
Kanodia, C. (1980) "Effects of Shareholder Information on Corporate Decisions and Capital Market Equilibrium," *Econometrica*, Vol. 48, No. 4, pp. 923–953.
——— (2007) "Accounting Disclosure and Real Effects," *Foundations and Trends® in Accounting*, Vol. 1, No. 3, pp. 1–95.
Kanodia, C., A. Mukherji, H. Sapra, and R. Venugopalan (2000) "Hedge Disclosures, Future Prices, and Production Distortions," *Journal of Accounting Research*, Vol. 38, Supplement, pp. 53–82.
Kanodia, C. and D. Lee (1998) "Investment and Disclosure: The Disciplinary Role of Periodic Performance Reports," *Journal of Accounting Research*, Vol. 36, No. 1, pp. 33–55.
Kanodia, C. and A. Mukherji (1996) "Real Effects of Separating Investment and Operating Cash Flows," *Review of Accounting Studies*, Vol. 1, No. 1, pp. 51–72.
Kim, O. and R. E. Verrecchia (1994) "Market Liquidity and Volume around Earnings An-

nouncements," *Journal of Accounting and Economics*, Vol. 17, No. 1–2, pp. 41–67.

King, R. R. (1996) "Reputation Formation for Reliable Reporting: An Experimental Investigation," *The Accounting Review*, Vol. 71, No. 3, pp. 375–396.

King, R. R. and D. E. Wallin (1990) "The Effects of Antifraud Rules and Ex Post Verifiability on Managerial Disclosures," *Contemporary Accounting Research*, Vol. 6, No. 2, pp. 859–892.

―――― (1991a) "Market-Induced Information Disclosures: An Experimental Market's Investigation," *Contemporary Accounting Research*, Vol. 8, No. 1, pp. 170–197.

―――― (1991b) "Voluntary Disclosures When Seller's Level of Information Is Unknown," *Journal of Accounting Research*, Vol. 29, No. 1, pp. 96–108.

―――― (1995) "Experimental Tests of Disclosure with an Opponent," *Journal of Accounting and Economics*, Vol. 19, No. 1, pp. 137–167.

―――― (1996) "Managerial Incentives for Disclosure Timing," *Journal of Management Accounting Research*, Vol. 8, pp. 117–136.

Kirchenheiter, M. (1997) "Information Quality and Correlated Signals," *Journal of Accounting Research*, Vol. 35, No. 1, pp. 43–60.

Korn, E. and U. Schiller (2003) "Voluntary Disclosure of Nonproprietary Information: A Complete Equilibrium Characterization," *Journal of Business Finance & Accounting*, Vol. 30, No. 9–10, pp. 1327–1339.

Krahnen, J. R., C. Rieck, and E. Theissen (1999) "Insider Trading and Portfolio Structure in Experimental Asset Markets with a Long-Lived Asset," *The European Journal of Finance*, Vol. 5, No. 1, pp. 29–50.

Kyle, A. S. (1985) "Continuous Auction and Insider Trading," *Econometrica*, Vol. 53, No. 6, pp. 1315–1335.

Lambert, R., C. Leuz, and R. E. Verrecchia (2007) "Accounting Information, Disclosure, and the Cost of Capital," *Journal of Accounting Research*, Vol. 45, No. 2, pp. 385–420.

Lamoureux, C. G. and C. R. Schnitzlein (1997) "When It's Not The Only Game in Town: The Effect of Bilateral Search on the Quality of a Dealer Market," *The Journal of Finance*, Vol. 52, No. 2, pp. 683–712.

―――― (2004) "Microstructure with Multiple Assets: An Experimental Investigation into Direct and Indirect Dealer Competition," *Journal of Financial Markets*, Vol. 7, No. 2, pp. 117–143.

Langberg, N. and K. Sivaramakrishnan (2008) "Voluntary Disclosure and Information Production by Analysts," *Journal of Accounting and Economics*, Vol. 46, No. 1, pp. 78–100.

Leuz, C. and P. Wysocki (2008) "Economic Consequences of Financial Reporting and Disclosure Regulation: A Review and Suggestions for Future Research," *MIT Sloan School of Management Working Paper*.

Li, Y. (2009) "Shareholder Litigation, Management Forecasts, and Productive Decisions during the Initial Public Offerings," *Journal of Accounting and Public Policy*, Vol. 28, No. 1, pp. 1–15.

Liang, P. J. and X. J. Zhang (2006) "Accounting Treatment of Inherent versus Incentive Uncertainties and Capital Structure of the Firm," *Journal of Accounting Research*, Vol.

44, No. 1, pp. 145–176.
Libby, R., R. Bloomfield, and M. W. Nelson (2002) "Experimental Research in Financial Accounting," *Accounting, Organizations and Society*, Vol. 27, No. 8, pp. 775–810.
Lua, D. and W. V. Li (2009) "A Note on Multivariate Gaussian Estimates," *Journal of Mathematical Analysis and Applications*, Vol. 354, No. 2, pp. 704–707.
Lundholm, R. J. (1991) "Public Signals and the Equilibrium Allocation of Private Information," *Journal of Accounting Research*, Vol. 29, No. 2, pp. 322–349.
Mas-Colell, A., M. Whinston, and J. Green (1995) *Microeconomic Theory*: Oxford University Press.
Mason, C. F. and O. R. Phillips (1997) "Information and Cost Asymmetry in Experimental Duopoly Markets," *The Review of Economics and Statistics*, Vol. 79, No. 2, pp. 290–299.
McNichols, M. and B. Trueman (1994) "Public Disclosure, Private Information Collection, and Short-Term Trading," *Journal of Accounting and Economics*, Vol. 17, No. 1–2, pp. 69–94.
Milgrom, P. R. (1981) "Good News and Bad News: Representation Theorems and Applications," *Bell Journal of Economics*, Vol. 12, No. 2, pp. 380–391.
Morgan, J. and F. Vardy (2004) "An Experimental Study of Commitment in Stackelberg Games with Observation Costs," *Games and Economic Behavior*, Vol. 49, No. 2, pp. 401–423.
Newman, P. and R. Sansing (1993) "Disclosure Policies with Multiple Users," *Journal of Accounting Research*, Vol. 31, No. 1, pp. 92–112.
Nöldeke, G. and T. Tröger (2006) "A Characterization of the Distributions that Imply Existence of Linear Equilibria in the Kyle-Model," *Annals of Finance*, Vol. 2, No. 1, pp. 73–85.
O'Hara, M. (1996) *Market Microstructure Theory*: Wiley.（大村敬一・宇野淳・宗近肇訳 (1996)『マーケットマイクロストラクチャー：株価形成・投資家行動のパズル』，金融財政事情研究会）．
Pae, S. (1999) "Acquisition and Discretionary Disclosure of Private Information and Its Implications for Firms' Productive Activities," *Journal of Accounting Research*, Vol. 37, No. 2, pp. 465–474.
―――― (2000) "Information Sharing in the Presence of Preemptive Incentives: Economic Consequences of Mandatory Disclosure," *Review of Accounting Studies*, Vol. 5, No. 4, pp. 331–350.
―――― (2002a) "Discretionary Disclosure, Efficiency, and Signal Informativeness," *Journal of Accounting and Economics*, Vol. 33, No. 3, pp. 279–311.
―――― (2002b) "Optimal Disclosure Policy in Oligopoly Markets," *Journal of Accounting Research*, Vol. 40, No. 3, pp. 901–932.
―――― (2005) "Selective Disclosure in the Presence of Uncertainty about Information Endowment," *Journal of Accounting and Economics*, Vol. 39, No. 3, pp. 383–409.
Patel, J. K. and C. B. Read (1996) *Handbook of the Normal Distribution*: Marcel Dekker, Inc. 2nd edition.
Penno, M. C. (1997) "Information Quality and Voluntary Disclosure," *The Accounting Re-

view, Vol. 72, No. 2, pp. 275–284.

Plott, C. R. (1989) "An Updated Review of Industrial Organization: Applications of Experimental Methods," in Schmalensee, R. and R. Willig eds. *Handbook of Industrial Organization*, Vol. 2: New York, NY: Elesevier Science Publishing, Chap. 19, pp. 1109–1176.

Richardson, S. (2001) "Discretionary Disclosure: A Note," *ABACUS*, Vol. 37, No. 2, pp. 233–246.

Rothschild, M. and J. E. Stiglitz (1976) "Equilibrium in Competitive Insurance Markets: An Essay in the Economics of Imperfect Information," *Quarterly Journal of Economics*, Vol. 90, No. 4, pp. 630–649.

Ryan, B., R. W. Scapens, and M. Theobald (2002) *Research Method and Methodology in Finance and Accounting*: London: Thomson, 2nd edition.

Sampford, M. R. (1953) "Some Inequalities on Mill's Ratio and Related Functions," *Annals of Mathematical Statistics*, Vol. 24, No. 1, pp. 130–132.

Sankar, M. R. (1995) "Disclosure of Predecision Information in a Duopoly," *Contemporary Accounting Research*, Vol. 11, No. 2, pp. 829–859.

Schnitzlein, C. R. (1996) "Call and Continuous Trading Mechanisms under Asymmetric Information: An Experimental Investigation," *The Journal of Finance*, Vol. 51, No. 2, pp. 613–636.

Shin, H. S. (2006) "Disclosure Risk and Price Drift," *Journal of Accounting Research*, Vol. 44, No. 2, pp. 351–379.

Smith, V. L., J. W. Schatzberg, and W. S. Waller (1987) "Experimental Economics and Auditing," *Auditing: A Journal of Practice & Theory*, Vol. 7, No. 2, pp. 71–93.

Spence, M. (1973) "Job Market Signaling," *Quarterly Journal of Economics*, Vol. 87, No. 3, pp. 355–374.

Stocken, P. C. (2000) "Credibility of Voluntary Disclosure," *Rand Journal of Economics*, Vol. 31, No. 2, pp. 359–374.

Suijs, J. (2005) "Voluntary Disclosure of Bad News," *Journal of Business Finance & Accounting*, Vol. 32, No. 7–8, pp. 1423–1435.

———— (2007) "Voluntary Disclosure of Information when Firms are Uncertain of Investor Response," *Journal of Accounting and Economics*, Vol. 43, No. 2–3, pp. 391–410.

Swieringa, R. and K. E. Weick (1982) "An Assessment of Laboratory Experiments in Accounting," *Journal of Accounting Research*, Vol. 20, No. Supplement, pp. 56–101.

Theissen, E. (2000) "Market Structure, Informational Efficiency and Liquidity: An Experimental Comparison of Auction and Dealer Markets," *Journal of Financial Markets*, Vol. 3, No. 4, pp. 333–363.

Tirole, J. (1988) *The Theory of Industrial Organization*: The MIT Press.

Tong, Y. L. (1990) *The Multivariate Normal Distribution*: Springer-Verlag.

Verrecchia, R. E. (1982) "Information Acquisition in a Noisy Rational Expectations Economy," *Econometrica*, Vol. 50, No. 6, pp. 1415–1430.

———— (1983) "Discretionary Disclosure," *Journal of Accounting and Economics*, Vol. 5, No. 3, pp. 179–194.

———— (1990) "Information Quality and Discretionary Disclosure," *Journal of Accounting*

and Economics, Vol. 12, No. 4, pp. 365–380.
―――― (2001) "Essays on Disclosure," Journal of Accounting and Economics, Vol. 32, No. 1–3, pp. 97–180.
Vives, X. (1995) "Short-Term Investment and the Informational Efficiency of the Market," Review of Financial Studies, Vol. 8, No. 1, pp. 125–160.
―――― (2001) Oligopoly Pricing: Old Ideas and New Tools: The MIT Press.
―――― (2008) Information and Learning in Markets: The Impact of Market Microstructure: Princeton University Press.
Wagenhofer, A. (1990) "Voluntary Disclosure with a Strategic Opponent," Journal of Accounting and Economics, Vol. 12, No. 4, pp. 341–363.
Wilson, C. (1977) "A Model of Insurance Markets with Incomplete Information," Journal of Economic Theory, Vol. 16, No. 2, pp. 167–207.
Zhang, G. (2001) "Private Information Production, Public Disclosure, and Cost of Capital: Theory and Implication," Contemporary Accounting Research, Vol. 18, No. 2, pp. 363–384.
飯高茂編・監修 (1999)『微積分と集合 そのまま使える答えの書き方』, 講談社サイエンティフィク.
大屋幸輔 (2003)『コア・テキスト 統計学』, 新世社.
金川秀也・藤田岳彦・黒田耕嗣・森真 (2000)『確率 そのまま使える答えの書き方』, 講談社サイエンティフィク.
国沢清典 (1966)『確率統計演習 2』, 培風館.
佐藤紘光編 (2009)『契約理論による会計研究』, 中央経済社.
玉置光司 (1992)『基本確率』, 牧野書店.
鳥脇純一郎 (2002)『工学のための確率論』, オーム社.
林貴志 (2007)『ミクロ経済学』, ミネルヴァ書房.
平岡和幸・堀玄 (2009)『プログラミングのための確率統計』, オーム社.
宮川公男 (1999)『基本統計学 [第 3 版]』, 有斐閣.

索　引

あ

アーカイバル研究 ················ 4, 82, 174, 190
アドバース・セレクション ···5, 15, 18, 27, 32
アナリスト ·························· 150, 166, 181
意思決定有用性アプローチ ················· 14
一意に ·· 50, 194
一様分布 ··· 22, 38, 45, 49, 58, 63, 208, 211, 222
一般に観察可能な ······························ 16
陰関数定理 ·· 56, 70
インサイダー ·· 84
後ろ向き帰納法 ·· 152
営業キャッシュ・フロー ················ 186, 188
エージェンシー・モデル ························ 10
エージェンシー理論 ·································· 6
オークション ·· 71

か

回帰係数 ·· 245
回帰分析 ······························ 123, 140, 245
会計基準 ·· 143, 189
会計基準設定機関 ···································· 190
会計情報 ············ 3, 35, 55, 81, 83, 186, 187
会計ディスクロージャー ······· 3, 50, 64, 81
会計利益 ·· 186
開示 ·· 3
開示環境 ·· 189
開示規制 ································ 149, 189, 191
開示コスト ···························· 44, 54, 58, 73
開示コストモデル ············ 36, 44, 73, 77, 81
開示のインセンティブ ···6, 11, 35, 81, 147, 149
開示の強制ルール ···································· 149
外部性 ·· 17

価格 ·· 82
価格競争 ·· 149
価格効率性 ····································· 140, 142
価格の変化度 ················ 103, 131, 135, 235
確率 ·· 199
確率関数 ·· 207
確率変数 ····························· 18, 91, 150, 205
確率密度関数 ·· 208
寡占市場 ·· 17, 145
寡占モデル ··· 7
活動基準原価計算 ···································· 180
株価 ·· 40
貨幣の時間価値 ················ 19, 39, 228
加法定理 ·· 200
観察可能 ·· 17
関数 ·· 195
完全開示 ···················· 6, 37, 43, 58, 148
完全開示均衡 ·· 179
完全開示モデル ······ 6, 35, 43, 44, 72, 76, 81
完全ベイジアン均衡 ······················ 30, 78
完備市場 ·· 16
管理会計情報 ·· 181
期待値 ·· 211
機密コスト ·· 44, 77
機密情報 ··· 44, 77
逆行列 ·· 254
逆需要関数 ···································· 150, 176
逆ミルズ比 ·· 262
キャッシュ・フロー ······················ 44, 188
強制開示 ························· 8, 37, 79, 185
強制開示情報 ··· 187
競争均衡 ··· 16, 29
競争市場経済 ·· 16
共分散 ·· 224
行列式 ·· 254

極大値 ………………………………… 132
均衡予測 ………………………………… 14
クールノー競争 ……………………… 174
クールノー・モデル ………………… 146
繰り返し期待値の法則 …… 92, 155, 214, 227
経営者の開示戦略 …………………… 40
経済効率性 ……………………………… 16
経済分析 ………………… 3, 35, 184, 210, 230
契約的調整 ……………………………… 5, 9
ゲーム理論 …… 7, 29, 78, 88, 146, 152, 165
原価計算 ……………………………… 180
原始関数 ……………………………… 233
公共財 ………………………………… 17
厚生経済学の基本定理 …………… 16, 32
厚生経済学の第1基本定理 ……… 16, 21
厚生経済学の第2基本定理 ……… 17
公的情報 ……………… 7, 18, 82, 104, 142, 186
行動会計学 …………………………… 13
公平性 ………………………………… 16
合理的期待 ………… 20, 41, 90, 110, 115
合理的期待均衡 ……………………… 6
合理的期待モデル ……………… 143, 186
コール・オークション市場 ……… 142
コール・オークション処理 ……… 137

さ

再生性 ………………………………… 259
最大値 ………………………………… 132
財務諸表 …………………………… 137, 186
財務報告 …………………………… 14, 186
サブゲーム完全均衡 ……………… 146
残差 …………………………………… 245
参入 …………………………………… 182
シグナリング ………………………… 32
試行 …………………………………… 199
事後確率 ………………………… 61, 204
事後の開示のインセンティブ分析 …… 147, 182
事象 ………………………… 61, 73, 178, 199
市場介入 ……………………………… 31
市場的調整 …………………………… 5, 9
市場の失敗 …………………………… 17
市場の諸力 …………………………… 6
市場の深さ ……………………… 101, 140
市場の流動性 ………………… 101, 140, 185
指数関数 ……………………………… 195
事前確率 ………………………… 148, 179, 204
事前の開示のインセンティブ分析 …… 147, 181
実験経済学 ………………… 13, 70, 174
実験研究 ………………………… 9, 12, 70
実証研究 …… 4, 43, 76, 108, 123, 125, 174, 190
私的情報 … 5, 18, 37, 76, 82, 104, 142, 146, 186
私的情報獲得 ………………… 83, 131
私的情報獲得のインセンティブ … 105
支配戦略 ……………………………… 166
自発的開示 ………………… 37, 80, 185
資本コスト …………………………… 185
写像 …………………………………… 195
集計した利益 ………………………… 182
集合 ………………………… 19, 40, 71, 194
囚人のジレンマ ……………… 166, 173
十分条件 ……………………………… 194
周辺確率 ……………………………… 200
周辺確率関数 ………………………… 217
周辺分布関数 ………………………… 217
周辺密度関数 ………………………… 220
シュタッケルベルク価格競争 …… 180
需要の不確実性 ……………………… 146
需要不確実のもとでの数量競争モデル 166
純資産簿価 …………………………… 186
純粋交換経済モデル ……………… 188
条件付き確率 ………………………… 200
条件付き確率関数 ………………… 218
条件付き期待値 ……………… 150, 226, 255
条件付き共分散 ……………… 121, 257
条件付き分散 ……………… 121, 243, 257
条件付き密度関数 ………………… 221
消費者余剰 ……………………… 149, 173
情報開示モデル ……………………… 10
情報獲得コスト ……………………… 132
情報集約的指標 ……………………… 186
情報集約プロセス …………………… 186

索引 **275**

情報集約メカニズム 186, 187
情報提供機能 9, 14
情報提供性 102, 246
乗法定理 200
情報トレーダー 7, 84, 87
情報トレーダーの期待利得 95, 125
情報トレーダーの取引戦略 88, 98, 112,
　　　　　　　　　　　　　　　125, 140
情報内容 99, 104, 121, 122
情報の観察可能性 142
情報の経済学 5, 186
情報の質 55
情報の非対称性・5, 15, 32, 35, 96, 127, 136
情報偏在モデル 36, 57, 74, 78, 81
情報優位 27, 82, 136
情報劣位 32
新規株式公開 18
信念 204
数量競争 149, 150
スクリーニング 32
正規分布 50, 64, 231
正規分布の再生性 51, 86
生産・投資政策 188
生産者余剰 149
清算配当 187
生産をともなう経済モデル 188
積集合 195
積率母関数 231
セグメント別利益 182
切断正規分布 236, 246
全確率の定理 203, 219, 221
線形回帰 123, 245
線形戦略 90, 111
戦略 165
戦略的取引モデル 84
相関 121
相関係数 51, 225
操業度基準原価計算 180
総余剰 21, 149
損失関数 230

た

第1価格封印入札 71, 139

互いに排反 200
多期間モデル 77
チープトーク・ゲーム 78
逐次手番ゲーム 146
逐次取引モデル 84
直積 195
付け値 71
ディーラー市場 142
ディスクロージャー 5, 15, 31, 37, 145
同時確率 199
同時確率関数 217
同時手番ゲーム 146
同時分布関数 217
同時密度関数 220
特性関数 231
独立 201, 221, 243, 259
独立に分布している 221
取引コスト 142
取引の再デザイン 191
取引の仕組み 82
取引ルール 82

な

ナイーブな投資者 73
ナッシュ均衡 146, 166, 172
二変量正規分布 240
ノイズ・トレーダー 84

は

バックワード・インダクション ... 152, 176
バッチ取引 84, 137
パレート効率性 16, 31, 37, 79, 166
パレート効率的な資源配分 17, 21
半正規分布 235
比較静学 13, 14, 54, 69, 73, 183
非機密情報 57, 77
非情報トレーダー 84
ビッド 71
必要十分条件 194, 243
必要条件 194
費用構造の不確実性 146
標準化 216, 225, 233
標準正規分布 233

標準偏差 ·· 212
標本空間 ·· 199
標本点 ·· 199
複占市場 ···································· 7, 145, 181
複占モデル ·· 7
部分均衡モデル ·· 16
部分集合 ·· 195
部分積分法 ·· 62
プライス・テイカー ······················· 16, 143
プレーヤー ·· 165
分割 ··· 254
分散 ··· 212
分散共分散行列 ····································· 253
分析的研究 ······················· 4, 43, 76, 185
分配 ··· 16
分布関数 ······························· 18, 39, 51, 207
平均2乗誤差 ·· 230
平均ベクトル ·· 253
ベイジアン・ナッシュ均衡 ············· 7, 88
ベイズ・ルール ···································· 203
ベイズ更新 ··· 204
ベイズの定理 ······ 59, 61, 66, 154, 203, 219, 221, 222
ベルトラン・モデル ···························· 146

ま

マーケット・マイクロストラクチャー ··· 7, 82, 142
マーケット・メーカー ··················· 83, 88
マーケット・メーカーによる時点1における価格設定ルール ··············· 113
マーケット・メーカーによる時点2における価格設定ルール ··············· 114
マーケット・メーカーの価格設定ルール 88, 93, 99, 120, 140, 258
見えざる手 ···································· 17, 174
密度関数 ·································· 18, 51, 208
ミルズ比 ·· 262
無相関 ····································· 117, 225, 245
モデルの均衡予測 ·························· 72, 139
モラル・ハザード ······································ 5

や

要素 ·· 194
横並び行動 ··· 186

ら

ランダム・ウォーク ···························· 142
利益マネジメント ······························· 143
利害調整機能 ··· 9
離散確率変数 ·· 206
リスク中立的 ·· 18
利得 ·· 165
利得の決定方法 ······································ 71
利得表 ································· 165, 169, 172
流動性トレーダー ································ 84
累積分布関数 ·· 207
連続オークション市場 ····················· 142
連続オークション処理 ····················· 137
連続確率変数 ·· 206
ロピタルの定理 ···································· 260

わ

和集合 ·· 195

《著者紹介》

椎葉　淳（しいば・あつし）
　1972 年　兵庫県に生まれる。
　1995 年　大阪大学経済学部卒業。
　2000 年　大阪大学大学院経済学研究科博士後期課程単位取得退学。
　2003 年　大阪大学より博士（経済学）取得。
　現　在　大阪大学大学院経済学研究科准教授。

高尾裕二（たかお・ひろじ）
　1952 年　大阪府に生まれる。
　1975 年　大阪大学経済学部卒業。
　1977 年　大阪大学大学院経済学研究科博士前期課程修了。
　1993 年　大阪大学より博士（経済学）取得。
　現　在　大阪大学大学院経済学研究科教授。

上枝正幸（うええだ・まさゆき）
　1973 年　香川県に生まれる。
　1995 年　大阪大学経済学部卒業。
　2003 年　大阪大学大学院経済学研究科博士後期課程単位取得退学。
　2006 年　大阪大学より博士（経済学）取得。
　現　在　追手門学院大学経営学部准教授。

　　　　　　　　　　　　　　　　《検印省略》
平成 22 年 8 月 10 日　初版発行　　略称―会計経済

会計ディスクロージャーの経済分析

著　者	椎　葉　　　淳
	ⓒ 高　尾　裕　二
	上　枝　正　幸
発行者	中　島　治　久

発行所　同文舘出版株式会社
東京都千代田区神田神保町 1-41　　〒 101-0051
電話　営業 (03)-3294-1801　　編集 (03)-3294-1803
振替　00100-8-42935　http://www.dobunkan.co.jp

Printed in Japan 2010　　印刷：三美印刷
　　　　　　　　　　　　　製本：三美印刷

ISBN 978-4-495-19531-1